edition suhrkamp 2787

Ein Reflex lähmt die politischen Debatten um den Klimawandel. Sobald es um Maßnahmen geht, die Einschränkungen bedeuten, ist die Empörung groß: Tempolimit? Der sichere Weg in die Ökodiktatur! Veggie-Day? Das war's mit dem Nackensteak! Dabei waren Verbot und Verzicht lange bewährte Instrumente, um Ressourcen zu schonen oder ökologische Krisen zu bewältigen. Man denke nur an das FCKW-Verbot.

Philipp Lepenies untersucht die Ursprünge dieser eingeübten Fundamentalopposition. Er führt sie auf die neoliberale Haltung zurück, die im Staat einen Gegner sieht und individuelle Konsumentscheidungen über moralische und ökologische Bedenken stellt. Dieser Geist falsch verstandener Freiheit hat allerdings eine Politik des Unterlassens hervorgebracht, die sich scheut, das Offensichtliche auszusprechen: dass eine sozialökologische Transformation ohne Verbot und Verzicht nicht gelingen wird.

Philipp Lepenies, geboren 1971, ist Ökonom und Professor für Politikwissenschaft an der Freien Universität Berlin. Im Suhrkamp Verlag ist von ihm zuletzt erschienen: *Die Macht der einen Zahl. Eine politische Geschichte des Bruttoinlandsprodukts* (es 2673).

Philipp Lepenies

Verbot und Verzicht

Politik aus dem Geiste des Unterlassens

Suhrkamp

Klimaneutral
Druckprodukt
ClimatePartner.com/14438-2110-1001

3. Auflage 2024

Erste Auflage 2022
edition suhrkamp 2787
Originalausgabe

Umschlag gestaltet nach einem Konzept
von Willy Fleckhaus: Rolf Staudt
Satz: Satz-Offizin Hümmer GmbH, Waldbüttelbrunn
Druck: C.H. Beck, Nördlingen
Printed in Germany
ISBN 978-3-518-12787-2

www.suhrkamp.de

Inhalt

Die Unausweichlichkeit von Verbot und Verzicht – eine Vorbemerkung *7*
Einleitung: Nachhaltige Entwicklung und Verbotspolitik *9*

I Die Argumente des Unterlassens *27*

Pervertierung *30* – Nutzlosigkeit *32* – Gefährdung *34* – Illegitimität *36*

II Verzicht – Geldmachen und Affektkontrolle *41*

Entgegenwirkende Leidenschaften *42* – Interesse *46* – Wirtschaftliche Tätigkeit *49* – Doux Commerce und die zivilisatorischen Effekte des Geldmachens *53* – Konsumverzicht und der Geist des Kapitalismus *61* – Eigeninteresse und Allgemeinwohl *68*

III Verbot – Der Staat als Gegner *74*

Staat versus individuelle Freiheit: Hayek und der Weg in die Knechtschaft *76* – Die Rolle des Individuums *86* – Unerwarteter Erfolg *91* – Das Individuum als Held, der Staat als Teufel: Ayn Rand *96* – Der Kampf um Ideen: Unternehmer, Think-Tanks und die Mont Pèlerin Society *100* – Die 24 Eier des Antony Fisher *111* – Chicago und die Verfassung der Freiheit *115* – Die Rhetorik der Freiheit: Das neorömische Erbe Englands *121* – Atlas *125* – Hayeks Ideen erstrahlen *132* – Milton

Friedman *140* – Das amerikanische *Road to Serfdom: Capitalism and Freedom* *148* – Wettbewerb im Bildungssektor *152* – Die Friedman-Doktrin: Die Rolle von Unternehmern *155* – Stockholm ruft *158* – Fernsehen und *Free to Choose* *160* – Umwelt *163* – Der Staat als Problem *168* – Sozialismus, überall Sozialismus! *171*

IV Konsum I – Konsumentensouveränität und Douce Consommation *178*

Wenige konsumieren, alle werden glücklich *179* – Liebe und Geltungskonsum *183* – Konsum und die Vorzüge der Ungleichheit *186* – Von der Rückständigkeit des Geldausgebens *189* – Verbraucherdemokratie *192* – Konsumentensouveränität *199* – Douce Consommation: Der milde, süße Konsum *212*

V Konsum II – Konsumtristesse und ungebremste Affekte *218*

Massenkonsum als Realität und Ideal *219* – Konsumkultur *225* – Konsumkritik der Postmoderne *231* – Wiederkehr des Affekts *237* – Digitalisierung und Affekte: Der Konsument wird zum Tyrannen *240*

Schluss: Politik aus dem Geiste des Unterlassens *251*

Die Unausweichlichkeit von Verbot und Verzicht – eine Vorbemerkung

Um den Klimawandel aufzuhalten oder zumindest abzuschwächen, müssen wir unsere Art zu leben grundlegend verändern. Wir stehen vor einer umfassenden Transformation hin zu mehr Nachhaltigkeit. Diese wird staatlich gelenkt werden. Verbot und Verzicht werden eine wesentliche Rolle spielen. Nicht die alleinige, aber eine zentrale. In den letzten Jahren hat sich allerdings eine politische Haltung herausgebildet, die Verbote und Verzicht als staatliche Steuerungsinstrumente immer stärker und immer lauter ablehnt. Gleichzeitig wird das Anrecht auf jedwede individuelle Konsumentscheidung als unveräußerliches Freiheitsrecht zunehmend emotionaler, angespannter und aufgeregter verteidigt. Dieses Buch beschreibt, wie es dazu kommen konnte, dass zum einen dem demokratisch legitimierten Staat die Fähigkeit und das Recht abgesprochen wird, das Verhalten seiner Bürger zu regeln, und zum anderen unbegrenzter individueller Konsum als freiheitliche Norm idealisiert wird.

Das Interesse an dieser Frage ist nicht nur historisch. Ich werde zeigen, dass die hier behandelten Glaubensgrundsätze aus einer Haltung resultieren, die Demokratie und demokratische Prozesse kritisch beurteilt. Stattdessen stehen für sie die ökonomische Logik des Wettbewerbsmarktes und die individuelle Nutzenmaximierung als soziale Ordnungsprinzipien an erster Stelle. Die Digitalisierung hat diese Tendenz in den letzten Jahren drastisch verstärkt. Die Folge ist eine starre, mehr und mehr hysterische und in ihren Konsequenzen fatale Abwehrreaktion gegenüber Transformation und persönlichen Einschränkungen. Sie gefährdet die Überlebensfähigkeit unserer Demokratie. Schließlich zerstört diese Haltung immer augenscheinlicher die Elemente, auf denen zivilisatorischer und demokratischer Fortschritt beruht: Affektkontrolle und Gemeinwohlorientierung.

Einleitung
Nachhaltige Entwicklung und Verbotspolitik

Vor rund einer Dekade, im Jahr 2011, veröffentlichte der 1992 gegründete Wissenschaftliche Beirat der Bundesregierung Globale Umweltveränderungen (WBGU) ein Gutachten mit dem Titel *Welt im Wandel – Gesellschaftsvertrag für eine Große Transformation*. Die Autoren beriefen sich auf das kurz zuvor in einem aufsehenerregenden Fachartikel vorgestellte Konzept planetarer Belastungsgrenzen (*planetary boundaries*): Wenn die Stabilität des gesamten Erdsystems gewährleistet bleiben soll, dürfen demnach bestimmte *tipping points* nicht überschritten werden. Um dieser Gefahr vorzubeugen, so die Schlussfolgerung des Gutachtens, sei es dringend nötig, unsere vorherrschenden Konsum- und Produktionsmuster zu verändern.[1]

Bereits 1987 hatte der *Brundtland-Bericht* der Vereinten Nationen darauf hingewiesen, dass eine alternative, *nachhaltige Entwicklung* notwendig sei.[2] Doch der einzige gemeinsame Nenner, auf den man sich seither politisch hat einigen können, ist die Einsicht, dass ein business as usual nicht zukunftsfähig ist. Eine umfassende Aufforderung zur Transformation wurde damit nie verbunden. »Nachhaltige Entwicklung« war lange eine rhetorische Floskel, zu der sich jeder bekennen konnte, ohne damit wirklich eingreifende

1 Wissenschaftlicher Beirat Globale Umweltveränderungen (WBGU), *Welt im Wandel – Gesellschaftsvertrag für eine Große Transformation*, Berlin 2011.

2 United Nations, *Our Common Future. Report of the World Commission on Environment and Development*, New York 1987.

Maßnahmen zu verbinden. Dank der naturwissenschaftlichen Konkretisierung und indikatorgestützten Quantifizierung der planetaren Belastungsgrenzen wurden die Risiken und Konsequenzen der Beibehaltung des momentanen Lebensstils jedoch plötzlich mit einer viel größeren Dramatik und Präzision sichtbar. Auch der zum damaligen Zeitpunkt medial verbreitete Begriff des Anthropozän für ein vom Menschen dominiertes Erdzeitalter verdeutlichte, dass konkretes Handeln erforderlich war.[3] Die Behauptung, ein menschengemachter Klimawandel existiere nicht, wurde in dieser Zeit endgültig zur Minderheitenmeinung.

Ein Umsteuern, allen voran eine umfassende Dekarbonisierung zur Begrenzung der Erderwärmung auf höchstens zwei Grad Celsius gegenüber dem Niveau vor Beginn der Industrialisierung – neben anderen Maßnahmen zum Schutz von Biodiversität, Böden, Ozeanen und der Luft –, wurde offenkundig in so vielen Bereichen nötig, dass von einer *großen Transformation* zu sprechen angemessen schien. Dass diese mit Einschnitten und damit zwangsläufig mit Verbot und Verzicht einhergehen würde, machte der WBGU deutlich, indem er sich in seinem Gutachten für die Aushandlung eines neuen Gesellschaftsvertrags aussprach. So wie sich in der klassischen Vertragstheorie die Menschen aus freien Stücken einer Regierungsform unterwerfen, um dem Chaos des Naturzustandes zu entgehen und somit ein Stück ihrer persönlichen Freiheit aufgeben, so müsse auch heute das gesellschaftliche Leben neu geregelt werden, um den Fortbestand der Menschheit auf dem Planeten Erde zu sichern. In einem wie auch immer gearteten neuen Gesellschaftsvertrag würden sich die Menschen darauf einigen, dass zum Wohl aller

3 Paul Crutzen, »Geology of Mankind«, in: *Nature* 415 (2002), S. 23.

und zum Wohl zukünftiger Generationen Veränderungen notwendig seien. Ob nun explizit formuliert oder nicht: Das Gutachten legte nahe, dass bestimmte Dinge – aus guten Gründen – in Zukunft verboten würden und die Menschen Verzicht üben müssten.

Die Presseresonanz war schroff. In der *Welt* sprach ein Autor von »Ökodiktatur pur« sowie von antidemokratischem und jakobinischem Denken.[4] In der *Frankfurter Allgemeinen Zeitung* nahm man Anstoß an der Vorstellung eines »gestaltenden Staates«, dessen Aktivitäten nur »einem seltsamen Demokratieverständnis« entsprungen sein konnten. Die Aufforderung zur Transformation wurde als absurde Spinnerei abgetan.[5] Neben dem immer wieder beschworenen Drohszenario einer *Ökodiktatur* ist seitdem vor allem die *Verbotspolitik* zu einer im politischen Diskurs reflexartig und inflationär genutzten rhetorischen Floskel geworden. Sie wird verwendet, um auf vorgeschlagene Maßnahmen zu reagieren, die das Konsumverhalten der Bürger vor dem Hintergrund einer Transformation hin zu mehr Nachhaltigkeit verändern wollen, sei es durch ein Tempolimit auf Autobahnen, die Reduzierung von Fleischkonsum oder das Verbot von Plastikverpackungen oder Inlandsflügen.

Die Empörung über eine Verbotspolitik richtet sich in Deutschland in den meisten Fällen gegen die Vorschläge einer der im Bundestag vertretenen Parteien, die Grünen. Da-

4 Fritz Vahrenholt, »Ökodiktatur pur«, in: *Die Welt* (27. Mai 2011); online verfügbar unter: {https://www.welt.de/print/die_welt/debatte/article13397280/Oekodiktatur-pur.html} (alle Internetquellen, so nicht anders vermerkt, Stand November 2021).

5 Carl Christian von Weizsäcker, »Die Große Transformation: Ein Luftballon«, in: *Frankfurter Allgemeine Zeitung* (30. September 2011), S. 12.

her ist häufig auch von »grüner Verbotspolitik« die Rede. Beschleunigendes Ereignis war dabei der kurz vor der Bundestagswahl 2013 von der Partei gemachte Vorschlag, in Kantinen einen wöchentlichen Veggie-Day einzuführen. Die politische und mediale Entrüstung, die auf diese Idee folgte, sucht in der Geschichte der Bundesrepublik ihresgleichen. »Die Grünen wollen uns das Fleisch verbieten«, titelte die *Bild-Zeitung*, von »Grüner Umerziehung«, vom ersten »Baustein für die grüne Bundes-Verbots-Republik« sprach der damalige CDU-Generalsekretär.[6]

Prominente Vertreter der Grünen betonten daraufhin, es hätte sich mitnichten um ein Verbot, sondern lediglich um einen Vorschlag gehandelt. Dennoch blieb das Attribut der »Verbotspartei« haften. Das liegt nicht unbedingt daran, dass man der Partei einen besonderen Hang zu Verboten nachsagen könnte. Vielmehr sind es die anderen Parteien, die sich mit konkreten, das Verhalten der Bürger verändernden Transformationsvorschlägen zurückhalten. Sie umgehen so geschickt das Risiko, dass man ihnen denselben Vorwurf machen könnte, den sie nicht müde werden, bei jeder Gelegenheit zu erheben.

Der Vorschlag zur Einführung eines Tempolimits auf Autobahnen scheint in Deutschland besonders geeignet, um eine lautstarke Gegenwehr hervorzurufen, die den vermeintlich religiösen Fanatismus hinter der Einschränkung der persönlichen Freiheit geißelt. So schrieb der Chefredakteur einer großen Tageszeitung im Jahr 2013 unter der Überschrift: »Tempolimit – Auf dem Weg zum unmündigen Bürger« oh-

6 Hauke Janssen, »Die Furcht vor der grünen Umerziehung«, in: *Der Spiegel* (9. September 2013); online verfügbar unter: {https://www.spiegel.de/politik/deutschland/veggie-day-gruene-regen-fleischverzicht-an-a-915657.html}.

ne jeden Anflug von Ironie: »Die Autobahn symbolisiert einen Raum maximaler Freiheit – in einem Land, das weitgehend lahmreguliert worden ist. [...] Die Existenz aber solcher Freiräume provoziert den eifernden Gegenwarts-Pietismus, der in Gestalt der rot-grünen Opposition den Alltag der Menschen mit einem Katechismus umfassend regeln will.« Anscheinend war das Ideal dieser Parteien »ein Überstaat«, der »möglichst umfassend in die Freiheitsrechte seiner Bürger eingreift, um diese zu einem lahmen, anständigen und naturgefälligen Leben ohne luxuriöse Extravaganzen zu zwingen«.[7]

In letzter Zeit hat sich der Vorwurf der *Verbotspolitik* jedoch auf fast jede Form geplanter politischer Veränderungen ausgeweitet – sogar auf die, die von der Regierung in Angriff genommen werden. Der Begriff ist überall. In Verlautbarungen des Bundesverbandes Rind und Schwein (»Verbotspolitik der Bundesregierung gefährdet Landwirtschaft«[8]) ebenso wie in Statements der Chef-Lobbyistin der Autobauer (»Fortschrittswachstum statt Verbot und Verzicht«[9]). Selbst Regierungsmitglieder versuchen bewusst, sich in diesem Sin-

7 Ulf Poschardt, »Wer bremst, verliert. Tempolimit – Auf dem Weg zum unmündigen Bürger«, in: *Die Welt* (9. Mai 2013); online verfügbar unter: {https://www.welt.de/debatte/kommentare/article116042412/Tempolimit-Auf-dem-Weg-zum-unmuendigen-Buerger.html}.

8 Bundesverband Rind und Schwein, »Verbotspolitik der Bundesregierung gefährdet Landwirtschaft« (23. Februar 2021); online verfügbar unter: {https://www.rind-schwein.de/brs-news/verbotspolitik-der-bundesregierung-gefaehrdet-land.html}.

9 Manfred Schulze, »VDA-Präsidentin: ›Fortschrittswachstum‹ statt Verbot und Verzicht«, in: *Deutsche Verkehrs-Zeitung* (6. Februar 2020); online verfügbar unter: {https://www.dvz.de/logistik/automobillogistik/detail/news/vda-praesidentin-fortschrittswachstum-statt-verbot-und-verzicht.html}.

ne zu profilieren. Bundesratsinitiativen werden von Bundesministern mit der Pauschalbegründung abgelehnt, es gebe schon »genug Verbote«.[10] Als seien grundsätzlich jedes Verbot und jedes weitere Verbot unangemessen.

Ein Höhepunkt dieser Polemik war die im Juni 2021 lancierte Anzeigenkampagne der Initiative Neue Soziale Marktwirtschaft. Unter dem Titel »Annalena und die 10 Verbote« war dort die Spitzenkandidatin der Grünen im anlaufenden Bundestagswahlkampf als lächelnder Moses zu sehen, der in seinen Händen nicht die beiden Tafeln des Dekalogs, sondern zwei Tafeln mit zehn drohenden Verboten hielt. Nicht überraschend für eine Lobbygruppe, hinter der zu großen Teilen die Autoindustrie steckt, lautete das erste Verbot auf den Tafeln: »Du darfst kein Verbrennerauto fahren.« Das zweite: »Du darfst nicht fliegen.« Während manche der vermeintlichen anderen Verbote übliche neoliberale Positionen repräsentierten, erschlossen sich andere »Verbote« nicht wirklich. Wie beispielsweise das vierte Verbot: »Du darfst nicht schöner wohnen.« Bedrohlich mahnte das zehnte Verbot: »Du darfst nicht mal dran denken, dass mit 10 Verboten Schluss ist.« In einem extra Textkasten hieß es: »Die Verbote der Grünen lähmen unser Land.« Quer über das Bild des Grünen-Moses verhieß eine Banderole: »Wir brauchen keine Staatsreligion.« In der Version auf der Homepage der Initiative liest man darüber hinaus: »Grüne Verbote führen uns nicht ins Gelobte Land.«[11]

10 Alexander Kain, »Sonn- und Feiertagsverbot für Biker? Das sagt Minister Scheuer«, in: *Passauer Neue Presse* (25. Mai 2020); online verfügbar unter: {https://www.pnp.de/nachrichten/politik/Sonn-und-Feiertagsfahrverbot-fuer-Biker-Das-sagt-Minister-Scheuer-3690588.html}.

11 Initiative Neue Soziale Marktwirtschaft, Anzeigenkampagne vom

Die fanatischen Gegner der Verbotspolitik kennzeichnet eine fatale Überzeugung: Der aktuelle Lebensstil muss nicht angepasst werden. Eine Politik ohne Verbote und Einschränkungen ist nicht nur möglich, sondern selbstverständlich. Damit verbunden ist die Vorstellung, die Herausforderungen des Klimawandels und der Umweltzerstörung ließen sich durch innovativen technischen Erfindergeist und durch die rationalen Dynamiken des Marktes in den Griff bekommen – in jedem Fall ohne staatliche Einschränkungen und »Bevormundungen«.[12] In diesem Zusammenhang wird gern der Begriff der Freiheit bemüht. Verbote und Verzicht verringerten die persönliche Freiheit – weniger in einem politischen als im Sinne je eigener Konsumentscheidungen.

Der damalige Fraktionschef der Union sah sich 2019 zu der Verlautbarung gezwungen, dass er sich nicht schäme, Menschen zu repräsentieren, die »mit einem Verbrennungsmotor unterwegs sind, Nackensteaks essen und fleißig sind«. Schließlich seien diese »das Rückgrat unserer Gesellschaft«.[13] Das Bild des »kleinen Mannes« (oder natürlich der »kleinen Frau«), der sich redlich abrackere und dem man wie dem Tabakverehrenden Lehrer Lämpel in *Max und Moritz* doch bit-

11. Juni 2021; online verfügbar unter: {https://www.insm.de/insm/themen/soziale-marktwirtschaft/gruene-verbote}.

12 »›Wir könnten woanders CO_2 einsparen«, Interview mit Christian Lindner, in: *Wirtschaftswoche* (18. Januar 2019); online verfügbar unter: {https://www.wiwo.de/my/politik/deutschland/christian-lindner-wir-koennten-woanders-co2-einsparen/23875948.html?ticket=ST-89923-l4H36fmbhwD4G2btQUOi-ap4}.

13 »Brinkhaus: ›Nackensteak-Esser sind das Rückgrat unserer Gesellschaft‹«, Redaktionsnetzwerk Deutschland (26. Januar 2020); online verfügbar unter: {https://www.rnd.de/politik/brinkhaus-nacken steak-esser-sind-das-ruckgrat-unserer-gesellschaft-IAHT6BIBDB GYVGS46Z4ZJGWTEA.html}.

te seine kleinen Freuden gönnen solle, ist in diesem Zusammenhang ein von allen »Volksparteien« gern genutzter Topos. Er hilft, um Verbotspolitik als sozial extrem ungerechten Eingriff in ein selbst erarbeitetes und damit zweifelsfrei wohlverdientes Konsumverhalten darzustellen.[14] Verbotspolitik verliert so jede Berechtigung. Die besondere Spezies des im Schweiße seines Angesichts überlebenden Bürgers genießt absoluten Schutz und verdient maximale Freiheit. Sie darf nicht Ziel von Verboten und Verzicht sein. Die Überzeugung, der Staat dürfe das Leben und damit das Konsumverhalten seiner Bürger nicht regeln, ist jedoch nicht nur ein Glaubensgrundsatz bestimmter politischer Milieus. Sie ist mittlerweile tief in der Gesellschaft verankert.

Eine ehemalige Journalistin der *taz* schrieb im *Spiegel* unter dem Titel »Aus Trotz ein Steak. Im Flieger« eine Kolumne, die beispielhaft für das Phänomen ist, das man in der Psychologie als *Reaktanz* bezeichnet:

> Ich esse nicht besonders gern Fleisch, habe kürzlich mein Auto verkauft und nie den Wunsch gehabt, ein Eigenheim mit Garten zu besitzen. Eigentlich. Aber in dem Augenblick, in dem ich diesen Tonfall höre, diesen ganz besonderen Tonfall, den ich als hochmütig und als übergriffig empfinde: In genau diesem Augenblick wünsche ich mir ein SUV, sechsmal in der Woche Steak und eine protzige Villa ohne Solardach. Aus Prinzip. Wenn Leute mich behandeln wie eine trotzige Heranwachsende, dann benehme ich mich auch so. Ist das vernünftig? Nein. Aber ich möchte einfach von niemandem

14 »›Wir müssen auch beim Linksextremismus Grenzen deutlich aufzeigen‹«, Interview mit Raed Saleh und Franziska Giffey, in: *Der Tagesspiegel* (19. Oktober 2020); online verfügbar unter: {https://www.tagesspiegel.de/berlin/interview-mit-berliner-spd-spitze-giffey-und-saleh-wir-muessen-auch-beim-linksextremismus-grenzen-deutlich-aufzeigen/26286036.html}.

regiert werden, der oder die sich ein moralisches Urteil über meine Lebensführung erlaubt.[15]

Auch die Reaktionen auf die Corona-Maßnahmen haben diese Haltung unmissverständlich deutlich gemacht. Staatlich verordnete Verhaltensregeln wurden von manchen als illegitimer Eingriff in die autonomen Handlungsentscheidungen der Bürger zurückgewiesen. Das Wort »Freiheit«, verstanden als die Erlaubnis, trotz Ansteckungs- und eventuell Lebensgefahr alles tun und lassen zu können, was man möchte, wurde bei Protesten ebenso oft bemüht wie der Begriff und das Schreckensbild der vermeintlich existierenden oder unmittelbar bevorstehenden Diktatur. Die Steigerung war dann der Vergleich mit den Bevormundungen des SED-Regimes der DDR. Die Bewegung der sogenannten Querdenker zeichnet sich dadurch aus, sich nichts vorschreiben lassen zu wollen. In einer demokratischen Regierung erblickt sie eine Tyrannendespotie, die es wagt, Konsumfreiheiten einzuschränken.

Die extreme Haltung, als Individuum im Namen der eigenen Freiheit ungestört tun und lassen zu können, was man will, sich weder einschränken zu müssen noch sein Verhalten zum Nutzen des Allgemeinwohls anzupassen, hat sich über die letzten Jahre immer stärker und in allen Lebenslagen verbreitet. Eine Richterin am Bundesgerichtshof stellte in einem Interview erstaunt fest: »Es ist doch eine Binsenweisheit, dass meine Freiheit immer nur so weit reicht, bis sie die Sphäre der anderen berührt. Ich wundere mich, dass man

15 Bettina Gaus, »Grüne Erziehungsmaßnahmen: Aus Trotz ein Steak. Im Flieger«, in: *Der Spiegel* (20. Mai 2021); online verfügbar unter: {https://www.spiegel.de/politik/deutschland/aus-trotz-ein-steak-im-flieger-a-e18c9f8b-750f-4cff-8a99-a8cbd64ba80f}.

es als Zumutung empfindet, sich ein wenig einzuschränken im Interesse der anderen.«[16] Die empfundenen Zumutungen lauten Verbot und Verzicht.

Die nach dem WBGU-Gutachten fast schon wieder eingeschlafene Transformationsdebatte bekam mit der Unterzeichnung des Pariser Abkommens sowie der Festlegung universeller Nachhaltigkeitsziele durch die Vereinten Nationen (*sustainable development goals*) im Jahr 2015 einen neuen und diesmal erstmalig recht konkreten Handlungsrahmen. Kurze Zeit später formierte sich Fridays for Future und demonstrierte der Welt, dass das Wissen um den Klimawandel sowie die Erfahrung ausbleibender Transformationsbemühungen bei gleichzeitiger Verschlechterung elementarer Parameter des Erdsystems eine neue Form sozialer Bewegung hervorrufen kann. Diese bildet nicht nur einen drohenden Generationenkonflikt ab, sondern fordert auch vor dem Hintergrund der Erfahrung der Extremsommer 2018 und 2019 mit historisch neuer Vehemenz klare politische Maßnahmen, die transformativ wirken und Verbot und Verzicht beinhalten.

Der Widerstand gegen eine solche Politik wurde jedoch umso lauter, je organisierter sich Fridays for Future bemerkbar machte. Ein ehemaliger Verfassungsrichter zeigte sich in einer Publikation 2019 nicht nur besorgt ob des Rechtsbruchs durch das freitägliche Schuleschwänzen, sondern ebenso leidenschaftlich wie die Kritiker des WBGU-Gutachtens gut ein Jahrzehnt zuvor ob eines möglichen Abgleitens in eine »Ökodiktatur.« Der Staat dürfe die Bürger nicht mo-

16 »›Zumutungen bleiben nicht aus, wenn Menschen eng zusammenleben‹«, Interview mit Christina Stresemann, in: *Süddeutsche Zeitung* (23./24. Januar 2021), S. 56.

ralisierend mit »einer Flut von Ge- und Verboten« überziehen, so sein Fazit.[17]

Kaum jemand wird bestreiten, dass Verbote ein sinnvolles Instrument der Verhaltenssteuerung sind. Das Gleiche gilt für die Aufforderung zum Verzicht bei Überbeanspruchung einer Ressource. Dass jedoch viele Menschen der Meinung sind, Verbot und Verzicht seien im Grunde keine legitimen staatlichen Instrumente und der individuelle Konsum im Namen der Freiheit sei unantastbar, zeigt, wie stark sich die Ideale des Neoliberalismus in den Köpfen festgesetzt haben. Es sollte daher nicht überraschen, dass es in diesem Buch in großen Teilen um die Geschichte, Konzepte, Strategien und Akteure des Neoliberalismus geht.

Der Grundgedanke des Neoliberalismus lautet, dass das Allgemeinwohl maximal gefördert wird, wenn sich möglichst alle sozialen Transaktionen an der Marktlogik des Wettbewerbs ausrichten. Der Staat soll nur die Rahmenbedingungen für das Funktionieren von Märkten setzen und sich ansonsten am besten aus allem heraushalten. Der Markt wird idealisiert, der Staat verteufelt. Der Markt ist effizient, der Staat ist es nicht. Der Markt schafft Freiheit, der Staat nimmt sie. Der Markt ist der Tummelplatz des wichtigsten Akteurs der neoliberalen Welt: des autonomen Individuums, das tagtäglich bemüht ist, auf der Suche nach dem Glück seinen Eigennutz zu maximieren. Der Neoliberalismus zielt auf »die Entzauberung der Politik durch die Wirtschaft«.[18]

17 Hans-Jürgen Papier, *Die Warnung. Wie der Rechtsstaat ausgehöhlt wird*, München 2019.

18 William Davies, *The Limits of Neoliberalism. Authority, Sovereignty and the Logic of Competition*, London 2017 [2015]. Sofern auch im Rest des Textes nicht anders angegeben, handelt sich bei Zitaten aus Originalversionen um eigene Übersetzungen des Autors.

Elementaren demokratischen politischen Prozessen skeptisch gegenüber eingestellt, sollen Marktnormen zu politischen Normen werden.[19] Staatliche Aktivitäten sollten nicht nur zurückgefahren werden, sondern der Staat selbst und die ganze Logik des Regierens sollen sich dem Markt anpassen.

Doch der Neoliberalismus ist mehr als eine Idee. Über die Jahrzehnte ist er zu »einem hegemonialen Diskurs geworden. [...] Er durchdringt unsere Art zu denken, und das geht so weit, dass er Teil unseres Common Sense geworden ist, mit dem wir die Welt, in der wir leben, verstehen und interpretieren.«[20] Der Historiker Philip Mirowski spricht in diesem Zusammenhang vom »alltäglichen Neoliberalismus«.[21] Der Neoliberalismus ist nicht länger eine von vielen möglichen Interpretationen der Welt. Er baut auf Annahmen auf, die von vielen gar nicht hinterfragt, sondern als alternativlos, weil vermeintlich richtig und real verstanden werden. Margaret Thatcher, die als Premierministerin Großbritanniens eine der ersten Extremverfechterinnen des Neoliberalismus in Regierungsverantwortung wurde, sagte einmal sybillinisch, man bediene sich zwar neuer ökonomischer Ideen, aber das Hauptziel sei, »die Seelen der Menschen zu verändern«.[22] Wie es scheint, ist das gelungen.

Das Besondere am Neoliberalismus ist, dass er in seiner heutigen globalen Ausprägung das Ergebnis einer ausgeklü-

19 Ebd., S. 6.

20 David Harvey, *A Brief History of Neoliberalism*, Oxford 2005, S. 3 f.

21 Hier zitiert nach Davies, *Limits of Neoliberalism*, S. 11; Davies zitiert Philip Mirowski, *Never let a Serious Crisis go to Waste. How Neoliberalism Survived the Financial Meltdown*, London 2013.

22 Zitiert nach Harvey, *A Brief History*, S. 23; Harvey zitiert Daniel Yergin und Joseph Stanislaw, *The Commanding Heights: The Battle between Government and Market Place that is Remaking the Modern World*, New York 1999.

gelten Strategie ist, mit der man den Kampf um politische und wirtschaftliche Ideen gewinnen wollte. Seine Grundlagen wurden in einem gezielt geplanten »langen Marsch« durch die Institutionen in einem Zusammenspiel einer Gruppe von Wissenschaftlern, Think-Tanks, Romanautoren, Journalisten und Vertretern des Unternehmertums immer und immer wieder verbreitet, bis sie spätestens mit den Regierungen Thatchers und Ronald Reagans zu einem Teil der politischen Kultur wurden, die sich in der Folgezeit global durchsetzte.[23] Der Neoliberalismus war immer die »transnationale Bewegung« einer eigenen »Ideologie«, ein langfristiges Projekt mit globalem Anspruch. Die deutsche »Verbot und Verzicht«-Reaktion ist in ihren Bildern, Denkmustern und rhetorischen Floskeln Ausdruck dieser Ideologie. Sie fußt nicht auf eigenen Ideen.

Dabei trägt der missionarische Eifer des neoliberalen »Gedankenkollektivs« durchaus religiös-fanatische Züge.[24] Vor allem auch deswegen, weil dessen Grundideen mehr auf Glauben beruhen als auf einer akkuraten Beschreibung und Erklärung der Realität. Der Ökonom Joseph Stiglitz hat es so formuliert: »Neoliberaler Marktfundamentalismus war immer ein politisches Dogma, das bestimmten Interessen entgegenkam. Es war nie von wirtschaftlichen Theorien gedeckt.«[25]

Als ein ideologisches Projekt, das nicht immer diesen Namen trug, wurde der Neoliberalismus vor allem durch zwei Menschen geprägt: Friedrich August Hayek und Milton

23 Harvey, *A Brief History*, S. 40 und 42.

24 Philip Mirowski und Dieter Plehwe (Hg.), *The Road from Mont Pèlerin. The Making of the Neoliberal Thought Collective*, Cambridge/Mass. 2009.

25 Zitiert in Mirowski, *Never Let a Serious Crisis*, S. 38.

Friedman. Gemessen am langfristigen Erfolg ihres Plans, können Hayek und Friedman zweifelsfrei als unangefochtene neoliberale *Masters of the Universe* gelten.[26] Wie es ihnen gelang, das Feindbild des Staates zu zementieren, der das Leben der Bürger nicht beeinflussen, steuern oder regeln darf – also nicht verbieten soll –, und dabei gleichzeitig den Wettbewerbsmarkt als Hort der Effizienz und der individuellen Freiheit zu glorifizieren, ist Gegenstand des dritten Teils dieses Buches. Dabei spielt die Zusammenarbeit von Wissenschaft, Organisationen wie der Mont Pèlerin Society, Unternehmensvertretern sowie Think-Tanks eine besondere Rolle. Dazu gehören auch die noch immer anhaltenden Erfolge von Romanschriftstellern wie Ayn Rand.

Für das Thema Verbot und Verzicht ist der Stellenwert des individuellen Konsums entscheidend. Zum einen weil in den aktuellen Transformationsdebatten ein Verbot immer den individuellen Konsum beschneiden würde; zum anderen weil Konsum und das Recht, ungehindert zu konsumieren, das genaue Gegenteil von Verzicht sind. Im vierten Teil wird daher die Genese des Begriffs der *Konsumentensouveränität* neoliberaler Autoren wie William Hutt und Ludwig von Mises nachgezeichnet. Mit diesem Konzept wurde nicht nur das Recht auf unbegrenzten und unreglementierten individuellen Konsum abgeleitet. In dieser Vorstellung löste auch der Konsument den politischen Bürger als Souverän ab. Um das Gemeinwesen effizient zu gestalten, war daher unbegrenzter individueller Konsum maximal geboten. Konsum wurde zur ersten Bürgerpflicht. Freiheit wurde zur ungestörten Konsumentscheidung und die Demokratie zu

26 David Stedman-Jones, *Masters of the Universe. Hayek, Friedman, and the Birth of Neoliberal Politics*, Princeton 2012.

einer *democracy of the consumer*. Der Neoliberalismus fußt auf der Vorstellung dessen, was ich *douce consommation* nenne – des allseits Nutzen spendenden Effekts des individuellen Konsums. Freie Märkte und damit Freiheit existieren nur, wenn konsumiert wird und der Einzelne nach Herzenslust konsumieren darf.

Die Folgen der Fixierung auf individuellen Konsum sowie dessen Steigerung durch die Digitalisierung sind Gegenstand des fünften Teils. Konsum und veränderte Konsumgewohnheiten führten spätestens ab den siebziger Jahren zu einem spürbaren gesellschaftlichen Wandel, der sich darin ausdrückt, dass der Konsum zum dominanten identitätsstiftenden Merkmal der Individuen postmoderner Gesellschaften geworden ist. Der Aufstieg der Mobiltelefonie sowie des Internets hat die Einengung individueller Entfaltungsmöglichkeiten auf den Konsum nicht nur bedeutend vorangetrieben, sondern hat in der Konsequenz zur Rückkehr und Verstärkung emotionaler, echauffierter und affektierter Verhaltensweisen geführt, die sich besonders dann entladen, wenn die individuelle Konsumhandlung eingeschränkt werden soll. Mit der Digitalisierung verstärkt sich eine individualzentrierte Anspruchshaltung des »Ich darf alles«, die den neoliberal verklärten individuellen Konsumsouverän in das Gegenteil von dem verwandelt, was er eigentlich sein sollte: in einen *individuellen Tyrannen*, der jeden Eingriff in seine Konsumentscheidungen vehement ablehnt. Die *douce consommation* ist daher alles andere als *douce* und verkehrt sich in ihr Gegenteil.

Die extreme Haltung, die Verbot und Verzicht als Instrumente staatlichen Handelns ablehnt, fußt auf drei miteinander verzahnten Aspekten: erstens auf der Ablehnung staatlicher Eingriffe in das Privatleben, gespiegelt im Bild des

Staates als Gegner, dessen Aktivitäten im Gegensatz zu denen des idealisierten autonomen Individuums grundsätzlich negativ zu bewerten sind. Zweitens auf der Überhöhung des Konsums und der Idee der Konsumentensouveränität als Recht und Motor einer effizienten Marktwirtschaft. Drittens auf einer digital unterstützten und sich verstärkenden individualzentrierten Konsumblase, die nicht nur die affektive und emotionale Ebene besonders anspricht, sondern zu affektgeladenen und emotionalen Reaktionen herausfordert, wenn die eigenen als legitim angesehenen Konsummöglichkeiten behindert werden. Diese drei Aspekte bestimmen die Gliederung dieses Buches.

Da es sich bei den Abwehrargumenten gegen Verbot und Verzicht zunächst immer um rhetorische Floskeln handelt (»Ökodiktatur«, »Bevormundung«), beginnt dieser Text im folgenden ersten Teil mit einer allgemeinen Darstellung rhetorischer Strategien gegen Wandel und Transformation. Besonders wichtig in diesem Zusammenhang ist die Behauptung, staatliche Verbote und Verzichtsideen seien grundsätzlich *illegitim*.

Im zweiten Teil lege ich in einem kurzen ideengeschichtlichen Exkurs dar, dass schon vor Jahrhunderten die Verfolgung individueller wirtschaftlicher Eigeninteressen nicht nur akzeptiert, sondern als gewünschte Verhaltensnorm etabliert war. Im Unterschied zur modernen neoliberalen Konsumfixierung war diese ältere Vorstellung des *doux commerce* allerdings geprägt von *Affektkontrolle* und *Konsumverzicht*. *Doux commerce*, so hieß es damals, habe nicht nur einen positiven Effekt auf den Umgang der Menschen miteinander, sondern sei eine der Haupttriebfedern der Zivilisation. Außerdem sei er eingebettet in eine Ethik der Allgemeinwohlorientierung. Es sind genau diese Parameter, die durch die

Individualzentrierung und Konsumfixierung des Neoliberalismus im Sinne der *douce consommation* verloren gegangen sind und deren Fehlen sich in den Debatten um Verbot und Verzicht so deutlich zeigt.

In den Schlussfolgerungen zeige ich, warum die extremen Reaktionen auf Verbot und Verzicht eine Gefahr für die Demokratie darstellen und auf einem fatalen Politikverständnis beruhen, das notwendige Transformationsschritte hin zu mehr Nachhaltigkeit bremst, wenn nicht gar verhindert: eine Politik aus dem Geiste des Unterlassens.

Abschließend noch einige knappe Bemerkungen bezüglich meines Gebrauchs des Begriffs »Neoliberalismus« sowie der Konzepte von Verbot und Verzicht. Was hier untersucht wird, ist die Entstehung *bestimmter* Ideen, die sich in den zitierten Äußerungen zur Verbotspolitik widerspiegeln. Es geht mir nicht darum, ein umfassendes Bild aller Ausprägungen des Neoliberalismus zu zeichnen mit all seinen Unterspielarten, Akteurskonstellationen und Bedeutungsverschiebungen. Der *Economist* konnte 2004 zwar lamentieren, der Begriff des Neoliberalismus sei von einer neuen Spezies von »Markt anbetenden, nihilistischen Soziopathen« pervertiert worden.[27] Er verschwieg aber, dass dieses Extrem nur durch den Siegeszug neoliberaler Grundideen entstehen konnte. Sie sind es, die in der emotionsgeladenen Reaktion auf Verbot und Verzicht zu Tage treten und hier behandelt werden.

Beim Widerstand gegen Verbot und Verzicht geht es darum, Verhaltenssteuerung als politisches Instrument abzuleh-

27 Zitiert nach Jamie Peck, *Constructions of Neoliberal Reason*, Oxford 2010, S. 2; Peck zitiert *The Economist*, in: »There is a Word for That« (6. November 2004), S. 14.

nen. Unerheblich ist dabei, ob es sich um Verbote im strafrechtlichen Sinne handelt oder um andere Formen, mit denen Verhaltensänderung erreicht werden soll, zum Beispiel durch Preisänderungen. Wenn also statt klassischen Verboten manchmal alternativ Verhaltensregulierung durch Preiserhöhungen bestimmter Güter oder Dienstleistungen gefordert wird, um die sozialen oder ökologischen Kosten besser zu berücksichtigten, macht das zwar einen Unterschied in der Frage, ob es sich dabei um ein originäres Verbot handelt oder nicht. Viele Menschen, die sich dann ihr Konsumverhalten nicht mehr leisten können, sehen diesen Unterschied nicht. Die französischen Gelbwesten-Proteste zeigen deutlich eine mögliche Reaktion auf eine Preispolitik, die bestimmte Dinge nicht mehr möglich macht. Die Frage nach der sozioökonomischen Legitimität des Auflehnens gegen höhere Preise muss hier nicht erörtert werden. Es reicht festzustellen, dass auch in diesem Fall die klare Haltung überwiegt, dass bestimmte Güter und deren Konsum den Menschen zustehen und Verhalten nicht durch staatliches Tun unterbunden werden darf.

I
Die Argumente des Unterlassens

Sich gegen Veränderungen zu stemmen und darauf zu pochen, dass die Dinge so bleiben sollen, wie sie sind, ist im ureigenen Sinn konservativ. Für diese Haltung kann es gute Gründe geben, und so gehört es zur konservativen oder besser: konservierenden Abwehrhaltung, sich mit progressiven Vorstellungen von Wandel auseinanderzusetzen und darauf zu reagieren. Wie man unter anderem in der aktuellen Debatte um Verbote und Aufforderungen zum Verzicht beobachten kann, gibt es zahlreiche Akteure, die einen Wunsch nach Veränderung nicht einfach akzeptieren. Sie suchen und formulieren Gegenargumente. Dabei bedienen sie sich wiederkehrender rhetorischer Muster.

Widerstand gegen eine umfassende gesellschaftliche Transformation formierte sich in Europa erstmals in besonderem Maße im Nachgang zur Französischen Revolution. Seitdem ist »Reaktion« der Ausdruck für eine politische Haltung, die auf transformative Politik verhalten bis abweisend reagiert. Sie ist konservativ, weil ihr die Erhaltung des Status quo, oder wie im Fall der Französischen Revolution: die Wiederherstellung des Status quo ante, am Herzen liegt. Die Reaktion kann mit der Idee einer großen Transformation nichts anfangen. Sie lehnt sie ab, weil sich, so argumentieren ihre Vertreter, in den bestehenden Verhältnissen eine Begründung oder Logik für deren Vorhandensein finde, die sie als valide und gerechtfertigt ansehen. Der Grund für dieses Unbehagen gegenüber Veränderungen ist die Vorstellung, dass sich bestehende institutionelle Strukturen (im Sinne von Regeln und Organisationsformen) in der Geschichte bewährt haben und es daher keines Wandels bedürfe. Für die Gegner der Französischen Revolution der ersten Stunde, allen voran Edmund Burke, war der Gedanke unerträglich, dass die französischen Vordenker der Revolution nicht auf Erfahrung und historische Strukturen setzten. Stattdessen glaubten diese im Sinne des Rationalismus und neu formulierter allgemeingültiger Prämissen, ein ganzes Land in seinen Grundfesten erschüttern und verändern zu können. Der Unterschied zwischen britischen Empiristen und französischen Rationalisten wurde selten so instrumentalisiert wie in den Argumenten, die Burke bereits 1790 in seinen *Reflections on the Revolution in France* (dt. u.a. als: *Betrachtungen über die Französische Revolution*) gegen den französischen Transformationseifer vorbrachte.[1] Auch bei neoliberalen Theoretikern, allen voran bei Friedrich Hayek, wird diese historische Dichotomie zwischen Empirismus und Rationalismus immer wieder bemüht.

Ausgehend von der Schrift des Kopernikus über die Umlaufbahnen der Planeten, *De revolutionibus orbium coelestium* von 1543, verband man mit dem Begriff der Revolution eigentlich eine zirkuläre Bewegung und im übertragenen Sinne die zirkuläre Bewegung der Zeit. Auch die englische Revolution Society, in deren Kreisen Burke sich bewegte und die in Erinnerung an die Glorious Revolution von 1688 ihren Namen erhalten hatte, nutzte den Ausdruck in diesem Sinn. So wollte man deutlich machen, dass vernünftige Politik und vernünftige Institutionen ihre Grundlage in der Geschichte hatten, nicht in Apriori-Vorstellungen von einer

1 Edmund Burke, *Reflections on the Revolution in France*, Oxford 1993 [1790].

besseren Gesellschaft und einer besseren Welt. »Revolution« bedeutete für die Mitglieder der Society, dass nicht Theorie die politische Richtschnur spannte, sondern Geschichte. Mit der Französischen Revolution und dem Versuch, einen neuen Menschen und eine neue Ordnung zu schaffen, waren aber nicht länger die Geschichte und die Vergangenheit die Referenzpunkte, sondern die Zukunft. Eine Zukunft, von der die französischen Revolutionäre und die *philosophes* glaubten, sie aktiv gestalten zu können. Die Befürchtung, es handele sich dabei nicht um ein rein französisches Phänomen und um eine lokal begrenzte soziale Dynamik, sondern um eine »Übertragungskrankheit«, dass also die Revolution auch auf die Britischen Inseln übergreifen könnte, trieb die englischen Eliten jahrzehntelang um. Also musste die Reaktion versuchen, die Ereignisse der Französischen Revolution klein- bzw. schlechtzureden. Die Auswüchse der jakobinischen *Terreur* machten dies zu einer leichten Aufgabe. So begann der Versuch, Argumente zu finden, um zukunftsgerichtete und weitreichende politische Veränderungen zu verhindern.

In seiner 1991 erschienenen Studie *The Rhetoric of Reaction* (dt.: *Denken gegen die Zukunft. Die Rhetorik der Reaktion*) hat Albert O. Hirschman die Argumentationsmuster der Reaktion über einen Zeitraum von zweihundert Jahren untersucht. Dabei nutzte er drei große historische Transformationsmomente als realpolitische Ausgangspunkte, um zu zeigen, dass sich die Abwehrhaltung konservativer Kreise traditionell in drei rhetorischen Mustern äußerte. Die von ihm gewählten Beispiele waren die Französische Revolution (18. Jahrhundert), die Einführung des allgemeinen Wahlrechts (für Männer, im 19. Jahrhundert) sowie die Etablierung des Wohlfahrtsstaates beziehungsweise die Einführung staatlicher

Unterstützungsmaßnahmen für Arme, Arbeitslose, Kranke etc. (im 20. Jahrhundert).[2]

Pervertierung

Das erste rhetorische Muster bezeichnet Hirschman als *Perversity Thesis.* Dieser zufolge ist jedwede revolutionäre politische oder soziale Transformation zum Scheitern verurteilt. Der Grund hierfür seien die nichtintendierten Effekte sozialen Verhaltens.[3] Wie in der *Bienenfabel* Bernard Mandevilles könne ein bestimmtes zielgerichtetes Verhalten zu genau dem Gegenteil dessen führen, was eigentlich geplant war. Während in der Gedankenwelt Mandevilles privates Fehlverhalten zu positiven gesellschaftlichen Entwicklungen führte, galt die Französische Revolution konservativen Akteuren als ein Beispiel dafür, dass auch genau das Umgekehrte passieren konnte.[4] Eine bessere Zukunft war dem Land versprochen worden, doch stattdessen herrschten 1793 Angst und Schrecken. Die alten, Sicherheit garantierenden Strukturen

2 Albert O. Hirschman, *The Rhetoric of Reaction*, Cambridge/Mass. 1991.

3 Die »unanticipated consequences of social action« wurden vor allem durch Robert Merton als Kategorie etabliert; siehe sein »The Unanticipated Consequences of Purposive Social Action«, in: *American Sociological Review* 1 (1936), S. 894-96, 898-904.

4 Bernard Mandeville, *Die Bienenfabel*, Frankfurt am Main 1980 [1705]. Der Untertitel der Fabel lautet: *Private Laster – öffentliche Vorteile.* Mandeville beschreibt darin ironisch in Form einer Fabel das Zusammenleben in einem Bienenstock. Nur weil dort jeder Einzelne ungehemmt seinen Leidenschaften und Gelüsten frönt, scheint das Gemeinwesen überhaupt zu funktionieren – so seine damals ketzerische Vorstellung.

waren zerstört worden. Transformative Politik erreichte in dieser Logik *perverserweise* genau das Gegenteil von dem, was erreicht werden sollte. Fazit: Anstelle von Freiheit bringt Transformation Terror. Anstelle einer effektiveren und moderneren sozialen und politischen Ordnung regiert Chaos. Vormals gut funktionierende Institutionen werden durch defekte ersetzt.

Im Falle wohlfahrtsstaatlicher Maßnahmen wie der finanziellen Unterstützung von Arbeitslosen und Armen lautet ein traditionelles Perversity-Argument, dass die monetäre Hilfe Arbeitslosigkeit und Armut nicht verringere, da diese Menschen durch die Unterstützung den fatalen Anreiz erhielten, sich nicht um eine Verbesserung ihrer Lage zu bemühen. Wohlfahrtsstaatliche Maßnahmen würden zu Faulheit einladen.[5]

»Verbotspolitik« führe in letzter Konsequenz stets dazu, dass die verbotenen Dinge mit besonderer Lust trotzdem getan werden – wie es in einer Liedzeile Wolf Biermanns heißt: »Keiner tut gern das, was man tun darf. Was verboten ist, das macht uns gerade scharf.« Man denke nur an die oben zitierten Auslassungen der *Spiegel*-Kolumnistin zu ihrem Flug- und Essverhalten. Als Musterbeispiel für verfehlte Verbotspolitik muss häufig die Prohibitionszeit in den Vereinigten Staaten herhalten. Verbote riefen, so ein deutscher Wirtschaftsjournalist in einem Artikel mit dem Titel »Was könnte man noch alles so verbieten?«, grundsätzlich »Umgehungsstrategien« auf den Plan.[6] Es scheint, als sei es unmöglich,

5 Siehe auch Philipp Lepenies, *Armut. Ursachen, Formen, Auswege*, München 2017.

6 Andres Freytag, »Was könnte man noch alles so verbieten?«, in: *Wirtschaftswoche* (15. Februar 2019); online verfügbar unter: {https://

Menschen von einem einmal etablierten Verhalten abzubringen.

Die Perversity Thesis beruht auf der Annahme, dass der Mensch natürlichen und unveränderlichen Verhaltensmustern folgt. Dementsprechend besteht der Sinn von Politik und Institutionen darin, diese Muster zu erkennen, zu akzeptieren und sie zu nutzen – und nicht darin, sie verändern oder neu formen zu wollen. Davon ausgehend kann man Reformpolitikern dann vorhalten, und das ist die vermeintliche Stärke des Perversity-Arguments, sie würden die Natur des Menschen nicht verstehen. Wer über ein »richtiges« Verständnis der menschlichen Natur verfüge, begreife, dass die Dinge unweigerlich anders laufen werden, als man geplant hat. Die Vertreter der Reaktion positionieren sich also als die wahren Menschenkenner.

Nutzlosigkeit

Das zweite rhetorische Muster ist die sogenannte *Futility Thesis*. Diese behauptet schlicht, dass geplante transformative Maßnahmen ihr Ziel nicht erreichen werden: Sie sind nutzlos. Bei der Einführung des allgemeinen Wahlrechts (für alle Männer) in mehreren europäischen Staaten ab Mitte des 19. Jahrhunderts kam das Argument auf, dass diese Ausweitung und regelmäßige Wahlen an der etablierten Sozial- und Machtstruktur nichts ändern würden. Wahlen seien Makulatur. 1911 verkündete der Soziologe Roberto Michels sein »ehernes Gesetz der Oligarchie«. Die Eliten eines Landes, so

www.wiwo.de/politik/deutschland/freytags-frage-was-koennte-man-noch-so-alles-verbieten/23987796.html}.

Michels, würden immer die Oberhand gewinnen. Man kann sein »ehernes Gesetz« als eine Variante der Nutzlosigkeitsthese deuten.[7] Gleiches gilt für das Populationsprinzip von Thomas Robert Malthus. Ausgehend von angeblichen Naturgesetzmäßigkeiten behauptete Malthus, es werde unweigerlich und regelmäßig zu Hungerkrisen aufgrund von zunächst stärkerem und dann wieder schwächelndem Bevölkerungswachstum kommen. Jede Politik, deren Ziel darin bestehe, Hunger und Not dauerhaft zu lindern (wie die englischen Old Poor Laws), könne daher keinen wirklichen Effekt haben, denn sie verstoße gegen die »Gesetze der Natur«.[8]

In den aktuellen Diskussionen rund um mögliche Verhaltensänderungen im Rahmen transformativer Maßnahmen wird die Futility Thesis häufig im Zusammenhang mit der Vorstellung gebraucht, Verbote und die mit ihnen einhergehende Neuausrichtung des Verhaltens einiger Menschen würden insgesamt nicht ins Gewicht fallen; oder die betroffenen Sektoren hätten so wenig Anteil an dem zu lösenden Gesamtproblem, dass jedes geplante Verbot unnütz sei. Man denke, um zwei Beispiele aus Deutschland aufzugreifen, nur an die Debatte, ob ein Tempolimit auf Autobahnen überhaupt signifikant zur Reduzierung des CO_2-Ausstoßes beitrage, oder ob die Bundesrepublik im globalen Vergleich der Treibhausgasemittenten nicht eine so geringe Rolle spiele, dass eine Verhaltenssteuerung durch nationale Verbote keinen global nennenswerten Effekt erzielen würde. Ein wesentliches Kennzeichen bei der Anwendung der Futility Thesis ist nach Hirschman die verfrühte Proklamierung der Nutz-

7 Hirschman, *The Rhetoric of Reaction*, S. 57.

8 Philipp Lepenies, »Of Goats and Dogs«, in: *Cambridge Journal of Economics* 38/2 (2013), S. 447-457.

losigkeit. Man wartet gar nicht erst ab, bis eine sichtbare, vielleicht unerwartete positive Konsequenz eintritt, sondern deklamiert vorab, dass eine vorgeschlagene Politikmaßnahme keinen Effekt haben wird. Die Futility Thesis ist ein Merkmal fehlender Geduld.

Gefährdung

Der dritte rhetorische Kniff ist die *Jeopardy Thesis*. Die ins Auge gefassten transformativen Maßnahmen hätten nicht nur nichtintendierte Nebeneffekte oder würden nicht funktionieren: Sie wirkten sich darüber hinaus zerstörerisch auf die bestehenden Institutionen und die bestehende Ordnung aus und gefährdeten sie. Der Grund hierfür sei, dass die zu erwartenden Kosten den Nutzen weit übersteigen würden. Über die steuerfinanzierten englischen Old Poor Laws wurde beispielsweise behauptet, die wöchentlich zum Zweck der Finanzierung von Hilfsgeldern für die Armen abzuführende Steuer träfe genau die Menschen finanziell, die durch ihre Produktivität und ihren Fleiß dafür sorgten, dass England wirtschaftlich erblühe, und die sich bemühten, nicht selbst zum staatlichen Unterstützungsfall zu werden. Die Zwangsabgabe, so die Meinung, würde langfristig die englische Wirtschaft schwächen. Im Fall der in Deutschland aktuell diskutierten möglichen transformativen Maßnahmen wird häufig angeführt, dass bestimmte neue Standards (wie Abgasnormen) die vermeintlich systemrelevante deutsche Autoindustrie und ihre Zulieferer so hart träfen, dass ein Großteil der produzierenden Industrie den Todesstoß erhalten würde und Millionen von Menschen in die Arbeitslosigkeit abgleiten würden. Die Sicherung des »Industriestandorts Deutschland« oder des »Wohlstandes« sind typische Floskeln der Jeopardy Thesis.

Instruktiv ist ein historisches Beispiel aus England. Im Zuge der Erweiterung des Wahlrechts und damit der Herausbildung demokratischer Prozesse wurden geplante politische Maßnahmen immer wieder als Angriffe auf die persönliche Freiheit kritisiert. In den innenpolitischen Debatten über eine Wahlrechtsausweitung 1832 sowie 1867 brachten die Gegner das Argument ins Spiel, es habe sich historisch eine effektive Balance zwischen Adel, Krone und demokratischen Institutionen wie dem Parlament etabliert. Öffnete man nun das Wahlrecht für die »Massen«, würde diese Balance zerstört. Freiheiten, die aus der Magna Charta, der Habeas-Corpus-Akte sowie der Bill of Rights resultierten, schienen bedroht. Demokratie war für die konservativen Kräfte kein anzustrebendes Ziel, sondern eine Gefahr. Besonders dramatisch schien dabei eine bestimmte Angst: Wenn plötzlich die gesamte männliche Bevölkerung wählen könnte, wäre eine Regierung im Dienste der Interessen ebendieser Massen die Folge. Diese würde dann Gesetze zur Enteignung der Wohlhabenden erlassen, wodurch eines der am stärksten emotional besetzten Freiheitsrechte in England gefährdet würde: das Recht auf Eigentum und Akkumulation.[9] Mit der Demokratie gerieten also nicht nur die Freiheit in Gefahr, sondern auch die gesamten Errungenschaften der Zivilisation.

Als Negativbeispiel galt Frankreich mit seinem 1848 eingeführten allgemeinen Wahlrecht. Das Zweite Kaiserreich ab 1852 samt seiner Pressezensur und anderen Einschränkungen war für Konservative in England ein klares Signal dafür,

9 Hirschman, *The Rhetoric of Reaction*, S. 94.

was auf die Ausweitung des Wahlrechts folgen würde. Diese Ansicht hielt sich bis zum Ende des 19. Jahrhunderts. Je mehr sich die industrielle Vormachtstellung des Empire abzeichnete, desto mehr gewann zudem das Argument an Gewicht, die Demokratie würde auch die Errungenschaften der industriellen Entwicklung und des technischen Fortschritts zunichtemachen. Die modernen Argumente liberaler und neoliberaler Denker, denen zufolge wohlfahrtsstaatliche Maßnahmen Freiheiten verringern und sogar zerstören würden, fallen ebenfalls in die Kategorie der Jeopardy Thesis. Hayek war, wie wir sehen werden, ein Meister darin, Freiheit als ein von allen Seiten gefährdetes Gut darzustellen.[10] In der gegenwärtigen Verbot-und-Verzichts-Debatte ist der vermeintliche Angriff auf die Freiheit des Einzelnen beziehungsweise der drohende Verlust der Freiheit allgemein ein häufig genutztes und bedeutungsschweres Argument.

Illegitimität

Neben den drei von Albert Hirschman herausgearbeiteten Reaktionsmustern hat sich im Zuge der aktuellen Transformationsdebatte in Deutschland noch ein zusätzliches, entscheidendes viertes Argument etabliert. Ich nenne es in sprachlicher Anlehnung an die drei Thesen von Hirschman die *Illegitimacy Thesis*: die These der Unrechtmäßigkeit. Besonders deutlich zeigt sie sich in Auseinandersetzungen um Vorschläge, bei denen Verbot und Verzicht eine Rolle spielen. Der Aufschrei gegen eine angebliche »Verbotspolitik« sowie die Verwendung der Wörter »Verbot« und »Verzicht«

10 Ebd.

als Kampfbegriffe sollen anzeigen, dass man Verbote sowie die Aufforderung zum Verzicht nicht als sinnvolle, vor allem aber als nicht legitime politische Maßnahmen ansieht. Man echauffiert sich, dass Verbot und Verzicht staatlicherseits verordnet werden. Es geht in den Debatten weit seltener inhaltlich und detailliert um den Sinn oder Unsinn geplanter Verhaltensänderungen. Es geht um Verbot und Verzicht an sich. Diese werden grundsätzlich abgelehnt. Anders als bei den von Hirschman herausgearbeiteten Reaktionsmustern sind es nicht die Konsequenzen bestimmter Politiken, die angegriffen werden, sondern die Art und Weise, *wie* und *mit welchen Instrumenten* Politik gemacht wird.

Verbote und Maßnahmen, aus denen Verzicht resultiert, mögen im Rahmen der gegebenen politischen Regeln rechtlich möglich sein. Doch, und das ist der wesentliche Punkt dieser Argumentation, der Staat und die Regierung sollten (!) nicht das Recht haben, dermaßen in das Privatleben der Bürger hineinzuregieren, dass damit Verhalten gesteuert und verändert wird. Bemüht wird das Idealbild eines Staates, der sich möglichst umfassend zurückzieht und außer der Setzung unerlässlicher Rahmenbedingungen menschliches Verhalten so gut wie nicht reglementiert. Dahinter steckt nicht nur die Überzeugung, dass der Einzelne das Recht auf ungestörte Verhaltens- und damit Konsumentscheidungen hat, sondern auch der Glaube daran, dass Markt und Wettbewerb menschliches Verhalten viel effektiver steuern, sanktionieren und belohnen können als die Politik. In der Vorstellung der Illegitimität verbindet sich die Vorstellung einer positiven Freiheit (»Ich darf«) mit der Vorstellung einer negativen Freiheit (»Der Staat darf nicht«).[11] Staat und Bürger

11 Für die Unterscheidung negativer und positiver Freiheiten siehe

gelten als zwei voneinander getrennte Einheiten, die sich skeptisch, wenn nicht sogar feindselig gegenüberstehen. Die gemeinsame Schnittmenge, in der sich beide treffen, soll so klein wie möglich gehalten werden.

Der Vorwurf der »Bevormundung« gehört in diesen Kontext. Er soll deutlich machen, dass die Bürger autonom, intelligent, reif und rational genug ist, um richtige Entscheidungen zu treffen. Einschnitte beschränkten sie in ihrer rechtmäßigen Autonomie und entmündigten sie. Im Vorwurf der Bevormundung steckt die Behauptung, Eingriffe des Staates seien illegitim.

Die Illegitimacy Thesis zielt nicht nur auf die unrechtmäßige Nutzung bestimmter Instrumente. Wer sich ein Argument im Stile der Jeopardy Thesis zu eigen macht, der geht davon aus, dass sich die Akteure und Prozesse innerhalb des bestehenden institutionellen Rahmens einer Verfassung oder gemäß parlamentarischer Normen und Praktiken bewegen. Die Gefährdung und eventuelle Zerstörung von Institutionen sind ein nichtintendierter (aber von den Konservativen sicher erwarteter) Effekt. Nach der Logik der Illegitimacy Thesis wird die systemische Transformation hingegen bewusst angestrebt und gewollt – und ist genauso illegitim wie die zu ihrer Erreichung geplanten Mittel. Nicht nur, dass mit der Illegitimacy Thesis das Schreckensbild eines geplanten Endes der (demokratischen) Welt, wie wir sie kennen, an die Wand gemalt wird. Im Umkehrschluss ist jeder Widerstand gegen die Maßnahmen legitim und sogar staatsbürgerlich geboten. Von einer »Diktatur« ist dann oft die Rede sowie davon, dass eine kleine verschworene Gruppe heimlich

Isaiah Berlins klassischen Aufsatz von 1958 »Two Concepts of Liberty«, in: ders., *Liberty*, Oxford 2002, S. 166-217.

eine vollständige Übernahme und Umstrukturierung der Gesellschaft und ihrer Institutionen – gegen den Mehrheitswillen – plane. Dabei werden, je nach Gusto, Anlehnungen an historische sozialistische Experimente gemacht oder Vergleiche mit religiösen Eiferern und Gottesstaaten gezogen, welche die Illegitimität der geplanten Reformbemühungen unterstreichen sollen.

Ein konservatives Mitglied des Bundestages schrieb im Dezember 2019 in Epistelform:

> Viele Jahrzehnte unter dem Radar, streckt nun die Medusa einer neuen Diktatur (diesmal Ökodiktatur) in Deutschland offen ihr Haupt hervor. Vorgesehen ist eine Zwangswirtschaft kommunistischer Prägung, die, wie alle vorangegangenen kommunistischen Versuche, in Knechtschaft, Unterdrückung und Vernichtung einer ehemals blühenden Industrienation enden wird. [...] Die Akteure sind ausgesucht und marschieren seit der ersten internationalen Klimakonferenz in Rio de Janeiro des Jahres 1992 zu ihrem Ziel. Der aktuelle Vernichtungsfeldzug, über die Köpfe der wehrlosen deutschen Bürger hinweg, belegt die kommende Diktatur. Nach Kernkraftwerken und Energieversorgern stehen deutsche Kohle und Auto-Individualverkehr als die nächsten Schritte zur Zerstörung an.[12]

Das *Manager Magazin* sprach in einem Beitrag über das vermeintliche Gebaren von Nichtregierungsorganisationen wie der Deutschen Umwelthilfe (die oft, etwa im Fall der Durchsetzung von Fahrverboten aufgrund von Feinstaubbelastung, nichts anderes tut, als die Einhaltung von EU-Normen einzuklagen) von »Ökokriegern« und von »Grünen Warlords«. Der Artikel trug den Untertitel »Wie Umweltaktivis-

12 Veronika Bellmann, »Mein Nein zum Ergebnis des Vermittlungsausschusses« (2019); online unter: {https://www.veronika-bellmann.de/mein-nein-zum-ergebnis-des-vermittlungsausschusses} (letzter Zugriff am 6. April 2021).

ten Konzerne und Politik vor sich hertreiben« und proklamierte gleich zu Beginn: »Eine neue Macht etabliert sich im Staat«.[13] Der Text malte das Schreckensbild einer Usurpation staatlicher Institutionen – vergleichbar mit dem Verbots- und Regelungsregime der afghanischen Taliban.

Die Vorstellung der Illegitimität ist wesentlich mit den Vorstellungen des Neoliberalismus verbunden. Die Logik der Illegitimacy Thesis ergibt nur im Rahmen des neoliberalen Weltbildes Sinn. Dazu gehört eine klare, negative Haltung gegenüber »dem Staat« und der Wunsch nach einer individuellen konsumtiven Selbstentfaltung ohne jeden staatlichen Eingriff. Daher verwundert es wenig, wenn der Vorsitzende der Liberalen deklamiert: »Ich will nicht verzichten, und ich will auch nicht, dass andere verzichten müssen.« Er lehne eine Politik ab, die auf »Askese, Verbot, Verzicht« setze.[14] In seiner Vorstellung sind Verbot und Verzicht scheinbar nicht legitimer Bestandteil der Politik. Dem individuellen Konsum dürften daher keine Grenzen gesetzt werden.

13 Dietmar Student, »Die grünen Warlords«, in: *Manager Magazin* (24. Januar 2019); online verfügbar unter: {https://www.manager-magazin.de/politik/bund-campact-peta-greenpeace-umwelthilfe-die-gruenen-warlords-a-00000000-0002-0001-0000-000161978246}.

14 Ulrike Winkelmann, »Weniger Konsum als Antwort auf die Klimafrage?«, Deutschlandfunk (28. November 2011); online verfügbar unter: {https://www.deutschlandfunk.de/politik-und-verzicht-weniger-konsum-als-antwort-auf-die.724.de.html?dram:article_id=464406}.

II
Verzicht – Geldmachen und Affektkontrolle

Im vorherigen Kapitel habe ich die rhetorischen Muster der Transformationsgegner behandelt. Im Folgenden geht es nun um die Entstehungsgeschichte der aktuellen Verbots- und Verzichtsdebatte. Verzicht hatte lange eine ganz andere Bedeutung als heutzutage. Sogar für diejenigen, deren Ideen den Kapitalismus erst ermöglichten, war er so etwas wie eine Kardinaltugend. Erst mit dem Neoliberalismus, der im nächsten und im übernächsten Kapitel behandelt wird, wurde Verzicht neu, und zwar negativ bewertet. In diesem Abschnitt geht es also um eine Geschichte des Verzichts. Im Zentrum steht dabei keine allgemeine Erzählung, sondern eine ganz bestimmte Form des Verzichts zu einer ganz bestimmen Zeit: der Verzicht auf Konsum in der Frühphase des Kapitalismus. Kurioserweise war dieser damals eng mit der Vorstellung verbunden, der Mensch solle sich ungehindert als wirtschaftlicher Akteur ausleben können. Sein ökonomisches Eigeninteresse zu verfolgen galt nicht als Selbstzweck. Das ungehinderte Geldmachen, so der Glaube längst vergangener Zeiten, sorge dafür, dass die zerstörerischen Leidenschaften der menschlichen Natur im Zaum gehalten würden – aber nur, wenn man spare und nicht konsumiere. Die Möglichkeit der Bürger, Geld zu machen, führten sogar zur sozialen Befriedung und in die Zivilisation. Ihren Ausdruck fand diese Vorstellung im 18. Jahrhundert im Begriff des *doux commerce*. Konsumverzicht bedeutete Affektkontrolle, und diese war, begleitet von einer Förderung des passenden Benehmens und einer Ausrichtung der Individuen auf das Allgemeinwohl, besonders erwünscht.

Aus heutiger Sicht mutet diese Episode kurios an, wird doch in den aktuellen Debatten um Verbot und Verzicht deutlich, dass ungehinderter individueller Konsum eine akzeptierte und wichtige Norm unserer Zeit ist. Auch drücken die gegenwärtig meist leidenschaftlichen und erbosten Reaktionen auf Verbots- und Verzichtsvorschläge vieles aus – eines aber sicher nicht: Affektkontrolle. In welchem Kontext dachte man also einmal komplett anders? Wie und warum konnte Konsumverzicht zur sozial gewünschten Verhaltenskontrolle werden?

Entgegenwirkende Leidenschaften

Durch Verbot und Verzicht soll menschliches Handeln reguliert werden. Bestimmte Verhaltensweisen, so lautet die Begründung für diese Steuerungsversuche, sind anderen, potenziell schädlichen, vorzuziehen. Dieser Ansatz ist keinesfalls auf Transformationsprozesse hin zu mehr Nachhaltigkeit beschränkt. Hier geht es mir indes um eine besondere normative Verhaltensregulierung, die ohne explizites Verbot auskommt und stattdessen bewusst auf Verzicht setzt.

Ausgangspunkt einer als notwendig angesehenen Verhaltenssteuerung war die christliche Vorstellung des sündhaften Lebens. Ließe man die Menschen ohne Einschränkungen gewähren, würden sie von ihren Leidenschaften übermannt werden. Daher müsse den natürlichen Trieben Einhalt geboten werden. Augustinus zufolge zeigte sich der sündhafte Charakter des Menschen vor allem darin, dass er nach Geld, Besitz und Macht strebe oder seinem sexuellen Verlangen nachgebe. Von diesen negativen Passionen schien dem Kirchenvater das Machtstreben am ehesten akzeptabel zu sein. Allerdings nur, wenn es wie in der Antike mit dem Streben nach Ruhm und Ehre verbunden war.[1] Nun handelte es sich bei dieser Kombination indes nicht um eine allgemeingültige Verhaltensnorm; vielmehr charakterisierte sie nach Augustinus die Herrschenden. Entscheidend aber ist, dass Augustinus eine Argumentation entwickelt hatte, dank der man einer eigentlich negativ bewerteten Leidenschaft plötzlich etwas Positives abgewinnen konnte.

Man musste also nicht unbedingt auf Tugenden setzen, um Leidenschaften zu unterdrücken. Ebenso wenig musste das Ausleben der Leidenschaften verboten werden, um das Verhalten der Menschen zu steuern. Stattdessen konnte man versuchen, die Leidenschaften zu nutzen. Dabei kam es darauf an, die *eine* Leidenschaft zu finden, die den positiven Effekt hatte, und möglichst alle anderen kleinzuhalten.[2] Das Ausleben *einer* Leidenschaft, so die Überlegung, würde für den Verzicht auf andere sorgen. Dieses *principle of the countervailing passion* (das Prinzip der entgegenwirkenden Leidenschaft), wie Albert Hirschman es nennt, sollte zunächst nicht für spezifische Handlungsempfehlungen dienen. Es sollte lediglich eine Möglichkeit beschreiben, die sich in der Frühzeit des Empirismus aus der Beobachtung und Analyse menschlichen Verhaltens ergab. Autoren wie Francis Bacon oder später David Hume hatten den Funktionsmechanismus der entgegenwirkenden Leidenschaft nüchtern als observierbare Tatsache des menschlichen Lebens beschrieben. Baruch

1 Albert O. Hirschman, *The Passions and the Interests. Political Arguments for Capitalism before its Triumph*, Princeton 1977, S. 10.
2 Ebd., S. 21.

de Spinoza kam zu demselben Schluss, als er die Funktionsweise des menschlichen Geistes und Verhaltens logisch herleitete, *more geometrico*, als handele es sich um ein geometrisches Problem.[3]

Auch der Gesellschaftsvertrag in Thomas Hobbes' *Leviathan* von 1651 beruht auf dem Prinzip der entgegenwirkenden Leidenschaft. Hobbes nutzte den Begriff »Leidenschaft« ganz bewusst zur Beschreibung der Natur des Menschen. Seiner Argumentation zufolge überwiegt der Wille zum Leben in Frieden und Sicherheit alle anderen Leidenschaften. Wenn sich also die Frage stellt, warum sich die Menschen aus freien Stücken dem Leviathan unterordnen sollten, dann lautet seine Antwort: weil genau diese eine Leidenschaft am stärksten ist.[4] Wie Bacon, Hume und Spinoza lieferte auch Hobbes seinem Selbstverständnis nach nur eine Beschreibung vermeintlich offensichtlicher Tatsachen. Eine Empfehlung, wie sich die Menschen verhalten sollten, verband er damit nicht.

Mit seinen Ansichten widersetzte sich Hobbes jedoch der damals herrschenden Lehrmeinung. Während bei ihm das Aufeinandertreffen verschiedener Leidenschaften dazu führt, dass sich eine gegenüber den anderen durchsetzt und so das Verhalten der Menschen bestimmt, gingen die meisten Theoretiker seiner Zeit davon aus, dass bei freien Menschen die Vernunft über die Leidenschaften siegt. Wer nicht der Vernunft folgt, sondern den Leidenschaften, so ihre Überzeugung, kann kein wirklich freier Mensch sein. Vielmehr

3 Ebd., S. 23. Siehe auch Baruch de Spinoza, *Ethics Proved in Geometrical Order*, Cambridge UK 2018 [1675], S. 165.

4 Ebd., S. 31.

lege er eher eine »animalische Dummheit« an den Tag.[5] Eine freie Handlung mache einen freien Willen notwendig, und der freie Wille richte sich nach der Vernunft. Eine Entscheidung aus Leidenschaft könne nicht frei sein.

Diese Argumentation ging von einer seit der Renaissance verbreiteten Interpretation Platons aus. Auch Erasmus von Rotterdam übernahm sie. Ein Mensch, der seinen Leidenschaften folge, so Erasmus, sei nicht frei, sondern ein Sklave. Wer Freiheit erlangen möchte, muss die Vernunft entscheiden lassen, und zwar so, wie ein Reiter dem wilden Pferd die Sporen gibt, damit das Tier gehorcht.[6] Wer das nicht könne, würde abgeworfen.

In der traditionellen Vorstellung waren Leidenschaften nicht Teil der Freiheit, sondern von *licence*, einem Verhalten, das keine Grenzen kennt, das keiner Norm entspricht, mitunter liederlich und zügellos ist. Die Vernunft walten zu lassen erlaube hingegen, ein Leben zu führen, das auf der goldenen Mitte und auf Zurückhaltung fußt. Sich aus der Sklaverei der Leidenschaften zu lösen bedeute, seine Balance zu finden. Während die Unterscheidung zwischen *liberty* und *licence* in den Wirren des englischen Bürgerkriegs und im Commonwealth Teil der politischen Rhetorik wurde, argumentierte Hobbes bereits in seinen *Elements of Law* von 1650 häretisch, zwischen *liberty* und *licence* bestehe kein Unterschied. Der Naturzustand sei einer der »schuldlosen Freiheit«. Ein freier Mensch entscheide sich dafür, etwas zu tun oder zu lassen, weil er seinen »Appetit« auf einen und den auf einen anderen Gegenstand gegeneinander abwiegt. Er

5 Quentin Skinner, *Hobbes and Republican Liberty*, Cambridge 2008, S. 27.
6 Ebd., S. 28.

tut, was ihm mehr Lust bereitet. Der Mensch entscheide sich zwischen Leidenschaften, nicht für die Vernunft.

Im Naturzustand haben die Menschen das Recht, für ihr Überleben einzutreten. Welche Handlungen aus diesem Recht resultieren dürfen, würden die Menschen selbst entscheiden, denn sie wüssten es am besten. Damit ist für Hobbes auch verbunden, dass der Mensch aus einem Selbsterhaltungstrieb heraus alles tun darf, was er will. Nur führt im Naturzustand genau diese Freiheit zum Krieg aller gegen alle. Wenn jedoch die Leidenschaft für ein friedvolles Zusammenleben und für die Sicherheit des eigenen Lebens überwiegt, kommt ein Gesellschaftsvertrag zustande. Dominiert diese eine Leidenschaft, wird Freiheit aufgegeben, aber Sicherheit gewonnen. Der Mensch ist aufgrund seiner Leidenschaften kein *politisches Tier*, wie Aristoteles behauptet hatte, das sich automatisch und von Anfang an in einem politischen Gemeinwesen organsiert.[7] Er wird aber zu einem *politischen Menschen*, wenn er *einer* Leidenschaft erlaubt, die anderen zu beherrschen.

Interesse

In seinem 1739 erschienenen *Treatise of Human Nature* (dt.: *Ein Traktat über die menschliche Natur*) entwickelte David Hume, wie gleichzeitig auch mehrere Autoren im Umkreis der *Encyclopédie*, eine neue, nicht länger nur deskriptive Einstellung zu den menschlichen Leidenschaften. Nun sollte diejenige Leidenschaft gefördert werden, die andere unter-

7 Ebd., S. 41.

drücken könne.[8] Aus dem Prinzip der entgegenwirkenden Leidenschaft wurde so die Norm, bewusst auf bestimmte Leidenschaften zugunsten anderer zu verzichten.

Mit dieser instrumentellen Vorstellung änderte sich das traditionell negative Bild von der Natur des Menschen als leidenschafts- und sündengesteuert. Sofern die Passionen eingesetzt werden konnten, um Verhalten zu regulieren, sollten sie auch zu genau diesem Zweck genutzt werden. Allerdings standen nun nicht länger das Individuum und sein Charakter im Zentrum der Überlegungen, sondern die Frage, wie diese für ein gesellschaftliches Ordnungsprinzip fruchtbar gemacht werden konnten. Indes herrschte lange Uneinigkeit darüber, welche Leidenschaft auf Kosten welcher anderer Leidenschaften gefördert werden sollte. Welche Leidenschaft ließ sich aufgrund ihrer eingrenzenden Wirkung so bevorzugen, dass ihr Ausleben aus ethischen Gründen und zu gesamtgesellschaftlich Zwecken akzeptiert werden konnte und sollte? Bei der Suche stieß man bald auf das *Interesse*.

In der frühen politischen Theorie, beispielsweise bei Machiavelli, waren mit dem Begriff des Interesses Handlungen aus Staatsräson verbunden. Interesse war ein wünschenswerter Wesenszug, dem im Gegensatz zu impulsiveren Leidenschaften ein Element des Nachdenkens und Abwägens innewohnte.[9] Das Verhalten eines Fürsten sollte nach Machiavelli von Interessen geleitet sein, damit seine anderen Impulse vorteilhaft unterdrückt werden konnten. Dieser Gedanke und

8 Hirschman, *Passions and the Interests*, S. 27. Siehe auch David Hume, *A Treatise of Human Nature*, London 1985 [1739], Buch II: »Of the Passions«.

9 Ebd., S. 33. Hirschman beruft sich dabei besonders auf die Arbeit Friedrich Meineckes, *Die Idee der Staatsräson in der neueren Geschichte*, München 1924.

die entsprechende Begrifflichkeit breiteten sich bereits im 17. Jahrhundert in Europa aus. Herrscher, so galt es, sollten idealerweise interessengeleitet sein und auf das Ausleben anderer Passionen verzichten. Vernünftige Staatsführung sollte interessenbasiert sein. Prinzen, schrieb der Herzog von Rohan im Jahr 1638, herrschen über das Volk. Die Interessen herrschen über den Prinzen.[10] Die Schwierigkeit festzulegen, um welche Interessen es sich dabei handelte, blieb jedoch bestehen. Man hatte einen Namen für wünschenswertes Verhalten gefunden. Was genau dieses Verhalten ausmachte, blieb noch vage.

Im Zuge des tumultuösen 17. Jahrhunderts, das von Bürgerkriegen, Königsmord sowie der Regierung Cromwells geprägt war, verschob sich in England die Bedeutung des Begriffs. Neben dem gewünschten Verhalten des Herrschers beschrieb »Interesse« jetzt die Belange unterschiedlicher religiös-politischer Gruppen. Interessen waren auch zu Gruppeninteressen geworden. Gegen Ende des Jahrhunderts sorgte die sich wieder beruhigende politische Gemengelage dann dafür, dass der Ausdruck vor allem ein *wirtschaftliches* Interesse meinte. Der damals zentrale Begriff in diesem Zusammenhang war *plenty*. Die Aufgabe eines Regenten sei es, so Lord Shelborne, für »peace and plenty« zu sorgen.[11] In einer von Missernten, Kriegen und Aufständen geprägten Zeit verstand man unter *plenty* kein Leben in Luxus und materiellem Überfluss. Es bedeute, so viel zu haben, dass man von diesen Risiken möglichst wenig betroffen war und nicht hungern musste. *Plenty* war verbunden mit der Vorstellung eines ru-

10 Ebd., S. 34. Hirschman bezieht sich auf Rohans Schrift *De l'intérêt des princes et États de la chrétienté.*

11 Philipp Lepenies, *Die Macht der einen Zahl. Eine politische Geschichte des Bruttoinlandsprodukts*, Berlin 2013, S. 34.

higen, vergleichsweise angenehmen Lebens. Sofern man jedoch nicht dank einer Erbschaft oder ungeheuren Reichtums in der Lage war, dieses Leben zu führen, gab es ein legitimes *Interesse*, sich dies zu erarbeiten. Der Weg dahin führte über wirtschaftliche Tätigkeit.

Wirtschaftliche Tätigkeit

Warum der Begriff des Interesses diese entscheidende *ökonomische* Bedeutungsverengung erfuhr, ist laut Hirschman nicht eindeutig zu klären. Wahrscheinlich hat es damit zu tun, dass sowohl in der romanischen, aber auch in der angelsächsischen Welt »Interesse« schon sehr lange der Begriff für Zinsen war, also für den Preis, den man zahlen musste, um sich Geld zu leihen. Oder er bezeichnete die Rendite, die eine Investition abwerfen konnte.[12]

Für Adam Smith gehörte der Wunsch nach *plenty* zu einem universellen menschlichen Wesenszug. Er bildete einen Gegenpol zu den Leidenschaften. Passionen waren zwar auch Teil des menschlichen Wesens, hatten aber nicht dieselben umfassenden positiven Effekte, wie das Interesse nach materieller Verbesserung der Lebensumstände. In seinem Hauptwerk, *The Wealth of Nations* von 1776 (dt.: *Der Wohlstand der Nationen*), war das individuelle Streben nach *plenty* von zentraler Bedeutung. Für dieses Streben wiederum spielte das Sparen die wichtigste Rolle. Mit vorhandenen Mitteln könne man schließlich entweder Ausgaben tätigen, also konsumieren, oder sparen. »Das Prinzip«, so Smith,

12 Albert O. Hirschman, »Interests«, in: John Eatwell, Murray Milgate und Peter Newman (Hg.), *The World of Economics*, London 1991.

»das zu Ausgaben führt, ist die Leidenschaft für momentanes Vergnügen«. Diese sei oft schwer zu unterdrücken. Der Drang zu sparen würde jedoch von dem Wunsch ausgelöst, das eigene Befinden oder die eigene Lage zu verbessern (»the desire of bettering our condition«, lautet einer der meistzitierten, aber selten im Zusammenhang beleuchteten Passagen aus *The Wealth of Nations*). Weiter heißt es bei Smith:

> Dieser Wunsch, obschon normalerweise leidenschaftslos und ruhig, kommt mit uns zusammen aus dem Mutterschoß und verlässt uns nie, bis wir ins Grab fahren. In der gesamten Zeitspanne, die diese beiden Momente begrenzen, gibt es wohl kaum einen einzigen Augenblick, in dem der Mensch mit seiner Situation so zufrieden ist, dass er ohne jedweden Wunsch nach irgendeiner Veränderung und Verbesserung wäre.[13]

Zwei Punkte sind in diesem Zusammenhang bemerkenswert. Zunächst einmal behauptet Smith in der zitierten Passage, dass der Wunsch nach *plenty* eigentlich gar keine Leidenschaft ist. Das Interesse an materieller Verbesserung ist genau das Gegenteil: Es ist *impassionate*, leidenschaftslos, und steht damit in direktem Kontrast zu den Leidenschaften. Wichtig ist zum anderen die Tatsache, dass der Tätigkeit des Sparens und nicht dem Konsum eine besonders positive Rolle zukommt: Wer sich ökonomisch verbessern möchte, muss auf Konsum verzichten.

Eine Verbesserung der Lebensumstände bedeutet laut Smith für die meisten Menschen eine Vergrößerung ihres Vermögens. Am einfachsten gelingt dies, wenn »man spart und einen Teil von dem, was man einnimmt, akkumuliert.

13 Adam Smith, *An Inquiry into the Nature and Causes of the Wealth of Nations*, London 1999 [1776], Bd. I, Buch 2, Kapitel 3, S. 441.

Entweder regelmäßig und jährlich oder anlässlich besonderer Ereignisse.« Den Wunsch, Geld auszugeben, begreift Smith natürlich weiterhin als einen menschlichen Impuls, der sich in bestimmten Momenten bemerkbar macht, bei einigen armen Seelen sogar ständig. Aber das Prinzip der Frugalität (*principle of frugality*, also das Prinzip des Konsumverzichts) würde doch zweifelsfrei einen Großteil der Menschheit ihr Leben lang leiten.[14] Sparen geht für den schottischen Aufklärer auch mit einem Hang zur Vorsicht einher. Bankrott zu erleiden galt ihm als die erniedrigendste Unbill, die einem Menschen widerfahren kann. Da dieses Schicksal aber nur wenige ereilt, so seine Überlegung, kann man davon ausgehen, dass die meisten Menschen nach dem Vorsichtsprinzip handeln und auf ihr Gespartes Acht geben.

Erstaunlicherweise gingen für Smith »frugality and good conduct« – Frugalität und gutes Verhalten oder gutes Benehmen – Hand in Hand.[15] Das Streben nach *plenty* durch Sparen und Konsumverzicht verändere nicht einfach das Verhalten: Es verändere es zum Besseren. Sogar der wirtschaftliche Erfolg eines ganzen Landes könne sich darauf gründen. Wenn Staaten trotz exzessiver Ausgabenpolitik der Regierungen, ineffektiver Verwaltungen oder falscher wirtschaftspolitischer Maßnahmen erblühten, liege das einzig und allein an der aus innerem Antrieb kommenden sparsamen Lebensweise eines Großteils der Bevölkerung und ihres Wunsches nach einem sicheren Leben in *plenty*.

Durch diese Bewertung des Wunsches nach Akkumulation und Vermögensaufbau durch Verzicht als etwas Positivem fand nicht nur in Bezug auf die Gier, die traditionell

14 Ebd.
15 Ebd., S. 442.

als Sünde verschrien war, ein Umdenken statt.[16] Das Interesse am *money-making*, am Geldmachen, wurde mit einer legitimen *Selbstliebe* gleichgesetzt, dem Wunsch, sein eigenes Dasein zu verbessern. Der Referenzpunkt war damit nicht länger der Herrscher, sondern das Individuum.

Smith' Vorstellung von einer *invisible hand*, einer unsichtbaren Hand, zumindest wie er sie in *The Wealth of Nations* formuliert, bezieht sich auf den Zusammenhang zwischen individuellem Interesse und gesamtgesellschaftlicher Wirkung. Sein Eigeninteresse zu verfolgen bedeutete für Smith kein »Ich darf alles«, sondern behandelte die konkrete Frage, nach welchen Kriterien Menschen ihre angesparten Mittel investieren. Laut Smith kann aus einer persönlichen Anlagestrategie ein positiver gesamtgesellschaftlicher Effekt resultieren. Investiert beispielsweise jemand sein Geld in einen Betrieb, entstehen neue Arbeitsplätze und mehr Menschen verdienen ihr eigenes Brot. Ist das Unternehmen wirtschaftlich erfolgreich, bedeutet das nicht nur für den Anleger *plenty*, sondern eben für andere Menschen auch. Es sind diese Wohlfahrtseffekte, die Smith durch den Begriff der *unsichtbaren Hand* zu fassen versuchte. Sein Eigeninteresse zu verfolgen, *money-making*, hat positive nichtbeabsichtigte Nebenwirkungen.[17]

16 Hirschman, *The Passions and the Interests*, S. 41.
17 Smith, *Wealth of Nations*, Bd. II, Buch 4, Kapitel 2, S. 32.

Doux Commerce und die zivilisatorischen Effekte des Geldmachens

Viele der damaligen Theoretiker waren davon überzeugt, dass sich das Verhalten eines Menschen, der sein wirtschaftliches Eigeninteresse verfolgt, zum Bessern verändere. Rationale, langfristige und wenig impulsive Abwägungsentscheidungen würden das Handeln voraussehbarer und berechenbarer machen. Als fast schon tugendhaft betrachteten sie ein interessengeleitetes Verhalten. Für den schottischen Aufklärer Sir John Stuart funktionierten Politik und Regieren nur, wenn den Bürgern zugestanden wurde, ihren ökonomischen Eigeninteressen nachzugehen, und sich dies in ihrem Verhalten positiv auswirkte.[18]

Ein beständiges Verfolgen ökonomischer Interessen bedeute zudem, dass sich die Menschen miteinander vernetzen müssten. Akkumulieren und vor allem Reinvestieren, sein Geld anlegen, all das ist schließlich nur im direkten Austausch mit anderen möglich. Es müssen Beziehungen aufgebaut werden, die auf Vertrauen, auf Vorhersehbarkeit und Dauer beruhen. Wer Erfolg haben möchte, der darf kein Einzelkämpfer sein. Man muss sich auf andere verlassen können und selbst verlässlich sein. Diese Stabilisierung menschlicher Beziehungen werde auch dadurch erleichtert, dass der Wunsch, die eigene Position zu verbessern, anscheinend niemals gänzlich befriedigt werden könne. Im Gegensatz zu vielen anderen Gelüsten und Wünschen des Menschen verliere die Lust auf Geldakkumulation nie seinen Reiz. Wie Georg Simmel in seiner *Philosophie des Geldes* aufzeigt, gilt das aber nur, sofern man das Geld nicht ausgibt. Nicht das Aus-

18 Hirschman, *The Passions and the Interests*, S. 50.

geben, sondern die Vermehrung des Vermögens sei der Endzweck – genau wie im Verständnis von Adam Smith.[19] Gelingen kann dies nur in einem Kontext von Vertrauen, durch das, was man heute soziales Kapital nennt.[20]

Bereits 1748 hatte Montesquieu in seinem epochalen Werk *De l'esprit des lois* (dt.: *Vom Geist der Gesetze*) thematisiert, wie sich die Verfolgung des wirtschaftlichen Eigeninteresses auf das Verhalten der Einzelnen auswirkt. Er hatte diese Effekte gar zu einem elementaren Charakteristikum der zivilisierten Gesellschaft verklärt. Dafür nutzte er den Begriff des *doux commerce*. Eine besondere Rolle fiel dabei dem Handel zu, was in erster Linie damit zu erklären ist, dass der Handel in einem Zeitalter mit geringer industrieller Produktion der dominante Wirtschaftszweig war. Wenn jemand also sein wirtschaftliches Eigeninteresse verfolgen wollte, war dies meist in irgendeiner Form mit Handel verbunden. Investitionsgewinne erzielte man am einfachsten mit Handelsspannen. Die Produktion von Gütern hat natürlich immer auch das Ziel, dass diese später gehandelt wurden – ob auf lokalen oder internationalen Märkten. »Commerce« stand aber im Grunde stellvertretend für »Wirtschaft«. Hinzu kam, dass der damalige beachtliche Wohlstandszuwachs bestimmter Länder in erster Linie auf deren internationale Handelstätigkeit zurückgeführt werden konnte. Wenn man

19 Ebd., S. 56. Hirschman beruft sich auf Georg Simmel, *Philosophie des Geldes*, Leipzig 1900, S. 232.

20 Siehe unter anderem Robert D. Putnam, *Making Democracy Work. Civic Traditions in Modern Italy*, Princeton 1993. Für Putnam ergibt sich soziales Kapital aus dem Zusammenspiel von Normen, Netzwerken und dem Vertrauen untereinander, das sich in Form von »generalized reciprocity« zeigt – einem gesellschaftlichen Grundvertrauen.

dann noch berücksichtigt, dass Landwirtschaft oder -besitz in einer spätfeudalen Gesellschaftsordnung vielen Menschen gar nicht als ökonomische Betätigungsfelder offenstanden, war »Handel« im weitesten Sinne die einzig mögliche »wirtschaftliche Tätigkeit« für alle.

»Der Handel«, so schreibt Montesquieu im XX. Buch von *De l'esprit des lois*, »heilt die zerstörerischen Vorurteile: und es ist fast eine generelle Regel, dass dort, wo milde Sitten herrschen, Handel getrieben wird. Und überall, wo Handel getrieben wird, sind die Sitten mild.«[21] Die Verwendung des Wortes »doux«, mild, sanft, süß, ist erklärungsbedürftig. In ihr kommt die Vorstellung zum Ausdruck, dass die Lust am Geldmachen, anders als die rauen Leidenschaften, eher unschuldig und harmlos ist.[22] Wahrscheinlich spielt hier aber auch ein anderer Gebrauch von »commerce« mit hinein, der im Französischen (und im Englischen) verbreitet war. Der Begriff bezeichnete die gesittete Konversation und den galanten Umgang zwischen Mann und Frau. In diesem Zusammenhang war auch die Verbindung von »commerce« mit »doux« bereits üblich.[23]

Handel, so Montesquieu weiter, perfektioniere die Sitten, verbessere sie im Zeitverlauf. Er *poliere* die vormals barbarischen Verhaltensweisen. Somit sorge der Handel unter den Staaten auch für Frieden. Florierender Handel ist nach Montesquieu das Charakteristikum eines Landes, das nicht durch Despotie oder Tyrannei gebeutelt ist. Nur in Abwesenheit dieser beiden Regierungsformen konnte sich der gewünschte befriedende, mildernde Verhaltenseffekt entfalten.[24] Dass

21 Montesquieu, *De l'esprit des lois*, Bd. II, Paris 1979 [1748], S. 9.
22 Hirschman, *Passions and the Interests*, S. 58.
23 Ebd., S. 61.
24 Montesquieu, *De l'esprit des lois*, S. 12.

man dieses Loblied zur Hochzeit des weltweiten Sklavenhandels anstimmte, war für die Denker der damaligen Zeit offensichtlich kein Widerspruch. Auch deswegen, weil Handel breit verstanden wurde.[25]

Handel führte zu Mäßigung, zur Affektkontrolle. Im letzten Satz des 20. Kapitels des XXI. Buches bringt Montesquieu diese Weltsicht auf den Punkt. Dort heißt es: »Es ist ein Glück für die Menschen sich in einer Situation zu befinden, wo, während ihre Leidenschaften ihre Gedanken dazu inspirieren, böse zu sein, sie dennoch das Interesse haben, es nicht zu sein.«[26]

Thomas Paine, der Ende 1774 aus England nach Amerika emigrierte und zu einem der Gründerväter der Vereinigten Staaten wurde, war von der Vorstellung des *doux commerce* und der Idee des interessengelenkten Verhaltens stark beeinflusst. Ihn interessierte nicht allein die individuelle Charakterbildung durch Sparsamkeit und Verzicht, sondern das Verhältnis der Staaten zueinander. Handel war ein »friedvolles System, angewendet um die Menschheit freundschaftlich zu verbinden, ganze Nationen, genauso wie Individuen füreinander nützlich machend«.[27]

Der Handel verbessert nach Paine die Lebensumstände der Menschen (»improving the condition of man«), und zwar weil diese ihre je eigenen Interessen verfolgen (»by means of his interest«),[28] und ebendieser Effekt zeige sich auch auf globaler Ebene. Handel sei nichts anderes als das men-

25 Hirschman, *Passions and the Interests*, S. 62.
26 Montesquieu, *De l'esprit des lois*, S. 65.
27 Thomas Paine, »Rights of Man«, in: ders., *Collected Writings*, New York 1955 [1791], S. 598.
28 Ebd.

genmäßige Potenzieren einer Beziehung zweier Menschen. Als Konsequenz könnten Kriege verhindert werden, ja, die ganze Politik der Kriege würde hinfällig werden. Nicht nur Barbaren ließen sich zivilisieren, auch ganze Regierungen. Handel, so Paine, sei die erfolgversprechendste Maßnahme, um eine »universal civilization« zu erreichen.[29]

Die enge Verbindung der Begriffe »doux commerce« und »Zivilisation« ist kein Zufall. In den Jahrzehnten vor der Französischen Revolution hatte sich auf beiden Seiten des Ärmelkanals die noch recht neuartige Vorstellung einer sich immer mehr zum Besseren verändernden Gesellschaft als Entwicklungsmodell und -ideal herausgebildet. »Sich-Zivilisieren« war nicht nur eine bewusste Abgrenzung, eine Distinktion gegenüber all dem, was man als ungehobelt und barbarisch ansah. Es fußte auf der Vorstellung von einem geschichtlichen Prozess, der mit Veränderungen des Verhaltens einherging. Attribute wie *polished* (*poli*), *civil* (*civile*), kultiviert oder eben *doux* zeigten die klare Abgrenzung gegenüber raueren Sitten. In ihnen spiegelte sich das neue Ideal. Der damals sowohl in Frankreich wie auf den britischen Inseln aufkommende Begriff des Fortschritts war ein Synonym für Zivilisation. Entscheidend war dabei die Verbindung von einer Verhaltensverbesserung einzelner Personen hin zu einem Entwicklungssprung ganzer Nationen und Gesellschaften. Aus diesem Grund sprachen die Zivilisations- und Fortschrittsphilosophen jener Zeit – Montesquieu, Mirabeau oder Condorcet in Frankreich oder Adam Smith und Adam Ferguson in Schottland – der Verhaltensänderung des Einzelnen sowie der Frage, wie man diese am besten regeln könne, eine entscheidende Bedeutung zu.

29 Ebd., S. 599.

Der Soziologe Norbert Elias hat in seiner 1939 erstmalig publizierten und 1969 wieder aufgelegten zweibändigen Studie *Über den Prozeß der Zivilisation* eine der wichtigsten Zivilisationstheorien ausgearbeitet. Die beschriebenen Effekte der Verfolgung des individuellen ökonomischen Selbstinteresses sowie des *doux commerce* spielen dort eine entscheidende Rolle – ohne dass Elias den Begriff in seinem Werk erwähnt.[30] Nach seiner Analyse ist der Prozess der Zivilisation durch eine Selbstkontrolle der Affekte gekennzeichnet. Im Zuge der funktionalen Ausdifferenzierung einer Gesellschaft ist der einzelne Mensch immer weniger auf sich allein gestellt. Er findet sich zunehmend in einem sozialen »Verflechtungsgewebe« wieder. Wenn sich dann noch ein Gewaltmonopol herausbildet, so dass die Menschen nicht täglich um ihr eigenes Überleben kämpfen müssen, sondern in relativer Sicherheit vor physischen Angriffen leben, kann und muss der Einzelne aufgrund einer »Ausweitung der Interdependenzketten« seine Impulse zügeln. Er muss lernen, seiner sozialen oder wirtschaftlichen Rolle gemäß zu handeln: »Das Verhalten von immer mehr Menschen muß aufeinander abgestimmt, das Gewebe der Aktionen immer genauer und straffer durchorganisiert sein, damit die einzelne Handlung darin ihre gesellschaftliche Funktion erfüllt. Der Einzelne wird gezwungen, sein Verhalten immer differenzierter, immer gleichmäßiger und stabiler zu regulieren.«[31] Affektkontrolle ist der Preis für garantierte (und ja auch von Hob-

30 In Hirschmans *The Passions and the Interests* hingegen wird Norbert Elias nicht erwähnt.

31 Norbert Elias, *Über den Prozeß der Zivilisation. Soziogenetische und psychogenetische Untersuchungen*, Frankfurt am Main 1992 [1969], Bd. II, S. 316-317.

bes als für den Menschen besonders wichtig angesehene) »Sekurität«.[32]

In diesem Sinne ist das Leben der Menschen geprägt von miteinander verbundenen »Aktions-« oder »Handlungsketten«, die eine vormals aufgrund fehlender Sicherheit unmögliche »Langsicht« ermöglichen und daher auch langfristig zur Affekt- und Impulskontrolle beitragen. Der Prozess der Zivilisation, in dessen Zuge die unmittelbare Gewalterfahrung (beispielsweise dank einer Monopolisierung der Gewalt in zentralstaatlichen Institutionen) immer weiter in den Hintergrund rückt, führt nicht nur dazu, dass der Einzelne immer mehr Sicherheit genießt. Der Einzelne »ist zugleich selbst gezwungen, den eigenen Leidenschaftsausbruch, die Wallung, die ihn zum körperlichen Angriff eines Anderen treibt, zurückzudrängen«.[33] Dieser Prozess bedeutet also »eine Veränderung des Verhaltens«:[34]

> Je dichter das Interdependenzgeflecht wird, in das der Einzelne mit der fortschreitenden Funktionsteilung versponnen ist, je größer die Menschenräume sind, über die sich dieses Geflecht erstreckt, und die sich mit dieser Verflechtung, sei es funktionell, sei es institutionell zu einer Einheit zusammenschließen, desto mehr ist der Einzelne in seiner sozialen Existenz bedroht, der spontanen Wallungen und Leidenschaften nachgibt; desto mehr ist derjenige gesellschaftlich im Vorteil, der seine Affekte zu dämpfen vermag.[35]

Mit der Planbarkeit und Sicherheit des Handelns kommt es auch zu einer »Weitung des Gedankenraums über den Augenblick hinaus« in »zukünftige Folgeketten«. Mit anderen Worten: Die Zukunft wird denk- und planbar. Fallen Krieg

32 Ebd., S. 423.
33 Ebd., S. 321.
34 Ebd., S. 322.
35 Ebd., S. 321 f.

und dauerhafte Fehden und Gewalt weg, halten »die stetigeren Zwänge *friedlicher, auf Geld- und Prestigeerwerb gestellter Funktionen* den Einzelnen in Bann«.[36] Affekte sind dann so zu kanalisieren, dass sie »zur Bewältigung von Erwerbsfunktionen, zur Durchführung einer mehr oder weniger genau geregelten Arbeit notwendig sind«.[37]

Historisch betrachtet, war der »Zivilisationsprozeß des Abendlandes« für Elias einzigartig:

> Von der abendländischen Gesellschaft aus hat sich ein Interdependenzgeflecht entwickelt, das nicht nur die Meere weiter umspannt, als irgendein anderes in der Vergangenheit, sondern darüber hinaus auch mächtige Binnenlandgebiete bis zum letzten Ackerwinkel. Dem entspricht die Notwendigkeit einer Abstimmung des Verhaltens von Menschen über so weite Räume hin und eine Voraussicht über so weite Handlungsketten, wie noch nie zuvor. Und entsprechend stark ist auch die Selbstbeherrschung, entsprechend beständig der Zwang, die Affektdämpfung und Triebregelung, die das Leben in den Zentren dieses Verflechtungsnetzes notwendig macht.[38]

Verhaltensmodelle, die sich in diesem Zusammenhang herausbildeten, entsprangen dabei den »höfischen«, später dann aber auch immer stärker den »kaufmännischen« Zentren, in denen die Nicht-Adligen versuchten, Prestige durch Gelderwerb zu erlangen, bis das Prestige des Gelderwerbs letztendlich die alten adligen Ruhmesvorstellungen vollends ablöste. Die neuen gesellschaftlichen Normen orientierten sich an dem Ziel der gesellschaftlichen »Pazifizierung«. Selbstkontrolle sowie die Planung zukünftiger Handlungsketten funktionierten nur, wenn man einen Blick für »den anderen« und

36 Ebd., S. 325; meine Hervorhebungen.
37 Ebd., S. 417f.
38 Ebd., S. 337.

»die anderen« entwickelte. Die Menschen mussten sich von der Selbstzentrierung früherer Entwicklungsstadien lösen, in denen jeder affektgetrieben und gezwungen war, täglich um das eigene Überleben zu kämpfen.[39]

Konsumverzicht und der Geist des Kapitalismus

Wenn sich Adam Smith mit den wirtschaftlichen Tätigkeiten der Einzelnen auseinandersetzte, konzentrierte er sich auf das Sparen und Reinvestieren. Der individuelle Konsum stand nicht im Fokus. Im Gegenteil: Auf Konsum sollte ausdrücklich verzichtet werden. Geld für Güter auszugeben war nicht das Ideal. Geld zu machen schon. Ein (kleines) Vermögen anzuhäufen und dafür zu sorgen, dass es mehr wurde, war erstrebenswert. Geld zu verprassen war es nicht.

In den amerikanischen Kolonien, weit weg von den aristokratischen und höfischen Traditionen Europas, wurde die Norm des frugalen Konsumverzichts von kaum einem anderen so vehement vertreten wie von Benjamin Franklin. Als Drucker in Philadelphia gab er mit großem Erfolg *Poor Richard's Almanack* heraus. Dort publizierte er regelmäßig Tipps zur Lebensführung. Diese waren moralischer Natur und zeigten beispielhaft, welches Verhalten anzustreben war. Sie hatten aber auch ein wichtiges profanes Ziel: zu zeigen, wie ein Leben in Wohlstand und Reichtum gelingen konnte – verfasst von Franklins Alter Ego Poor Richard oder Poor Dick, der das Attribut »arm« ironischerweise im Namen trug. Neben der Norm des Fleißes und einer typisch puritanisch geprägten harschen Arbeitsethik spielte bei Franklin

39 Ebd., S. 408 und 374.

auch die Sparsamkeit eine besondere Rolle; Sparsamkeit verstanden als Konsumverzicht zur Akkumulation von Vermögen. Viele Güter (*goods*), nach denen Menschen streben, seien eher *evils* und würden nur unnötig Geld kosten. Sie seien überflüssig, so der arme Richard. In dem Aufsatz »How to Get Riches« heißt es programmatisch: »Die Kunst, reich zu werden, besteht fast nur aus Sparsamkeit. Nicht allen Menschen ist es vergönnt, Geld zu machen. Aber Sparsamkeit kann jeder lernen.«[40] Sparsamkeit und Frugalität machten den Menschen frei: frei von den Fängen der Geldverleiher. Für Franklin war es daher nur folgerichtig, dass die wirtschaftliche Freiheit auch Tugend hervorbringt und verstärkt. »T'is hard for an empty bag to stand upright« (»Ein leerer Sack kann nur schwer aufrecht stehen«), lautete eine von *poor Richard's* Maximen.[41]

Für Max Weber verkörperte Franklin wie kaum ein anderer das, was er den *Geist des Kapitalismus* nannte. Seine berühmte Studie zur protestantischen Ethik beginnt dementsprechend auch mit einer Reihe von Franklin-Zitaten, die genau diesen Geist ausdrücken sollten:

> Bedenke, daß die Zeit Geld ist; wer täglich zehn Schillinge durch seine Arbeit erwerben könnte und den halben Tag spazieren geht, oder auf seinem Zimmer faulenzt, der darf, auch wenn er nur sechs Pence für sein Vergnügen ausgibt, nicht dies allein berechnen, er hat nebendem noch fünf Schillinge ausgegeben oder vielmehr weggeworfen. [...] Bedenke, daß Geld von einer zeugungskräftigen und fruchtbaren Natur ist. Geld kann Geld erzeugen und die Sprößlinge können noch mehr erzeugen und so fort. Fünf Schillinge umgeschlagen sind sechs, wieder umgetrieben sieben Schilling drei Pence und so fort bis es hundert Pfund Sterling sind. Je mehr davon vorhanden ist,

40 Benjamin Franklin, *Autobiography, Poor Richard and Later Writings*, New York 1997, S. 515.

41 Ebd., S. 561.

desto mehr erzeugt das Geld beim Umschlag, so daß der Nutzen schneller und immer schneller steigt. Wer ein Mutterschwein tötet, vernichtet dessen ganze Nachkommenschaft bis ins tausendste Glied. Wer ein Fünfschillingsstück umbringt, mordet alles, was damit hätte produziert werden können, ganze Kolonnen von Pfund Sterling. [...] Hüte dich, daß du alles, was du besitzes für dein Eigentum hältst und demgemäß lebst. [...] Um dies zu verhüten, halte eine genaue Rechnung über deine Ausgaben und dein Einkommen. Machst du dir die Mühe, einmal auf die Einzelheiten zu achten, so hat das folgende gute Wirkung: Du entdeckst, was für wunderbare kleine Ausgaben zu großen Summen anschwellen, und du wirst bemerken, was hätte gespart werden können und was in Zukunft gespart werden kann.[42]

Für Weber war der kapitalistische Geist eine Konsequenz protestantischer, mehr noch: calvinistischer Verhaltensnormen, die im Sinne der Prädestinationslehre wirtschaftlichen Erfolg als Ausweis von Gottesgnade ausgaben. Dieser protestantische Geist würde, so Weber, den Gelderwerb (*money-making*) als Lebenszweck ansehen, allerdings »unter strengster Vermeidung alles unbefangenen Genießens«.[43] Der Konsumverzicht war notwendig, damit das »Vermögen immer wieder im Geschäft investiert« werden konnte.[44] Der asketische Charakter war laut Weber von »herausragender Bedeutung für die Entwicklung des Kapitalismus«.[45] Als ein

42 Max Weber, »Die protestantische Ethik und der ›Geist‹ des Kapitalismus«, in: ders., *Asketischer Protestantismus und Kapitalismus. Schriften und Reden 1904-1911*, herausgegeben von Wolfgang Schluchter, Tübingen 2014 [1904], »Die protestantische Ethik und der ›Geist‹ des Kapitalismus I: Das Problem«, S. 123-215; »Die protestantische Ethik und der ›Geist‹ des Kapitalismus II: Die Berufsidee des asketischen Protestantismus«, S. 242-425, hier S. 142-144.

43 Ebd., S. 148.

44 Ebd., S. 168.

45 Ebd., S. 171.

entscheidendes Merkmal dieses Charakters galt ihm die »Affektkontrolle«,[46] die sich im Rahmen eines fleißigen Berufslebens besonders entfalten konnte. Sich auf seinem Besitz auszuruhen war nach dieser Vorstellung verwerflich. Der Genuss des Reichtums war nicht mehr als eine unwillkommene Ablenkung im Streben nach einem gottgefälligen Leben.[47] Ebenso skeptisch betrachtete man Menschen, die kein Vermögen anhäufen wollten. Arm sein zu wollen sei dasselbe wie krank sein zu wollen. »Parvenuemäßige Ostentation des Protzens sind der Askese gleichermaßen verhaßt«, »dagegen trifft ein voller Strahl ethischer Billigung den nüchternen bürgerlichen Selfmademan«.[48] »Die innerweltliche protestantische Askese«, schrieb Weber zusammenfassend, »wirkt also mit voller Wucht gegen den unbefangenen Genuß des Besitzes, sie schnürt die Konsumtion, speziell die Luxuskonsumtion, ein. Dagegen entlastet sie im Effekt den Gütererwerb von den Hemmungen der traditionalistischen Ethik, sie sprengt die Fesseln des Erwerbsstrebens, indem sie es nicht nur legalisiert, sondern [...] direkt als gottgewollt ansieht.«[49]

Die englischen Puritaner sahen in der Askese und in der Betonung des beruflichen Fleißes keinen Selbstzweck. Ihre Vorstellung von einem gottgefälligen Leben war ihre Antwort auf das soziale und politische Chaos, das sie im 17. Jahrhundert ebenso überall vermuteten wie die permanenten Versuchungen des Teufels. Auf diese Bedrohungen reagierten sie mit dem Ideal einer umfassenden Verhaltensänderung und -steuerung. Ihrer »Ethik« lag der Wunsch nach einer gesell-

46 Ebd., S. 292.
47 Ebd., S. 370 und 386.
48 Ebd., S. 389.
49 Ebd., S. 112.

schaftlichen Transformation zugrunde. Wer sich einer harten persönlichen Selbstdisziplin unterwarf, konnte nicht nur zu den Auserwählten Gottes gehören, sondern auch andere Sünder auf den Pfad der Tugend bringen. Die Puritaner waren laut dem Philosophen Michael Walzer eines der ersten Beispiele für *political radicalism*: eine kleine Gruppe glaubt, den Weg in eine bessere Zukunft genau zu kennen, und setzt alles daran, andere auf diesen Weg zu zwingen (so wie später die Jakobiner oder die Bolschewiki). Puritanische Lebens- und Gesellschaftsvorstellungen waren geprägt von Verbot und Verzicht als Hauptmerkmalen einer radikalen Verhaltenssteuerung. »Falschem« Verhalten sollte mit Repressionen begegnet werden. Besonders harsch und brutal war das in Oliver Cromwells New Model Army der Fall, der Parlamentsarmee während des Englischen Bürgerkriegs von 1642 bis 1649.[50]

Puritaner begriffen den Staat nicht wie traditionell üblich als einen einzigen Körper, der aus allen Menschen zusammengesetzt war. Stattdessen verwendeten sie das Bild eines Schiffes, das in eine bestimmte Richtung segeln muss und von dessen Besatzung nur auserwählte Mitglieder den Kurs kennen und wissen, was die anderen tun müssen, um diesen zu halten. Dennoch graute es so manchem von ihnen vor dem eigenen religiösen Exzess. So ließ beispielsweise der englische Prediger und Schriftsteller John Bunyan in seinem Erbauungsbuch *The Pilgrim's Progress* zwei abschreckende Charaktere auftreten: Mister Money-Love und Mister Save-All.

In den aktuellen heftigen Reaktionen auf Verbots- und

50 Michael Walzer, *The Revolution of the Saints. A Study in the Origin of Radical Politics*, Cambridge/Mass. 1965.

Verzichtsideen werden oft im Sinne der Illegitimacy Thesis Vergleiche mit dem puritanisch-calvinistischen Transformationsdiktat gezogen. Nicht selten ist von einem übertriebenen quasireligiösen Eifer die Rede. Ganz besonders scheint vielen aufzustoßen, dass eine kleine Gruppe meint, die Gesamtgesellschaft auf Kurs bringen zu müssen, und dabei moralinsaure Empfehlungen zur Lebensführung gibt. Askese und Konsumverzicht, überhaupt der Versuch, Verhalten und damit Affekte zu kontrollieren, sind für die modernen Kritiker von Verbot und Verzicht illegitime Instrumente eines politischen Radikalismus, der nicht nur realitätsfern, sondern bedrohlich sei und das eigentlich Lebenswerte am modernen Leben gefährde.

Der Geist des modernen Kapitalismus hat mit dem von Weber beschriebenen originären Geist anscheinend nur noch sehr wenig gemeinsam. Im Gegenteil: Die ursprüngliche Form des Kapitalismus wirkt auf viele unserer Zeitgenossen wie ein Schreckgespenst und Alptraum. Dabei verkennen die gegenwärtigen Kritiker, dass sie in ihrer Radikalabwehr und in ihrer ebenso extremen Verteidigung der neoliberalen konsumtiven Selbstentfaltung viel mehr mit den religiösen Fanatikern des Puritanismus gemein haben, als ihnen lieb ist.

Für Weber war die protestantische Askese die Grundlage einer rationalen Lebensführung, die auch den modernen »Wirtschaftsmenschen« hervorgebracht hatte. Man muss seine Betonung einer speziellen Spielart der protestantischen Ethik nicht akzeptieren. Auch kann man ihm entgegenhalten, er habe den Konsum als wichtigen Motor für die Wirtschaft und das Wachstum vernachlässigt. Aber der Wert seines Ansatzes für meine Zwecke hier liegt nicht in seinem Versuch, die Entstehung des Kapitalismus allumfassend zu erklären. Er besteht vielmehr darin, dass Weber deutlich macht, wie lange der Wunsch nach Verhaltenssteuerung mit der positiven Bewertung individuellen *money-makings*, aber auch mit Verzicht – und speziell Konsumverzicht – eine Allianz eingingen und gesellschaftliche Ideale prägten. Weber liefert uns Hinweise darauf, wie sich die Verhaltensnormen puritanisch-calvinistischen Ursprungs im Laufe von einem Jahrhundert zu einem normativen Gesamtbild weiterentwickelten und letztendlich in den Vorstellungen des *doux commerce* und der optimalen Verhaltenssteuerung durch Affektkontrolle mündeten, die Zivilisation im damaligen Verständnis erst ermöglichten.

Auch wenn sich Karl Marx und Friedrich Engels im späten 19. Jahrhundert mehrfach über die Idee des pazifizierenden *doux commerce* lustig machten – angesichts offenkundiger Verelendungstendenzen im Zuge der Industrialisierung konnte von einer zivilisierenden Wirkung des Handels immer weniger die Rede sein –, lebte die Vorstellung, wirtschaftliche Eigeninteressen könnten gesamtgesellschaftlich gesehen positive Effekte haben, ungeahnt lange fort. Bemerkenswert ist, dass es bei diesem Eigeninteresse bis weit in das 20. Jahrhundert hinein immer nur um das *Geldmachen* ging, um Vermögensaufbau und Investition, nie um Konsum. Die Maßgabe des Konsumverzichts galt unvermindert weiter. In einem Aufsatz über das Ende von Laissez-Faire schrieb der Ökonom John Maynard Keynes 1926, die »Liebe zum Geld« sei eines »der mächtigsten menschlichen Motive«, nicht die Liebe zum Konsum.[51] Seine epochale *General Theory* von 1936 (dt.: *Allgemeine Theorie der Beschäftigung, des Zinses und des Geldes*) endet mit einem allumfassenden Bekenntnis zum *doux commerce*, dem Prinzip der entgegenwirken-

51 John Maynard Keynes, *The End of Laissez-Faire*, London 1926, S. 31.

den Leidenschaft sowie der Verbindung von Verhaltenssteuerung, Affektkontrolle, Konsumverzicht und sozialer Befriedung:

> Darüber hinaus können gefährliche menschliche Neigungen durch die Möglichkeit des *Geldmachens* und der Anhäufung privaten Vermögens in relativ harmlose Kanäle gelenkt werden. Würden diese nicht in dieser Weise befriedigt werden, könnten sie ihren Ausdruck in Grausamkeit finden sowie der rücksichtslosen Verfolgung von persönlicher Macht und Einfluss und anderen Formen der Selbstverherrlichung. Es ist besser, dass ein Mann sein Bankkonto tyrannisiert als seine Mitbürger. Und auch wenn das Erste manchmal verschrien ist als die Grundlage für das Zweite, ist es doch zumindest eine Alternative.[52]

Eigeninteresse und Allgemeinwohl

Als Antwort auf die Frage, warum die Verfolgung des wirtschaftlichen Eigeninteresses eine legitime ethische Richtschnur sei, wird oft auf die amerikanische Unabhängigkeitserklärung verwiesen. Gleich zu Beginn werden dort prominent jene berühmt gewordenen »selbstevidenten Wahrheiten« genannt. Dazu gehört, dass alle Menschen mit »gewissen unveräußerlichen Rechten ausgestattet sind«, wie dem Recht auf das Streben nach Glück (*pursuit of happiness*). Nach einer Interpretation ist *the pursuit of happiness* allein als das individuelle Streben nach persönlichem Glück zu verstehen. Diese Lesart greift auf Gedanken von John Locke zurück: Dem Einzelnen solle im Rahmen des Rechts gestattet sein, mit sei-

52 John Maynard Keynes, *The General Theory of Employment, Interest, and Money*, London 1979 [1936], S. 374. Siehe ebenso zitiert in Hirschman, *The Passions and the Interests*, S. 134. Meine Hervorhebung.

nem privaten Eigentum zu tun, was er möchte, der Staat solle ihn möglichst in Ruhe lassen. Für die Individualzentrierung des Neoliberalismus spielt diese Interpretation eine entscheidende Rolle.

Es gibt allerdings eine alternative Deutung, die dem hyperindividualisierten »Ich darf alles« komplett entgegengesetzt ist. Ihr zufolge ist die Erwähnung des *pursuit of happiness* lediglich eine Beschreibung der menschlichen Natur. Der Mensch möchte sein Leben möglichst ohne Hindernisse führen. Geleitet wird er dabei von dem ständigen Impuls, nach Glück zu streben und Unglück zu vermeiden oder zumindest zu verringern. Als die amerikanische Unabhängigkeitserklärung verfasst wurde, war der Ausdruck »pursuit of happiness« seit rund hundert Jahren gebräuchlich und damit für die Zeitgenossen Thomas Jeffersons alles andere als neu, innovativ oder überraschend. Gemeint war nicht das unveräußerliche Recht des Einzelnen, ungestört nach Glück streben zu dürfen, sondern die Tatsache, dass der Mensch ein Wesen ist, das charakteristischerweise nach Glück strebt.[53] Aber um welches Glück handelt es sich dabei eigentlich?

Für die Antwort auf diese Frage spielt es eine Rolle, inwiefern das Streben nach Glück Teil einer anerkannten, allgemeinen Tugendlehre ist. Außerdem macht es einen Unterschied, ob das öffentliche Glück (oder das der Allgemeinheit) oder das rein private gemeint ist. Wenn man nun davon ausgeht, dass beide miteinander zusammenhängen und dass einen Beitrag zum öffentlichen Glück zu leisten ein tugendhaftes Ideal ist, folgt daraus, dass nach persönlichem Glück zu stre-

53 Garry Wills, *Inventing America. Jefferson's Declaration of Independence*, New York 1978, S. 246.

ben eben nicht von den Belangen anderer losgelöst ist. Es ist stattdessen untrennbar mit diesen verbunden.

Ein Streben nach individuellem Glück ist in der kontextsensiblen Lesart der damaligen Zeit absurd. Das politische Ziel war *public happiness*, nicht das Glück des Einzelnen. Das Diktum des schottischen Philosophen Francis Hutchesons vom »größten Glück der größten Zahl«, lange vor Jeremy Bentham geäußert, beruht nicht nur auf der Vorstellung einer Messbarkeit des Glücks, sondern ist auch Ausdruck eines sich auf die Allgemeinheit richtenden Glücksverständnisses. In der damaligen Sichtweise ging man sogar so weit, die Legitimität einer Regierung danach zu beurteilen, ob sie das »öffentliche Glück« fördere und vermehre.[54] Ob diese Verbesserung eintrat oder nicht, war der »Test« der legitimen Souveränität. Der vage Wunsch eines Einzelnen, ein wie auch immer geartetes persönliches Glück zu finden, war nebensächlich.

Allerdings konnte das allgemeine Glück zu fördern dann gelingen, wenn das persönliche Glück sich daraus speiste, zu dem Glück anderer beizutragen, und man in ebendieser Förderung auch eine individuelle moralische Verpflichtung sah. Persönliches Glück bedeutete, für die öffentliche Sache zu arbeiten und das größte Allgemeinglück als Ziel vor Augen zu haben. Der *pursuit* war auch für David Hume selbstverständlich mit einer aktiven »promotion of happiness« verbunden.[55]

Das moralische Prinzip hinter dieser Einstellung war die *benevolence*. In seiner *Inquiry into the Original of Our Ideas of Beauty and Virtue* von 1725 (dt.: *Eine Untersuchung über*

54 Ebd., S. 250.
55 Ebd., S. 252.

den Ursprung unserer Ideen von Schönheit und Tugend), dem Gründungstext der schottischen Aufklärung, definierte Francis Hutcheson *benevolence* als das Verlangen, das Glück anderer zu vermehren. Für den schottischen Historiker und Philosophen Adam Ferguson war der Mensch als soziales Wesen überhaupt nur dann ein *guter* Mensch, wenn er sich für andere einsetzte. Das allgemeine Glück würde also gefördert, wenn Menschen ein persönliches Glück suchen konnten, das mit dem Allgemeinglück untrennbar verzahnt war. Genau das zu ermöglichen war die Aufgabe des Staates: »Die Frage, ob dieser Mechanismus funktioniert, war der Grund, warum Regierungen überhaupt ins Leben gerufen wurden, ihre Arbeit eingeschätzt, beurteilt, die Regierungspolitik verändert oder die Regierung abgesetzt wurde.«[56]

Adam Smith sah das in seiner *Theory of Moral Sentiments* (dt.: *Theorie der ethischen Gefühle*) genauso. Die Förderung des Allgemeinwohls war kein ungewollter und nichtintendierter Effekt individuellen Handelns. Schließlich waren die Einzelnen ethisch darauf geeicht, das Wohlergehen der anderen immer in die persönliche Glückskalkulation einzurechnen.[57] Diese mechanistische Sichtweise erlaubte die Schlussfolgerung, dass der Staat durch geeignete Maßnahmen nicht nur die Situation der Bevölkerung ändern, sondern gezielt zum Besseren wenden konnte. Diese Auffassung war eine Voraussetzung für die soziale Gestaltungsgläubigkeit der Aufklärung, das heißt die Vorstellung, dass das bessere Leben nicht erst im Jenseits beginnen würde.

Die Einbettung der Einzelnen in eine große gesellschaft-

56 Ebd., S. 253.

57 Ebd., S. 254, Adam Smith, *Theory of Moral Sentiments*, Indianapolis 1984 [1759], hier vor allem Buch IV.

liche Gesamtheit und der Fokus auf das Wohlergehen aller waren keine Besonderheit der schottischen Aufklärung. Auch in Frankreich dachte man in den Kategorien des *bonheur publique* und stellte sich die Frage, inwiefern die individuelle Tugend zum öffentlichen Glück beitragen könne. In Voltaires *Dictionnaire Philosophique* (dt.: *Philosophisches Wörterbuch*) heißt es im Eintrag »vertu« (Tugend): »Wir leben in einer Gesellschaft. Es gibt daher nichts, das wirklich für uns selbst gut ist, wenn es nicht auch dem Wohl der Gesellschaft dient.«[58] Überhaupt war »Tugend« für Voltaire klar definiert: Tugend bedeutete, anderen Gutes zu tun.[59] Jean-Jacques Rousseau machte in seinem Fragment »Du bonheur publique« ebenfalls deutlich, dass individuelles und allgemeines Glück miteinander verwoben waren.

Adam Smith sekundierte in seiner *Theory of Moral Sentiments* unter Zuhilfenahme des Interessebegriffs: »Der weise und tugendhafte Mann ist stets gewillt seine privaten Interessen für das öffentliche Interesse seines Standes oder seiner Gesellschaft zu opfern.«[60] Mit Blick auf die Leidenschaften schrieb er: »Wir sollten uns nicht in dem Licht betrachten, in das unsere eigennützigen Leidenschaften geneigt sind uns zu stellen, sondern in dem Licht, in dem uns jeder andere Bürger der Welt betrachten würde.«[61]

Der Begriff der Leidenschaft ermöglichte es, sich auf das individuelle wirtschaftliche Fortkommen und damit auf das Eigeninteresse zu konzentrieren. Indem das individuelle In-

58 Zitiert in Wills, S. 254.

59 Voltaire, *Dictionnaire Philosophique,* Paris 1964 [1764], S. 373.

60 Avner Offer und Gabriel Söderberg, *The Nobel Factor. The Prize in Economics, Social Democracy, and the Market Turn*, Princeton 2016, S. 269; Adam Smith, *Theory of Moral Sentiments*, VI, ii, 3.3.

61 Smith, *Theory of Moral Sentiments*, III.3.10, S. 140.

teresse in eine Gemeinwohlorientierung eingebunden wurde, war plötzlich für die Tugend Platz. War sie im Prinzip der entgegenwirkenden Leidenschaft sowie in der dem Interesse und der Affektkontrolle zugewiesenen Bedeutung aus dem Blick geraten, betrat die Tugend nun wieder die Bildfläche. Die Menschen sollten sich bewusst machen, dass sie nicht als Einzelne allein auf der Welt waren und dass das eigene Wohl mit dem aller zusammenhing. Die Tugend trat zum Verzicht auf Konsum sowie auf das hemmungslose Ausleben anderer Leidenschaften außer der des wirtschaftlichen Eigeninteresses hinzu, und diese Kombination führte zu einer neuen, wichtigen Form des Verzichts: dem bewussten Absehen von einer Haltung, die nur sich selbst und ausschließlich die eigene Nutzenmaximierung in den Fokus nahm.

Konsumverzicht galt also lange Zeit nicht als Einschränkung der Freiheit. Er war vielmehr die Bedingung für die freie Entfaltung der Individuen. Mehr noch, Konsumverzicht war der Schlüssel zur zivilisatorischen Entwicklung und wichtiger Bestandteil einer Vorstellung eines guten und richtigen Lebens. Dass Verzicht heute als illegitime Einschränkung der individuellen Freiheit und als unvereinbar mit der Marktwirtschaft kritisiert wird, versteht sich keineswegs von selbst. Es ist das Resultat eines jahrzehntelang geplanten und mit unterschiedlichsten Mitteln und Waffen geführten Kampfes um die vermeintlich »richtigen« Ideen in der Politik. Mit diesem und seinen wichtigsten Akteuren werden wir uns jetzt vertraut machen.

III
Verbot – Der Staat als Gegner

Die Kernidee der Illegitimacy Thesis lautet, dass Verbote und Verzichtsaufforderungen keine legitimen und adäquaten Steuerungsinstrumente des Staates sind, um das Verhalten der Bürger zu beeinflussen. Das bedeutet nicht, dass es keinen Raum für staatliche Verbote und Gebote geben dürfe – etwa im Strafrecht oder bei notwendigen Regulierungen, zum Beispiel im Straßenverkehr. Aber hinter der These steckt die Vorstellung, der Staat solle sich so weit wie möglich aus dem Privatleben der Bürger heraushalten. Verbunden damit ist ein Bild vom Staat, in dem dieser für die Bürger mehr oder weniger gefährlich ist. Sein Aktionsradius muss daher auf ein absolutes Minimum beschränkt werden. Der Staat ist ein Gegner, den es immer wieder zu bekämpfen gilt. Freiheit ist der Kampfbegriff, der den Zustand beschreibt, in dem der Einzelne tun kann, was er will. Dieser Zustand soll verteidigt werden. Die Gegenbegriffe lauten Knechtschaft und Sozialismus. Das Individuum ist die wichtigste Bezugsgröße. Es geht nicht um die Gesellschaft oder die Gesamtheit der privaten Akteure. Es geht immer nur um das Individuum, das seinen Präferenzen gemäß am Markt entscheiden können muss. Der Neoliberalismus ist die Ideologie, die diese Sicht auf den Staat und das Individuum am deutlichsten und auch am effektivsten vertreten hat. Um den Neoliberalismus, seine Hauptwegbereiter Hayek und Friedman und um den Kontext, in dem ihre Ideen entstanden sind, geht es in diesem Kapitel.

Die heutigen Debatten um Verbot und Verzicht drehen

sich um Änderungen des individuellen Konsumverhaltens. Wenn also vom Staat, von Verboten und Verzichtsplänen, von Eingriffen in die Freiheit die Rede ist, betreffen diese einzig und allein den wirtschaftlichen Aspekt des Konsums beziehungsweise genereller den freien Wettbewerb und die wirtschaftliche Autonomie des Einzelnen. Der gegenwärtige Streit über Verbot und Verzicht dreht sich um wirtschaftliche Aspekte, und genau deswegen spielt die Weltsicht des Neoliberalismus eine so dominante Rolle. Es geht nicht um staatliche Bevormundungen außerhalb der Ökonomie, um generelle Einschränkungen der Person, um politische Freiheiten, Bürgerrechte, Rechte der sexuellen Selbstbestimmung und so weiter. Es braucht hier keine Debatte über den historischen Freiheitsbegriff oder liberale politische Ideen des 18. und 19. Jahrhunderts. Sie spielen zum Verständnis der Argumente gegen Verbot und Verzicht keine maßgebliche Rolle.

Für eine Analyse des Neoliberalismus muss man fast das gesamte 20. Jahrhundert in den Blick nehmen. Entscheidend ist dabei, dass es bei dieser Erfolgsgeschichte nicht nur um Ideen und Theorien geht, die von einer kleinen Gruppe von Wissenschaftlern vorgebracht wurden. Wichtiger noch ist, mit welchen Maßnahmen und Strategien konkret daran gearbeitet wurde, die neoliberale Weltsicht als ein politisches Leitbild von Regierungen zu etablieren – durch Think-Tanks, durch ein neues Rollenverständnis von *public intellectuals*, durch Gruppierungen wie der Mont Pèlerin Society und durch Unterstützung von Großunternehmen, dem Nobelpreiskomitee, den Medien und sogar Romanschriftstellern. Dass die neoliberale Weltsicht im Laufe der neunziger Jahre weltweit triumphierte und weiterhin triumphiert, ist offenkundig. Es reicht daher, die Entwicklung bis zum Sieg der Neuen Rechten und den Wahlerfolgen Margaret Thatchers in Großbritannien und Ronald Reagans in den Vereinigten Staaten aufzuzeigen und sich dabei auf die neoliberalen Grundvorstellungen zu konzentrieren, die in der Debatte um Verbot und Verzicht und für die Illegitimacy Thesis maßgeblich sind. Wo kommen die Argumente und Vorstellungen also her, die von den Gegnern von Verbot und Verzicht ins Feld geführt werden? Wie entwickelte sich die Illegitimacy Thesis und wie wurde sie verbreitet? Wann und wie wurde der Staat zum Gegner, der nichts verbieten soll, wie wurde das Individuum, das alles darf, zum Maßstab?

Staat versus individuelle Freiheit: Hayek und der Weg in die Knechtschaft

Wenige Akteure haben so lange und so vehement versucht, die Prinzipien des Wettbewerbs und der Nicht-Einmischung des Staates in individuelle Belange als politische Position durchzusetzen, wie Friedrich August Hayek. Hayek war viel mehr als »nur« Wissenschaftler. Er war nicht der Erste, der die Grundideen des Neoliberalismus formulierte. Aber kein anderer hat seinen Überzeugungen in der Politik so erfolgreich Gehör verschafft wie er. Hayek war ein Netzwerker, und für viele Kritiker einer Verbotspolitik ist er, bewusst oder unbewusst, bis heute der Referenzpunkt.

Hayek, der in Wien in eine wohlhabende adlige Familie geboren wurde, konnte sich lange nicht entscheiden, ob er sich lieber der Psychologie oder den Sozialwissenschaften zuwenden sollte. Nach dem Kriegsdienst und einem Abschluss in Rechtswissenschaft und Ökonomie arbeitete er in den frühen zwanziger Jahren im Österreichischen Abrechnungsamt, das unter anderem gegründet wurde, um die aus dem Versailler Friedensvertrag resultierenden Reparationszahlungen abzuwickeln. Einer der dortigen Direktoren war der Ökonom Ludwig von Mises.[1] Für die Neoliberalen der ersten Stunde war von Mises der wichtigste Stichwortgeber. Schon 1922 hatte er sich in seinem Hauptwerk *Die Gemeinwirtschaft – Untersuchungen über den Sozialismus* mit dem Konzept einer sozialistischen Planwirtschaft beschäftigt.[2] Entgegen der damals auch in intellektuellen Kreisen verbreiteten Sympathie für diese alternative Organisationsform der industriellen Produktion argumentierte von Mises, dass eine generalstabsmäßig geplante und verwaltete Herstellung von Gütern, wie sie in der Sowjetunion seinerzeit seit einigen Jahren zu etablieren versucht wurde, nicht effizient sei. Der freie Markt sei viel besser dazu in der Lage, die Wünsche und Präferenzen der Anbieter und Nachfrager zu koordinieren. Von Mises war der Ansicht, dass die liberalen Ideale des 19. Jahrhunderts in der Folgezeit des Ersten Weltkriegs immer stärker an Zuspruch verloren hatten. Da ihm eine Universitätskarriere verwehrt blieb, hielt er zwei Mal im Monat ein später als legendär verklärtes Privatseminar in seinem Büro ab, in dem die damals vollständig marginalisierten Ideen des Liberalismus von einer überschaubaren Runde Gleichgesinnter am Leben gehalten wurden.

Hayek nutzte die gute Bezahlung im Abrechnungsamt, um sich auf eigene Kosten für ein Jahr auf Studienreise in

1 Sowohl Hayek als auch von Mises waren als österreichische Adlige nach dem Ersten Weltkrieg in ihrer Heimat nicht länger befugt, das »von« als Namenszusatz zu führen. Hayek verzichtete darauf konsequenter als von Mises. Deswegen wird er hier ohne, von Mises mit dem Zusatz aufgeführt.

2 Ludwig Mises [sic!], *Über die Gemeinwirtschaft. Untersuchungen über den Sozialismus*, Jena 1922.

die Vereinigten Staaten zu begeben. Dort wollte er sich über den aktuellen Stand der wirtschaftswissenschaftlichen Debatten informieren. Nach seiner Rückkehr arbeitete er als Direktor des eigens durch von Mises ins Leben gerufenen Österreichischen Konjunkturforschungsinstituts zu Fragen der Geldpolitik und der Konjunkturzyklen. Eine englische Bekanntschaft aus von Mises' Wiener Privatseminar, Lionel Robbins, der mittlerweile als Professor an der London School of Economics tätig war, lud Hayek Anfang der dreißiger Jahre für eine Reihe von Gastvorträgen nach London ein. In der Folge wurde Hayek das Angebot unterbreitet, dauerhaft dort zu lehren. Im Jahr 1931 verließ er Wien in Richtung London und nahm einige Jahre später die britische Staatsbürgerschaft an. Zeitlebens, aber vor allem während der Londoner Jahre, stilisierte Hayek sich selbst als wichtigen Gegenspieler zu John Maynard Keynes, dem er während des Zweiten Weltkriegs wegen der Auslagerung der London School of Economics nach Cambridge fast freundschaftlich verbunden war.

Hayek war ein Mann geringer Selbstzweifel und einer meist abwertenden Meinung gegenüber anderen. Seine autobiographischen Texte und Interviews malen das Bild eines Mannes, der beinahe jedem bedeutenden Ökonomen oder Sozialwissenschaftler des 20. Jahrhunderts ein intellektuelles Armutszeugnis ausstellt. Sich selbst sah er fast als Universalgenie und schätzte sich als weitaus gebildeter ein als viele seiner Mitstreiter und Zeitgenossen. Dies zeigte sich beispielsweise auch darin, dass er Fachaufsätze über Wahrnehmungspsychologie publizierte – nicht zuletzt um dort Begründungen dafür zu finden, warum er mit seinen Analysen des Sozialen meist richtiglag – und andere komplett falsch.[3]

3 Siehe vor allem *Hayek on Hayek. An Autobiographical Dialogue*,

Trotz seiner britischen Staatsangehörigkeit galt Hayek in seinem neuen Heimatland während des Kriegs als Enemy Alien. Er bekam keinerlei Funktionen zugewiesen, mit denen er sich im Kampf gegen die Achsenmächte hätte engagieren können. Seine freie Zeit nutzte er, um das Buch zu schreiben, das ihn berühmt machen sollte: *The Road to Serfdom* (dt.: *Der Weg in die Knechtschaft*).

Hayeks Text erschien im selben Jahr – 1944 – wie das Buch eines weiteren österreichischen Immigranten, Karl Polanyis *The Great Transformation*.[4] Polanyi wollte mit seiner historisch-empirischen Untersuchung die »politischen und ökonomischen Ursprünge unserer Zeit« (so der Untertitel der amerikanischen Originalausgabe) erklären. Minutiös zeigte er auf, dass der Glaube an das universelle Funktionieren von Wettbewerbsmärkten und die damit verbundene Überhöhung freier Märkte als bestes, wenn nicht sogar einziges legitimes soziales Ordnungsprinzip in England das Ergebnis eines konkreten politisch und wissenschaftlich eingefädelten Transformationsprojekts war. Bei der Idee des effizienten Marktes handelte es sich um ein interessengeleitetes Kon-

herausgegeben von Stephen Kresge and Leif Wenar, London 1994. Manchmal schoss Hayek über das Ziel hinaus. In einem Interview warf er seinen Kollegen an der London School of Economics, ihnen allen, vor, keinerlei klassische Bildung besessen zu haben. Sie hätten laut Hayek nie verstanden, worauf er anspielte, wenn er jedes Treffen der Wirtschaftsfakultät mit den Worten beendete »Ceterum censeo Beveridge esse delendum«. Hayek führte besserwisserisch aus, dass es sich dabei doch klar um ein Cicero-Zitat handele, das im Original »Ceterum censeo Catonum esse delendum« hieße, da sich Cicero doch bekannterweise mit Cato angelegt hätte. Weder das Zitat ist korrekt noch der Kontext des berühmten »Ceterum censeo Carthaginem esse delendam«.

4 Karl Polanyi, *The Great Transformation. The Political and Economic Origins of our Time*, Boston 2001 [1944].

strukt. Sie war um die Wende des 18. zum 19. Jahrhundert entstanden mit dem Ziel, die in England seit Jahrhunderten bestehende staatliche, steuerfinanzierte und als ungerecht und ineffizient empfundene Armenunterstützung (die Old Poor Laws) abzuschaffen und staatliche Eingriffe in vermeintlich natürliche soziale Wettbewerbsprozesse unter Nutzung aller klassischen rhetorischen Muster der Reaktion als grundsätzlich falsch und überflüssig darzustellen.[5]

Hingegen war Hayek auf der Suche nach ahistorischen Argumenten für die Allgemeingültigkeit der Idee von einem freien und von Wettbewerb geprägten Markt. Gleich im zweiten Satz bezeichnete er seine Schrift *The Road to Serfdom* als »ein politisches Buch«. In einer Welt, die sozialistischen und kommunistischen Ideen zugewandt schien und in der »Amateure und Spinner« die Diskussionen um Wirtschaftspolitik anführten, sah er es als seine Pflicht an, ein anderes Modell für eine funktionsfähige Gesellschaft aufzuzeigen.[6] Staatliche Planung und sozialistische Gesellschafts- und Wirtschaftsentwürfe würden letztendlich auch die damals noch existierende freie Welt in ein System totalitärer Knechtschaft zwingen, so seine Hauptthese.

Hayek widmete sein Buch »den Sozialisten aller Parteien«

5 Die soziale Konstruktion des Marktgedankens und der Hinweis auf dessen interessengeleitete Entstehung herauszustellen bedeutet nicht, dass man die Effektivität von Wettbewerbsmärkten nicht anerkennt oder die Marktwirtschaft als solche deswegen ablehnen müsste. Polanyi zeigt jedoch eindrucksvoll, dass das Dogma der »Märkte« entgegen der Vorstellung vieler liberaler Denker eben aus historischer Sicht nicht automatisch und »natürlich« entstanden ist, sondern bewusst und mit einem klaren politischen Ziel im Hinterkopf konstruiert worden war.

6 Friedrich August von Hayek, *The Road to Serfdom*, London 1992 [1944], S. v.

und machte deutlich, dass er ihnen mit seiner Schrift ein Gegenargument zu ihren Glaubenssätzen anbieten wollte. Ganz besonders hatte er es auf seine den sozialistischen Ideen zugewandten Kollegen an der London School of Economics abgesehen, allen voran auf den sozialistischen Ökonomen Harold Laski. Mit seinen Ansichten stand Hayek zum damaligen Zeitpunkt allerdings recht allein da. Im Anhang des Buches charakterisiert er seine eigene Position als »unfashionable« (unmodisch) sowie »decidedly out of favour« (dezidiert unbeliebt). Um zu zeigen, dass auch andere dachten wie er, fügte er eine Liste mit Leseempfehlungen anderer Autoren an, die ähnlich wie er argumentierten. Darunter fanden sich die Bücher von Mises' ebenso wie die Schriften des Journalisten Walter Lippmann, in dessen Umkreis ein paar Jahre zuvor ein neues, bis dahin völlig ungebräuchliches Adjektiv aufgetaucht war: neoliberal.[7]

Obwohl *The Road to Serfdom* während der entscheidenden Phase des Zweiten Weltkriegs auf den Markt kam, stammte die Debatte, auf die sich Hayek bezog, noch aus der Zwischenkriegszeit. Hayek schloss nahtlos an die These der Unrealisierbarkeit von Planwirtschaft und staatlichem Dirigismus an, die von Mises über zwanzig Jahre zuvor aufgestellt hatte. Dabei machte er zwischen Sozialismus und faschistischen Ökonomien keinen Unterschied. Da zum Zeitpunkt der Publikation Länder wie Großbritannien oder die Vereinigten Staaten kriegsbedingt und recht erfolgreich viele zentralplanerische Elemente eingeführt hatten, wirkte Hayeks Buch zunächst wie ein deplatzierter Nischenbeitrag. Hayeks Grundsätze waren klassisch liberal: Vor allem konzentrierte er sich auf das Individuum; der Einzelne sei der

7 Ebd., S. 179.

wichtigste Akteur einer Gesellschaft; der Staat solle sich möglichst wenig in die Belange der Menschen einmischen; die Möglichkeit, Privateigentum zu erwerben, müsse unbedingt gegeben sein; das beste Organisationsprinzip sei der Wettbewerb; wo immer möglich, solle das Prinzip des Wettbewerbs gelten.[8]

Ganz im Sinne der traditionellen These vom *doux commerce* unterstrich Hayek, dass die Ausweitung des Handels in Europa die Ursache dafür gewesen war, dass Menschen aus den rigiden Strukturen traditioneller Hierarchien hatten ausbrechen können. Nur durch Handel hatten sich ihnen Möglichkeiten geboten, ihre Lebensentwürfe selbst zu wählen und ihr Schicksal in die eigene Hand zu nehmen. Wo die Entwicklung des Handels weniger einfach verlaufen war, waren Kriege an der Tagesordnung gewesen; wo Individuen weniger eingeschränkt wurden, wuchsen nicht nur ihre Bedürfnisse, diese wurden durch den ebenso ungebremsten menschlichen Einfallsreichtum auch befriedigt. Persönliche und politische Freiheiten waren für Hayek eng mit ökonomischen Freiheiten verbunden. Wenn man Letztere aufgebe, würden auch die anderen Freiheiten zerstört werden.[9] Freiheit bedeutete für Hayek »Freiheit von Zwang, Freiheit von der willkürlichen Macht anderer Menschen, das Auflösen von den Bindungen, die Menschen keine andere Möglichkeit als Gehorsam lassen«.[10]

Von zentraler Bedeutung in Hayeks Gedankengebäude war seine Grundannahme, dass der Einzelne in jedem Fall am besten wisse, was gut für ihn sei. Staatliche Planwirt-

8 Ebd., S. 27.
9 Ebd., S. 10f.
10 Ebd., S. 19.

schaft sei eben nicht nur eine zentrale Organisation der Produktion, sondern führe auch dazu, dass nur wenige Personen entschieden, welche materiellen Bedürfnisse der Menschen Priorität haben und mit welchen Mitteln sie befriedigt werden können. Planwirtschaft sei nicht nur ein Eingriff in die wirtschaftlichen und materiellen Entscheidungen der Menschen, sondern in deren gesamtes Leben. Schließlich lägen der Planung Annahmen und Normen zugrunde bezüglich dessen, was erlaubt und richtig für alle sein soll.

Wirtschaftliche Aspekte sind kein unbedeutender Teil der menschlichen Existenz. Im Gegenteil: Sie bestimmen die Möglichkeiten, *wie* wir existieren können. Unter dem Deckmantel einer zentralen Wirtschaftsplanung verstecke sich daher die Absicht, die Menschen in allen Lebensbereichen zu steuern. Das Individuum und seine persönlichen Bedürfnisse sollten hinter dem Ideal der Gemeinschaft zurückstehen.[11] Ökonomische Planwirtschaft sei nichts anderes als eine Diktatur.

Die Anhänger der Planwirtschaft nutzten die Begriffe von Freiheit und *plenty* – aber anders, als diese ursprünglich verwendet worden waren. Ihr selbst erklärtes Ziel bestand darin, die Menschen aus Abhängigkeiten und Elend zu befreien und dafür zu sorgen, dass es ihnen an nichts Elementarem mangele. Doch Hayek war überzeugt, dass genau diese Versprechungen in einer zentralistischen Planung niemals eingehalten werden konnten. Planwirtschaft führe nicht in die Freiheit, sondern in die Knechtschaft. Den Grund dafür sah Hayek nicht in ökonomischen Ineffizienzen und unrealistischen Erwartungen an die Effektivität der zentralen Planung, sondern in der unvermeidlichen Herausbildung eines

11 Ebd., S. 69.

Regierungssystems, in dem wenige Entscheider den Bürgern Vorschriften zur Lebensführung machen und diese despotisch und tyrannisch überwachen würden.

Eine Verbindung zwischen Freiheit und Wirtschaftssystem herzustellen und klarzumachen, dass »Freiheit« die maximale wirtschaftliche Entscheidungsfreiheit des Individuums bedeute, darin bestand Hayeks wichtigstes Ziel. Seine Kerngedanken hatte er schon 1938 in einem Artikel mit dem Titel »Freedom and the Economic System« dargelegt.[12] Dort geht Hayek auf die Rolle ein, die ein Tyrann bei der Beeinflussung der Lebensführung seiner Mitmenschen spielen würde: Wenn er den Willen des Volkes ausführen will, muss er ihnen zunächst aufzeigen, »was sie wollen sollten«. Er muss ihnen ihre Lebensführung vorschreiben.[13] Doch dieser vermeintliche Zusammenhang zwischen der Marktbeeinflussung durch Regierungen und dem Verlust persönlicher Freiheiten basiert auf einer unterkomplexen Annahme. Nach Hayek können sich die Menschen untereinander nur auf sehr wenige gemeinsame Aufgaben einigen, die in der Verantwortung des Staates liegen sollten. Demokratische Regierungen sind nun aber einzig dadurch legitimiert, dass sie auf ein breites Einverständnis der Bevölkerung zählen können. Eine wahrhaft demokratische Regierung müsse ihre Aktivitäten auf die wenigen Tätigkeiten einschränken, die ihr von allen übertragen werden. Jede weitere Maßnahme würde mit Zwang einhergehen. Das würde nicht nur die Demokratie

12 Friedrich August von Hayek, »Freedom and Economic System«, in: *Contemporary Review* (April 1938), S. 434-442.

13 Zitiert in Melissa Lane, »The Genesis and Reception of The Road to Serfdom«, in: Robert Leeson (Hg.), *Hayek: A Collaborative Biography*, Heidelberg 2013, Bd. 1, S. 43-60, hier S. 48.

zerstören, sondern auch die Freiheit.[14] Freiheit war der entscheidende Parameter in Hayeks Verteidigung des Kapitalismus.[15]

Paradoxerweise lehnte Hayek sozialistische Planung auch deswegen ab, weil sie vorgab, ein Problem der Marktwirtschaft lösen zu können, das zwar in der ökonomischen Theorie lösbar schien, in der Praxis jedoch nicht. Das Herzstück der wissenschaftlichen, das hieß vor allem modelltheoretischen und mathematisch-abstrakten neoklassischen ökonomischen Theorie war die Behauptung, dass sich auf freien Märkten deswegen der Gewinn der Anbieter und der Nutzen der Nachfrager maximieren ließen, weil annahmegemäß alle Marktteilnehmer über perfekte Informationen verfügten und dementsprechend rational handeln konnten. Allerdings war offensichtlich, dass die in den Modellen angenommene freie Verfügbarkeit aller nötigen Informationen und die Möglichkeit, diese Informationen völlig rational zu verarbeiten, in der Wirklichkeit nicht existierten. Die Vorstellung einer zentralen Wirtschaftsplanung ging wie selbstverständlich ebenfalls davon aus, dass die Planer über alle für die Befriedigung der elementaren Bedürfnisse der Menschen notwendigen Daten verfügten und auf dieser Grundlage vernünftige Entscheidungen treffen konnten. Ein sozialistischer Planer war, um es mit einem Namen aus einem Märchen der Gebrüder Grimm zu sagen: Doktor Allwissend. Hayek lehnte sowohl die neoklassische Annahme der allumfassenden Rationalität der Wirtschaftssubjekte als auch die der Allwissenheit der Planer als wirklichkeitsfern ab. Die Lösung des Problems fand er darin, dass alle für den Einzelnen wichti-

14 Hirschman, *The Rhetoric of Reaction*, S. 112.
15 Lane, »The Genesis and Reception«, S. 57.

gen Entscheidungsinformationen im Preis gefunden werden könnten. Der Preismechanismus koordiniere das partielle Wissen der Marktteilnehmer am effizientesten. Individuen wüssten, was sie wollten, und können dank der Informationen, die ihnen die Preise liefern, die für sie günstigsten Auswahlentscheidungen treffen. Deswegen muss man Hayek zufolge auch die sozialistische Preiskontrolle von Gütern ablehnen. Freie Preise kompensieren das imperfekte Wissen der Marktteilnehmer.[16] Planwirtschaft dagegen würde den Preismechanismus abschaffen, die Menschen um ihre Entscheidungsfreiheit bringen und gleichzeitig willkürliche Entscheidungen von zentraler Seite für die Menschen fällen.

Die Rolle des Individuums

Kurz nach dem Kriegsende hielt Hayek einen Vortrag am Unversity College Dublin mit dem Titel »Individualism: True and False«. Dort machte er zweierlei deutlich. Er sprach dem Individualismus eine besondere Rolle zu, und er unterschied zwei Arten, diesen zu begreifen. Offensichtlich, das deutete der Titel seines Vortrages ja bereits an, war eine davon falsch. Die richtige Art und Weise orientierte sich an Denkern wie John Locke, Bernard Mandeville, David Hume, Adam Ferguson, Adam Smith, Edmund Burke und Alexis de Tocqueville. Auf der anderen, der falschen Seite standen französische Autoren, die vom cartesianischen Rationalismus beeinflusst waren. Dazu zählten die Autoren der *Ency-*

16 Friedrich August von Hayek, »The Use of Knowledge in Society«, in: ders., *Individualism and Economic Order*, Chicago 1980 [1945], S. 77-91.

clopédie, vor allem aber Jean-Jacques Rousseau und die Schule der Physiokraten. Deren rationalistische Vorstellung vom Individualismus führe in Wahrheit zum Gegenteil, nämlich zu Kollektivismus und Sozialismus.

Individualismus war für Hayek Teil einer Gesellschaftstheorie. Nicht, was ein Individuum allein und losgelöst von anderen macht, stand dabei im Vordergrund. Entscheidend war, welche Auswirkungen es auf die Gesamtgesellschaft hat, wenn der Einzelne das tut, was er tun möchte und tun kann. Daher standen sich mit dem richtigen und dem falschen Individualismus zwei Ansätze gegenüber. Im »richtigen« Individualismus waren die Institutionen, welche die Gesellschaft und das Leben der Menschen ordneten, ein ungeplantes Resultat des Verhaltens freier Menschen. Sie hatten ihren Ursprung nicht in den Planungen eines »designing and directing mind«, eines entwerfenden und vorschreibenden Geistes.[17]

Wenn es um die nichtintendierten positiven Konsequenzen ungestörten individuellen Handelns ging, berief sich Hayek auf Adam Ferguson. Dieser hatte in seinem *Essay on the History of Civil Society* von 1767 (dt. u.a. als: *Versuch über die Geschichte der bürgerlichen Gesellschaft*) vermerkt: »Nationen stolpern auf Einrichtungen zu, die in der Tat das Resultat menschlichen Handelns sind, aber nicht das Resultat menschlichen Designs.«[18] Da diese Institutionen aber zu den größten Errungenschaften der Zivilisation zählen, war für Ferguson und Hayek klar, dass die nichtintendierten Effekte individuellen Handelns zu Resultaten führten, die be-

17 Friedrich August von Hayek, »Individualism: True and False«, in: *Individualism and Economic Order*, S. 1-32, hier S. 7.

18 Adam Ferguson, *An Essay on the History of Civil Society*, London 1767, S. 187; zitiert in Hayek, »Individualism: True or False«, S. 7.

deutsamer waren als all das, was sich ein Einzelner hätte ausdenken können.

Wie konnten einige Theoretiker überhaupt auf die Idee kommen, gesellschaftliche Institutionen ex ante zu ersinnen und dann auch ins Leben zu rufen? Die Ursprünge dieser Anmaßung sah Hayek in Descartes' *Discours de la Méthode* (dt.: *Von der Methode*). Zu Beginn des zweiten Teils beschreibe Descartes dort, so Hayek, nicht nur die Vorzüge der Planung. Er behaupte darüber hinaus, dass manche Dinge besser funktionieren, wenn sie nur von *einer* Person und nicht von vielen ersonnen werden. Hayek glaubte darin die Blaupause für die spätere Planungseuphorie des Sozialismus zu erkennen.[19] Der cartesianische Einfluss führe zu einem ingenieurstechnischen sozialen Gestaltungsoptimismus. Planer könnten sich auf der Grundlage der Ideen von Descartes anmaßen, besser zu wissen, wohin die Gesellschaft steuern solle.

Allerdings wird Hayeks Interpretation dem Text von Descartes nicht gerecht. Seine Behauptung, es sei »wesentlich«, dass Descartes »den Fall des Ingenieurs zitiert, der seine Pläne mache«, ging an Descartes' Absicht vorbei. Der berühmte Anfang des zweiten Teils des *Discours* beschreibt, wie Descartes im November des Kriegsjahres 1619, vom Wintereinbruch überrascht, allein in einem geheizten Raum eines Hauses in Deutschland sitzt. Dort gibt er sich seinen Gedanken hin und fragt sich, nach welcher Methode er in der Lage wäre, Dinge so zu erkennen und zu verstehen, wie sie tatsächlich sind. Manche Gegenstände, kam ihm dabei in den Sinn, die aus unterschiedlichen Teilen und von unterschiedlichen Menschen zusammengesetzt oder bearbeitet worden

19 Hayek, »Individualism: True and False«, S. 3.

sind, weisen weniger *perfection* auf. Beispielsweise seien Gebäude, die von einem Architekten gebaut werden, geordneter und schöner als solche, an denen sich viele Baumeister versucht hätten. Dasselbe gelte auch, wenn man am Reißbrett geplante und durchdachte neue Städte mit verwinkelten und engen Orten vergleicht. Oder wenn man die Entwicklung von Völkern betrachte, die sich entweder über lange Zeiträume in Reaktion auf bestimmte Vorkommnisse einen Gesetzesrahmen gegeben oder von einem »weisen Gesetzgeber« von Anfang an effektive Regeln des Zusammenlebens erhalten hatten.[20] Das war allerdings nicht eine Einladung an einige wenige, das Leben vieler zu planen. Descartes war auf der Suche nach einem einheitlichen wissenschaftlichen Vorgehen. In jenen Kindertagen der modernen Wissenschaft hatte er es nicht auf die Gestaltung sozialer oder politischer Prozesse abgesehen. Er war auf der Suche nach einer naturwissenschaftlichen Beschreibung für die Phänomene, die er beobachtete. In einem Zeitalter, in dem unterschiedlichste, widersprüchliche, mystische und vor allem wenig methodische Ansätze die Natur zu erklären versuchten und zueinander in Konkurrenz standen, wollte Descartes eine einheitliche Methode entwickeln, mit der man dem Wesen der Dinge auf die Schliche kommen konnte. Die *eine* Person, die Descartes in seinen Beispielen nannte, war eine Metapher für eine einheitliche Wissenschaft, wie es sie vor Descartes nicht gab. Indem Hayek zwischen zwei Formen des Individualismus unterschied und den Kampf der Freiheit des Marktes gegen sozialistische Planung im Sinne Edmund Burkes als ein weiteres Kapitel in der Auseinandersetzung zwischen französischem Rationalismus und britischem Empirismus dar-

20 René Descartes, *Discours de la Méthode*, Paris 2000 [1637], S. 41.

stellte, verlieh er seiner Argumentation historische Anknüpfungspunkte und ein stärkeres Gewicht. Seine Auslegung von Descartes war jedoch schlicht falsch.

Für Hayek konnte der Einzelne nur seinen eigenen persönlichen Lebensbereich überblicken und einschätzen. Seine Motive konnten sich nur auf ihn selbst beziehen. Die historische Vorstellung, hinter menschlichem Verhalten nur Selbstliebe und Eigeninteresse zu vermuten, konnte und durfte man nicht moralisch bewerten. Man musste sie als Ausdruck der realen kognitiven Grenzen des Menschen akzeptieren. Dass wenige oder gar ein Einziger ableiten könnten, was für die Gesamtgesellschaft am besten sei, galt Hayek daher als komplett anmaßend. Stattdessen sollten die Menschen ihre Eigeninteressen verfolgen können und somit in einem Prozess des Anpassens und Aushandelns zu einem gemeinsamen Verständnis darüber kommen, in welcher institutionellen Struktur sie ihren Interessen am geschütztesten und besten nachkommen könnten. Daraus ergab sich eine klare praktische Forderung: Jede Macht, die über andere verfügen und diese zu etwas zwingen konnte, musste auf das absolute Minimum reduziert werden. Eine Zwang ausübende Macht musste es selbstverständlich geben. Aber zunächst sollte versucht werden, ob die Menschen nicht ein Eigeninteresse hätten, durch Freiwilligkeit und Zusammenschlüsse bestimmte Dinge zu regeln. Die effektivsten Regeln würden sich schließlich dann ergeben, wenn Menschen diese ohne äußeren Zwang aufstellten. Dies würde nicht nur die Effizienz der Regeln garantieren, sondern auch die hohe Bereitschaft der Menschen, diese Regeln einzuhalten.

Unterschieden werden konnte daher zwischen einer Politik nach Regeln (*government by rules*), die dem Einzelnen Freiräume für seine freie Entfaltung lässt, und einer Politik der Befehle (*government by orders*), die den Menschen klar und bis ins Detail vorschreibt, was sie zu tun und zu lassen haben. Das eine war Freiheit im gesetzlichen Rahmen, das andere der Versuch, mit Mitteln des legislativen Prozesses Freiheit abzuschaffen. Eine wirklich auf den Individualismus aufbauende politische Ordnung konnte sich nur an abstrakten Prinzipien orientieren, nicht an der Durchsetzung spezifischer Befehle. Was genau diese Prinzipien sein würden, wäre das Ergebnis von gemachten Erfahrungen. Individualismus, Privateigentum und Wettbewerb würden sich als erfahrungsbasierte Prinzipien herauskristallisieren.[21]

Unerwarteter Erfolg

In Großbritannien war *The Road to Serfdom* von Anfang an ein Kassenschlager. Noch größer und überraschender war der Erfolg in den Vereinigten Staaten. In beiden Ländern konnte wegen der Papierrationierung die Nachfrage zunächst gar nicht gedeckt werden. Kurz nach Kriegsende wurde die Publikation im besetzten Deutschland von den Alliierten verboten. Noch wollte man die sowjetischen Alliierten nicht mit solch offenen sozialismuskritischen Thesen verärgern.

Die Kritik des Buches fiel jedoch harsch aus. George Orwell, selbst sozialistischen Ideen nicht abgeneigt, rezensierte das Buch im britischen *Observer*. Vielen Argumenten und Schlussfolgerungen Hayeks konnte er ohne Probleme zustimmen. »Man kann es nicht oft genug sagen, und es wird in jedem Fall nicht oft genug gesagt. Planwirtschaft ist von

21 Hayek, »Individualism: True and False«, S. 18-20.

Natur aus nicht gerade demokratisch. Im Gegenteil, sie gibt einer tyrannischen Minderheit eine solche Machtfülle, wie spanische Inquisitoren sie sich nie zu erträumen gewagt hätten.« Aber auch wenn Orwell die Diagnose Hayeks für richtig erachtete, konnte er die Lösung, den Wettbewerbsmarkt als bestes und unübertroffen effizientes soziales Organisationsprinzip anzuerkennen, nicht akzeptieren. Die seit Erscheinen von *Road to Serfdom* immer wieder vorgebrachte Hauptkritik, dass Hayek die Machtverhältnisse auf Wettbewerbsmärkten und die möglichen Ausbeutungen und Ungerechtigkeiten der Marktökonomie nicht in Betracht zog (eine Kritik, die von Kollegen wie Joseph Schumpeter und eigentlich von jedem, der in der Marx'schen Theorie zumindest eine Sensibilität für genau diese Machtverhältnisse erkennen konnte, geteilt wurde), fasste Orwell unnachahmlich in einem einzigen kurzen Satz zusammen: »The trouble with competitions is that somebody wins them« – das Problem an Wettbewerben ist, dass irgendjemand sie gewinnt.[22]

Alvin Hansen, ein in Harvard lehrender Ökonomieprofessor und einer der führenden Wegbereiter der keynesianischen Wirtschaftstheorie, fand ebenso wenig lobende Worte. In einer Rezension für das amerikanische Magazin *The New Republic* äußerte er zunächst seine Verwunderung darüber, dass das Buch in Großbritannien zum meistdiskutierten Sachbuch seit Kriegsbeginn avanciert war und auch in

22 George Orwell, »Review by Orwell: The Road to Serfdom by F. A. Hayek / The Mirror of the Past by K. Zilliakus«, in: *The Observer* (9. April 1944). Siehe auch Davies, *Limits of Neoliberalism*, S. xvi: »Sie [die Übernahme des Wettbewerbsgedankens auf alle sozialen und politischen Ebenen im Sinne des Neoliberalismus] weist der Mehrheit der Menschen, der Orte, der Unternehmen und der Institutionen den Status des ›Verlierers‹ [*loser*] zu.«

den Vereinigten Staaten nicht nur ein großer Verkaufserfolg, sondern auch Gegenstand einer breiten medialen Rezeption geworden war.[23] Hansen störten vor allem die unglaublichen historischen und theoretischen Vereinfachungen, die fehlende analytische Tiefe und schlicht die mangelnde Sachkenntnis. Die Begriffe »Sozialismus«, »Planung« oder »Planwirtschaft« wurden synonym verwendet und umfassten alle wirtschaftspolitischen, also staatlichen Maßnahmen, die Hayek aus welchem Grund auch immer nicht passten. Hayeks Welt war schwarzweiß. Dort waren die Bösen, hier die Guten. Das erinnerte Hansen an das Niveau amerikanischer kirchlicher Sonntagsschulen oder an das Weltbild der Pfadfinder. Der Kreuzzug Hayeks richtete sich gegen »Planung« und »den Staat«. Allerdings, so Hansen, blieb Hayek die meiste Zeit sehr vage und undifferenziert, wenn es um die Einschätzung solcher Errungenschaften wie Arbeitslosengeld, Krankenversicherung, Tariflöhne und gewerkschaftliche Mitbestimmung ging – oder um die Einschätzung konkreter Politiken in Großbritannien oder dem New Deal in den Vereinigten Staaten. »Der Elfenbeinturm, in dem man keine klaren Entscheidungen treffen muss«, war für Hayek offensichtlich »komfortabler« als die wirtschaftliche Realität. Die sei nämlich selten »logisch« oder klar und deutlich. Das Leben und die Politik waren komplexe Gebilde, die sich einer einfachen Unterscheidung in Gut und Böse widersetzen. Die Rolle des Pfadfinder-Fähnleinführers, der seiner Rotte *konkret und nicht nur vage* erklärte, was denn eigentlich nun und aus welchem genauen Grund richtig oder falsch sei, würde Hayek in seiner Oberflächlichkeit gar nicht annehmen, so Han-

23 Alvin Hansen, »The New Crusade against Planning«, in: *The New Republic* (1. Januar 1945), S. 9-12.

sen.[24] Am meisten störten Hansen aber die teilweise hanebüchen ungenauen historischen Rahmenbedingungen, die Hayek als ursächlich für ein breites Einschwenken westlicher Industrieländer auf den Pfad der Knechtschaft und des Sozialismus ausmachte. Vor allem ärgerte ihn, dass Hayek Länder wie Deutschland, Italien, die Sowjetunion oder Großbritannien in einen Topf warf. Vernichtend befand Hansen: »Das ist keine Wissenschaft. Es ist die Angst, dass sich unter jedem Bett ein Kobold versteckt.«[25] Sein finales Verdikt lag allerdings komplett daneben: »Dieses Buch ist nicht langlebig. Es steckt keine Substanz darin, die ihm ein langes Leben einhaucht. Aber es führt momentan zu Diskussionen, und das ist ja auch ganz gut.«[26]

In den Vereinigten Staaten entfachte *The Road to Serfdom* in Unternehmerkreisen und bei Gegnern Roosevelts und seines New Deal helle Begeisterung. Im Frühjahr 1945 wurden Auszüge in *Reader's Digest* veröffentlicht. Dieser publizierten Kurzfassung war, wie in der Zeitschrift üblich, eine Zusammenfassung der wichtigen Argumente vorangestellt. Diese Stichpunktesammlung hatte Hayek selbst beigesteuert. Sein allererster Punkt nahm in klassischer Manier die Perversity Thesis auf: »Ist eine größere Tragödie vorstellbar als die Tatsache, dass wir in unserem Bemühen, die Zukunft bewusst nach hohen Idealen zu formen, unabsichtlich genau das Gegenteil von dem hervorrufen, nach dem wir eigentlich streben?«[27]

Zudem wurde eine absichtlich stark dramatisierende Co-

24 Ebd., S. 10.
25 Ebd., S. 11.
26 Ebd., S. 12.
27 Friedrich August von Hayek, *The Reader's Digest Condensed Version of The Road to Serfdom*, London 2001 [1944], S. 27.

micversion des Buches im Magazin *Look* publiziert.[28] Sie wurde im großen Stil von General Motors vertrieben und lag in allen GM-Automobilverkaufsstellen aus. Ausgerechnet in diesem von einem multinationalen Konzern verbreiteten Comic hieß es warnend: Der Versuch, die Ansichten der Menschen zu vereinheitlichen, mache eine große Propagandamaschinerie notwendig.[29]

Für Hayek war der große Zuspruch auf der anderen Seite des Atlantiks überraschend. Allerdings war auch dort seit Eintritt der Vereinigten Staaten in das Kriegsgeschehen und der damit verbundenen Güterrationierung und zentralen Preiskontrolle der Regierungseinfluss auf die Märkte allgegenwärtig. Und Gegner Roosevelts gab es schon seit dem Beginn seiner Präsidentschaft unter Wirtschaftslenkern zuhauf. Wortführer des Anti-New-Deal-Protests waren vor allem Unternehmer, die sich am stärksten in ihrer wirtschaftlichen Bewegungsfreiheit eingeschränkt sahen. Dass diese Gruppen ein Interesse hatten, das gegen Roosevelt gerichtete Narrativ freier Märkte bekannter zu machen, zeigt sich auch in dem Vorstoß, ihnen wichtig erscheinende Texte in Comicform und in Massenauflage unter das Volk zu bringen. Hayeks *Road to Serfdom in Cartoons* war dabei nicht der einzige Text. Kurz vorher war die Comicversion eines Romans erschienen, der im Jahr 1943 veröffentlicht worden war und sich in kürzester Zeit massenhaft verkauft hatte. Es war das Buch *The Fountainhead* (dt. u.a. als: *Der ewige Quell*) der damals noch unbekannten Autorin Ayn Rand.[30] Einer von Rands Texten war kurz vor dem Abdruck der Auszüge

28 Lane, »The Genesis and Reception«, S. 52.

29 Friedrich August von Hayek, *The Road to Serfdom in Cartoons*, General Motors »Thought Starter Series« 118 (1945).

30 Ayn Rand, *The Fountainhead*, New York 1994 [1943].

von Hayeks Werk ebenfalls in *Reader's Digest* erschienen. Er trug den Titel: »The Only Path to Tomorrow«, ein Manifest des Individualismus. Ayn Rand hatte, ohne dass Hayek es ahnen konnte, das Feld bestellt, auf dem seine Saat nun aufging.

Das Individuum als Held, der Staat als Teufel: Ayn Rand

Ayn Rand stammte aus einer privilegierten und wohlhabenden St. Petersburger Familie und emigrierte in den späten zwanziger Jahren nach Amerika. Durch US-Filme bereits in der Sowjetunion auf ein idealisiertes Bild der Vereinigten Staaten konditioniert, avancierte sie in Hollywood schnell zu einer recht erfolgreichen Drehbuchautorin. Ihren Künstlernamen wählte die als Alisa Zinovyevna Rosenbaum geborene Rand, weil er keinen Aufschluss auf ihr Geschlecht gab und sich bei der Nennung im Filmabspann gut merken ließ. Sie engagierte sich für Wendell Willkie, einem Gegenkandidaten Roosevelts. Dabei wurde sie zu einer vehementen Verfechterin eines antistaatlichen Extremindividualismus.

Rand war seit ihrer Jugend begeisterte Anhängerin von Friedrich Nietzsche und Herbert Spencer. In den Texten von Henry L. Mencken, Autor und Herausgeber der Zeitschrift *American Mercury*, und Albert Jay Nock, Autor des 1935 publizierten Buches *Our Enemy, the State* und Chefredakteur der Zeitschrift *The Freeman*, fand sie Anzeichen dafür, dass trotz massenhafter Unterstützung für Roosevelt zumindest einige Politiker und Intellektuelle ihre eigene kritische Meinung teilten. Mencken und Nock, beide erklärte Gegner Roosevelts, bezeichneten sich selbst als *libertarians*, um sich von dem Begriff des Liberalismus abzugrenzen, den Roosevelt selbst für seine Politik nutzte. Wie Ayn Rand unterstrichen sie die Bedeutung des Individualismus und lehnten staatliche Eingriffe ab. Im Nachgang zu ihrem politischen Engagement versuchte Rand 1941, ihre eigene Position in einem »Manifesto of Individualism« zu Papier zu bringen. Rand merkte jedoch, dass sie, die Drehbuchschreiberin, als intellektuelle oder akademische Autorin nicht ernst genommen werden würde. Ihr Ziel war es daher, ihre politischen oder, wie sie glaubte, philosophischen Positionen in Form eines Romans unter das Volk zu bringen. Ein John Steinbeck der Rechten wollte sie werden. Ihre ganze Energie setzte sie daran, ihrer Haltung literarischen Ausdruck zu verleihen.

Ihr 800-seitiger, 1943 erschienener Roman *The Fountainhead* handelt von einem der Person Frank Lloyd Wrights nachempfundenen Architekten. Dieser muss seine brillanten Pläne gegen massive, vor allem staatliche Widerstände verteidigen, will partout nicht klein beigeben und sprengt in einem dramatischen Finale sein durch staatliche Vorschriften verändertes Bauwerk mit Dynamit in die Luft. Das Individuum, das kompromisslos nur seinem Eigeninteresse folgte, war, so die Aussage des Buches, der Ursprung (der »fountainhead«) allen zivilisatorischen Fortschritts. Dies galt auch für die unternehmerische Kreativität, die nicht eingeschränkt werden durfte. Der Entrepreneur war der gesellschaftliche Held, das Ideal, ein Mensch, wie er sein sollte. Alle anderen, vor allem die, die sich mit staatlichen Vorgaben arrangierten oder selbst Teil des Staatsapparats waren, betrachtete Rand als bemitleidenswerte »second-handers«. Den Antagonisten des heldenhaften Architekten, den Sozialisten Ellsworth Toohey, modellierte sie nach dem britischen Intellektuellen Harold Laski, Hayeks Gegenspieler an der London School of Economics. In New York hatte Rand einen Vortrag Laskis besucht und war von seiner Haltung angewidert gewesen.[31] In der Vorstellung Rands gehörte die Welt den Starken und Schönen. Wenn man sie nur machen ließe, wie sie wollten, könnten sich Gesellschaften weiterentwickeln. Ein Streben nach dem Allgemeinwohl und ein Blick für die anderen waren in dieser Welt unmöglich und unnötig.

Von Intellektuellen und der literarischen Kritik komplett verrissen (bis auf eine Lobeshymne in der *New York Times*) und trotz der öffentlichen Missbilligung durch Frank Lloyd Wright (der sich daran störte, dass sein Alter Ego erstens sein eigenes Werk zerstörte und zweitens – für ihn im Fall eines Architekten völlig unglaubwürdig – rote Haare hatte[32]), war das Buch ein unfassbarer Publikumserfolg – und ist es bis heute geblieben. Trotz Papiermangels wurden in den ersten Monaten Hunderttausende Exemplare verkauft. Bei der kämpfenden Truppe kam das schmonzettenhafte Melodram mit seiner gehörigen Portion Erotik und Verrat gut an, ebenso bei einer Vielzahl von Unternehmern und Unternehmensverbänden. Rand selbst wurde nicht nur durch die immer weiter steigenden Verkaufszahlen in ihrer Position bestärkt, sondern auch durch Tausende von Zuschriften begeisterter Leser, die davon schwärmten, das Buch hätte ihr Leben verändert – und vor allem ihrem Leben erstmalig einen Sinn gegeben. Rand war vorher schon von sich selbst überzeugt gewesen, doch spätestens jetzt sah sie sich über jeden Zweifel erhaben.

Mit dem kommerziellen Erfolg von *The Fountainhead* such-

31 Jennifer Burns, *Goddess of the Market. Ayn Rand and the American Right*, Oxford 2009, S. 45.

32 Ebd., S. 52.

ten nicht nur Unternehmensverbände die Nähe von Ayn Rand. Auch ihr ursprüngliches »Manifesto« erfuhr eine Renaissance, vor allem, da es Firmen in den Vereinigten Staaten kürzlich gestattet worden war, ihre Belegschaft in ökonomischen Fragen weiterzubilden. Vor diesem Hintergrund publizierte das Roosevelt nicht gerade freundlich gesinnte *Reader's Digest* den Text unter dem Titel »The Only Path to Tomorrow«. Dass Rand nicht noch stärker Einfluss auf liberale Debatten nehmen konnte, lag an ihr selbst. Divenhaft und kühl, manieriert, amphetaminabhängig, unendlich von sich eingenommen und humorlos, machte sie anscheinend einen so unsympathischen Eindruck auf alle, die sie trafen, dass kaum jemand länger mit ihr zu tun haben wollte. Ihr schien das zunächst nichts auszumachen – befand sie doch fast immer, dass ihre Gesprächspartner an ihre eigene Genialität nicht heranreichten.

Sowohl *The Road to Serfdom* als auch *The Fountainhead* wurden von Intellektuellen ignoriert, von Unternehmern als Heilsschriften vergöttert. An Hayek fand Rand jedoch wenig Gutes. Er war ihr nicht radikal genug, war er doch der Meinung, dass dem Staat zwar minimale, aber eben doch einige wichtige Funktionen zukämen, auch wenn es nur darum gehen konnte, die Rahmenbedingungen zu schaffen, damit der Markt frei funktionierte. »Gift« sei sein Buch, kommentierte Rand. Hayek sei »ein Musterbeispiel für unseren gefährlichsten Feind«. Und in ihr eigenes Exemplar von *The Road to Serfdom* kritzelte sie: »Der Mann ist ein Esel. Er hat überhaupt keine Ahnung davon, was eine freie Gesellschaft wirklich ausmacht.« Weder von Kapitalismus noch von Wettbewerb verstünde er etwas.[33]

33 Ebd., S. 104.

Bei Hayeks Mentor Ludwig von Mises sah das anders aus. Sein anscheinend absolut kompromissloses Eintreten für kapitalistischen Wettbewerb fand Rand beeindruckend – auch wenn sie in ihrer typischen Art und Weise viele von seinen Prämissen als puren Nonsens abtat. Standesgemäß lebte sie in der ehemaligen Villa von Marlene Dietrich in Kalifornien, um an der Filmversion von *The Fountainhead* zu schreiben. Doch reiste sie nach New York, als von Mises gegen Kriegsende aus seinem Schweizer Exil kommend dort eintraf. Mises sah in *The Fountainhead* einen wichtigen Beitrag für die liberale Sache. Von der Autorin selbst und ihrer eigenen unnachgiebigen Art war er zunächst äußerst angetan. Henry Hazlitt, ein extrem liberaler Kolumnist, hatte die beiden miteinander bekannt gemacht. Ihm gegenüber gestand der in Fachdiskussionen mit Frauen offensichtlich ungeübte von Mises augenzwinkernd, Rand sei »der mutigste Mann Amerikas«.[34]

Der Kampf um Ideen: Unternehmer, Think-Tanks und die Mont Pèlerin Society

In England fanden sich genügend begeisterte Leser von *The Road to Serfdom*. Einer von ihnen war Antony Fisher, der eine erhebliche Rolle in der globalen Erfolgsgeschichte neoliberaler Positionen spielen sollte. Fischer war in Eton und Cambridge ausgebildet worden, während des Zweiten Weltkriegs war er Kampfpilot in der Royal Air Force gewesen. Er war nicht nur Mitglied einer liberalen und antikommunistischen Vereinigung mit Namen Society of Individualists, son-

34 Ebd., S. 114.

dern nach Eigenaussage ein *digest junkie*, ein fanatischer Leser von *Reader's Digest*. Nachdem ihn die Lektüre der Ausschnitte von *Road to Serfdom* begeistert hatte, suchte er das persönliche Gespräch mit Hayek in seinem Büro an der London School of Economics. Zwar konnte sich Hayek zeitlebens nicht an diesen Besuch erinnern. Die Erinnerungen Fishers waren dafür umso lebendiger. Auf Fishers begeistert vorgetragenen Plan, wegen der Lektüre von Hayek sein Glück in der Politik zu suchen, riet dieser ihm eindringlich davon ab. Hayeks Argumentation nach war es die wichtigere Aufgabe, Intellektuelle, Autoren und Lehrer mit den richtigen Ideen zu versorgen. Diese Menschen sollten, wenn sie einmal überzeugt waren, diese Ideen dann weitervermitteln, damit Politiker auf deren Grundlagen Entscheidungen treffen würden.[35]

Was er in diesem angeblichen Gespräch geäußert haben soll, fasste Hayek einige Zeit später in dem Aufsatz »Intellectuals and Socialism« in klare Worte. Der Text erschien 1949 in *The University of Chicago Law Review*. Wie schon sein österreichischer Exilkollege Joseph Schumpeter 1942 in seinem Buch *Capitalism, Socialism and Democracy* (dt.: *Kapitalismus, Sozialismus und Demokratie*) festgestellt hatte, glaubte auch Hayek, dass offensichtlich in besonderer Weise die Intellektuellen von der Idee des Sozialismus angezogen und überzeugt waren. Sie waren eine destabilisierende Gefahr nicht nur für den Kapitalismus, sondern auch für die liberale Demokratie.[36] Neben der Beantwortung der Frage,

35 John Blundell, »Introduction: Hayek, Fisher and The Road to Serfdom«, in: Hayek, *The Reader's Digest Condensed Version*, S. 14-25; hier vor allem S. 19-21.

36 Joseph Schumpeter, *Capitalism, Socialism and Democracy*, New York 1976 [1942]; hier vor allem das Kapitel XIII: »Growing Hostility«.

wie es zu erklären war, dass gerade diese Menschen der Idee des Sozialismus so begeistert anhingen, wollte Hayek Intellektuelle für die Ideen des Marktliberalismus begeistern. Gute Politik konnte es nur dann geben, wenn man den Kampf um Ideen bei denen gewann, die diese Ideen breit und überzeugend streuen konnten. Gelinge es, »die philosophische Grundlage einer freien Gesellschaft wieder zu einem aktuellen intellektuellen Thema [zu] machen [...], und ihre Umsetzung zu einer Aufgabe, die den Einfallsreichtum und die Vorstellungskraft der aufgewecktesten Geister fordert, [...] ist die Schlacht nicht verloren«, schrieb er.[37] Wie es 1949 für Hayek den Anschein hatte, war ein Wiederaufleben der liberalen Idee in vielen Teilen der Welt bereits spürbar. Die Frage war nur, ob dies noch rechtzeitig Auswirkungen auf die Politik haben würde.

Im englischen Kontext war die Vorstellung, Intellektuelle könnten mit ihren Ideen die Politik beeinflussen, weit verbreitet. Die Fabian Society, eine Gruppe prominenter Wissenschaftler und Künstler um das Ehepaar Sydney und Beatrice Webb sowie den Schriftsteller George Bernard Shaw, hatte gegen Ende des 19. Jahrhunderts und vor allem nach der Jahrhundertwende genau das getan: Sie hatte politische Akteure durch Ideen beeinflusst. Auch bei der Gründung der Labour Party im Jahr 1900 hatte die Gruppe ihre Hände im Spiel. Die »Fabians« waren der Überzeugung, dass eine von den Marxisten herbeigesehnte revolutionäre Diktatur des Proletariats in Großbritannien nicht erstrebenswert war.

37 Friedrich August von Hayek, »The Intellectuals and Socialism«, in: George B. de Huszar (Hg.) *The Intellectuals: A Controversial Portrait*, Glencoe 1960 [1949], S. 371- 384, hier S. 384. Hayek sprach von Intellektuellen als »second-hand dealers in ideas«.

Einige sozialistische Vorstellungen waren vor dem Hintergrund der industriellen Verelendung eines Großteils der Arbeiterschaft dennoch angemessen und notwendig. Die entsprechenden Maßnahmen sollten jedoch im Rahmen des bestehenden politischen und institutionellen Systems realisiert werden, nicht in Abgrenzung dazu. Die britischen Vorstellungen vom Wohlfahrtsstaat beruhen auf den Ideen der Fabians. Auch die Gründung der London School of Economics ging auf sie zurück. Die Gruppe hatte eine klare Agenda für eine gesellschaftliche und ökonomische Transformation, die ohne Gewalt zustande kommen sollte. Der Name »Fabians« entstand in Anlehnung an den römischen Feldherrn Quintus Fabius. Dieser hatte gegen anhaltende Kritik seinen Angriff auf Hannibal immer weiter herausgezögert, um dann umso erfolgreicher zuzuschlagen. Diese Philosophie des Abwartens auf den besten Moment, um dann umso entschiedener im Namen des Sozialismus, aber im Rahmen bestehender Prozesse und Institutionen Reformen durchzusetzen, machte den britischen Verfechtern des Liberalismus Angst. Vor allem, als nach dem Erdrutschsieg der Labour Party 1945 nicht weniger als 229 Mitglieder der Fabian Society im Parlament saßen und im Kabinett von Premierminister Clement Attlee wichtige Posten besetzten. Die Jahre nach dem Zweiten Weltkrieg waren die politisch erfolgreichste Zeit der Fabians. Ihr Vorsitzender war niemand Geringeres als Harold Laski.

Als Hayek seinen Aufsatz veröffentlichte, waren seine eigenen Pläne, das liberale Gegenstück zu den Fabians ins Leben zu rufen, schon sehr weit gediehen. Während seiner amerikanischen Lesetour für *The Road to Serfdom*, bei der er kurz nach Kriegsende vor begeisterten Menschenmengen auftrat, traf Hayek in Chicago auf den Unternehmer Harold W. Luhnow. Hayek betonte in seinen Vorträgen stets, wie wichtig es sein würde, die breite Masse der Bevölkerung für seine Ideen zu sensibilisieren. Luhnow leitete ein Unternehmen in Kansas City, das mit großem Erfolg Möbel vertrieb und Jalousien herstellte. Als Gegner staatlich gelenkter Wirtschaftspolitik und damit auch als Gegner der Politik des New Deal fand er bei Hayek genau die Argumente, die er selbst unter das Volk zu bringen hoffte. Er bot Hayek an, ihn über eine Unternehmensstiftung, den William Volker Fund, finanziell zu unterstützen, um genau diese Massenwirkung erreichen.[38]

Luhnow hatte eine klare Vorstellung davon, was zu tun sei. Nichts Geringeres als ein amerikanisches *Road to Serfdom* sollte das Ergebnis seiner finanziellen Unterstützung sein. Hayek sah sich jedoch nicht dazu in der Lage, ein solches Werk zeitnah zu publizieren. Daraus entstand der Gedanke, zunächst den amerikanischen Fall in einer weitreichenden Studie mit einer ganzen Forschergruppe zu untersuchen, um dann einen Abschlussbericht vorzulegen. Der Ort, an dem sich eine solche von Unternehmergeldern finanzierte Gruppe am wahrscheinlichsten würde etablieren lassen, war die Universität von Chicago. Andere Ostküsten-Unis hatten das Vorhaben nicht mittragen wollen. Jahrelang firmierte dieses Finanzierungsmodell in Chicago unter dem Namen The Hayek Project oder The Free Market Project. Es legte den Grundstein für die später sogenannte Chicago School der Wirtschaftswissenschaften.

Die Arbeitsweise der geplanten Forschungsgruppe sollte

38 Rob Van Horn und Philip Mirowski, »The Rise of the Chicago School of Economics and the Birth of Neoliberalism«, in: Mirowski/Plehwe, *The Road from Mont Pèlerin*, S. 139-178, hier S. 141.

bewusst den damals in den Vereinigten Staaten gerade neu etablierten ersten Think-Tanks ähneln. Der Volker Fund hatte 1946 zusammen mit Unternehmen wie Chrysler, General Motors, Monsanto und US Steel in New York die von Henry Hazlitt und Leonard Read gegründete Foundation for Economic Education (FEE) finanziert, deren Ziel es war, gegen den New Deal zu agitieren und dabei vor allem den Individualismus zu fördern. Das geplante Großprojekt des »amerikanischen *Road to Serfdom*« sollte deswegen auch jede mögliche Publikationsform nutzen, um liberale Ideen in die Öffentlichkeit zu tragen und ähnlich gesinnte Forscher mit Gastverträgen an die Universität Chicago zu binden. Ein Name, der bei der Frage nach möglichen Mitarbeitern der Gruppe immer wieder fiel, war der des jungen Milton Friedman. Friedman hatte gerade in Minnesota seine Universitätskarriere begonnen und hatte auch schon für die FEE publiziert. Die FEE unterstützte auch Ludwig von Mises nach seiner Übersiedlung in die Vereinigten Staaten. Seine Gastprofessur an der New York University wurde vollständig durch die Foundation bezahlt. In ihren Augen war von Mises einer ihrer Angestellten.

Luhnow war anfangs weniger an der Finanzierung einer langfristig angelegten Forschungsgruppe in Chicago interessiert, sondern mehr an der möglichst schnellen Verbreitung der Lehren von den Vorzügen des Marktes und des freien Unternehmertums. Damit stand er nicht allein da. Auch Unternehmer wie die Familie DuPont waren davon überzeugt, dass es für die aus ihrer Sicht richtigen Wirtschaftsideen auf jeden Fall eines Leitbuchs bedurfte, um in der Politik endlich erfolgreich zu sein. Ein »Neues Testament des Kapitalismus«, eine »Bible of Free Enterprise« erhoffte man sich, und Hayek sollte der Prophet dieser neuen Lehre sein.[39] Luhnow hatte zunächst auch eine klare Vorstellung davon, wie die amerikanische Version von *Road to Serfdom* aussehen sollte. Sein Vorbild war das in Massenauflage gedruckte Buch *How We Live* von Fred Clark, dem Gründer der American Economic Foundation, und Richard Rimanoczy. Wie Rob Van Horn und Philipp Mirowski in einem Text über den Aufstieg der Chicago School süffisant angemerkt haben, hatte Hayek anscheinend keinen Blick in dieses Buch geworfen. Es bestand aus großformatigem Text, Ein-Satz-Absätzen neben erklärenden Bildern, »geschrieben für Menschen, die beim Lesen jedes Wort mit den Lippen nachformen mussten«. *How We Live* bewege sich »auf dem Niveau eines Schulbuchs für Bürgerkunde der vierten Klasse«.[40]

Hayek war zunächst von der Hartnäckigkeit Luhnows irritiert. Wahrscheinlich war ihm, dem Habsburger Feingeist, auch der unternehmerische Habitus eines Businessman aus dem amerikanischen Westen fremd. Allerdings war Hayek von zwei Dingen beeindruckt: von den Möglichkeiten eines Think-Tanks wie dem FEE sowie von dem Geld, das Männer wie Luhnow freigiebig bereit waren, für die Verbreitung seiner Ideen zu zahlen. Und so erfand der exilierte Österreicher eine neue Rolle für sich. *The Road to Serfdom*, unter Ökonomen seinerzeit eher als oberflächliches politisches Pamphlet verschrien, war trotz des Erfolges verantwortlich dafür, dass Hayek in seiner eigenen Zunft immer stärker marginalisiert wurde. Seine Energie, seine Bekanntheit sowie seinen wirtschaftlichen Erfolg nutzte Hayek daher um-

39 Kim Phillips-Fein, »Business Conservatives and the Mont Pèlerin Society«, in: Mirowski/Plehwe, *The Road from Mont Pèlerin*, S. 280-301, hier S. 285.

40 Van Horn/Mirowski, »The Rise of the Chicago School«, S. 150.

so bewusster, um eine »neoliberale Internationale« zu gründen, deren intellektueller, aber auch organisatorischer Anführer er sein würde.[41]

Hayek konnte auf einige ihm bekannte Personen zurückgreifen. Im Jahre 1938 hatte sich in Paris einige Tage lang eine internationale Gruppe von Liberalen eingefunden, um die These des amerikanischen Journalisten Walter Lippmann vom Untergang des Liberalismus zu diskutieren, die dieser kurz zuvor in seinem Buch *The Good Society* (dt.: *Die Gesellschaft freier Menschen*) aufgestellt hatte. Einige Teilnehmer dieser Runde schlugen vor, die eigene Position als »neoliberal« zu bezeichnen. Nicht alle waren damit einverstanden. Aber der Begriff war in der Welt. Aus dieser als Lippmann-Kolloquium berühmt gewordenen Versammlung rekrutierte Hayek deutsche, österreichische, französische, britische und amerikanische Gleichgesinnte. Ihm war wichtig, dass auch unternehmerische Financiers sowie Direktoren von Think-Tanks als »ideologische Entrepreneure« sowie Journalisten Teil der Bewegung wurden.[42]

Die institutionelle Klammer bildete die sogenannte Mont Pèlerin Society, die sich 1947 im Schweizer Mont Pèlerin bei Vevey am Genfer See formierte. Hayek sollte ihr fast fünfzehn Jahre lang vorsitzen. Seit der Gründung traf man sich fast jährlich. Die Society entwickelte sich zum zentralen Knotenpunkt eines globalen neoliberalen Netzwerks. Sie existiert bis heute. Von dem kommenden Erfolg des Neoliberalismus konnte beim ersten Treffen keiner etwas ahnen. Viele der akademischen Mitglieder der ersten Stunde waren ent-

41 Stedman-Jones, *Masters of the Universe*, S. 30; ebenso Offer/Söderberg, *The Nobel Factor*, S. 9.

42 Stedman-Jones, *Masters of the Universe*, S. 14.

weder noch unbekannt oder hatten einen schweren Stand im Wissenschaftsbetrieb. »Die Mont Pèlerin Society«, so hat es Jamie Peck einmal formuliert, »war jahrelang ein Klub für Versager.«[43] Dass Hayek in der schweren Aufbauphase unmittelbar nach dem Krieg der organisatorische Coup eines solchen Treffens überhaupt gelang, verdankte er Luhnow und anderen amerikanischen Industriellen. Großzügig übernahmen diese die für die damalige Zeit horrenden Reise- und anderen Kosten und unterstützten die Society jahrelang. Der Einfluss der Financiers machte sich auch insofern bemerkbar, als es in den USA vor allem darum ging, die Rolle von immer größer werdenden Unternehmen in der eigenen liberalen Erzählung nicht zu problematisieren. Dabei spielte der Antikommunismus eine entscheidende Rolle. Eine starke Konzentration unter den Marktteilnehmern wurde als Zeichen für einen funktionierenden Kapitalismus gedeutet, der allgemeinen Wohlstand mit sich bringe.

Für Hayek war die Unterstützung durch Unternehmer nicht nur aus organisatorischen Gründen erforderlich. Damit aus Minderheitenmeinungen »in Politik, Ethik und Religion« irgendwann Mehrheitsmeinungen werden können, so sah er es, müssen diese von »begüterten Ikonoklasten« unterstützt werden.[44] Hayek hielt dies vor allem für notwendig, weil viele der Intellektuellen, die als Ideengeber fungieren sollten, meist in Staatsdiensten tätig waren. Sie hätten damit die gedankliche Unabhängigkeit verloren, die nötig sei, um neue Ideen voranzubringen. Männer wie Charles Darwin, Alexis de Tocqueville oder sogar Karl Marx waren deswegen

43 Peck, *Constructions of Neoliberal Reason*, S. 2.

44 Phillips-Fein, »Business Conservatives and the Mont Pèlerin Society«, S. 297; Phillips-Fein zitiert Hayek, *The Constitution of Liberty*, S. 125.

originelle Denker gewesen, weil, so Hayek, wohlhabende Gönner sie finanzierten. Der besitzenden Klasse, allen voran in den Vereinigten Staaten, fehle es an intellektueller Führung. Für diese bereit zu sein war Hayeks Anspruch.[45] Das »Statement of Aims« der Mont Pèlerin Society, das heute noch gilt, liest sich wie eine Zusammenfassung der Grundthesen von *The Road to Serfdom*. Nach der anfänglichen Feststellung, die zentralen Werte der Zivilisation seien in Gefahr, wird betont, das Individuum sei in seiner Entfaltung stets durch Machtwillkür bedroht.[46]

In dem Vortrag, den Hayek anlässlich des ersten Treffens der Society in der Schweiz hielt, stellte er eine »stimmige Philosophie« seiner Sache vor. Wenn, so Hayek, die absehbare Entwicklung zu »mehr Staat« in den Ländern der Welt gebremst werden sollte, mussten die Gegner dieser Entwicklung eine solche »Philosophie« vorweisen können. Anders seien Politiker nicht zu beeinflussen. Eine langfristige Strategie musste her. Eine, die zum Ziel hatte, politische Debatten zu beeinflussen. Auch wenn dies in jedem Fall eine Aufgabe war, die Zeit kostete, blieb zugleich die Herausforderung bestehen, Politikern klare Handlungsalternativen vor Augen zu führen. Es ging nicht nur um die Forderung, staatliche Maßnahmen und Aktivitäten auf ein Mindestmaß zu reduzieren. Die Verfechter des Liberalismus sollten deutlich machen, dass die Aufgabe des Staates darin bestehe, Wettbewerb, Märkte und Preise als Ordnungsprinzipien anzuerkennen und im Rahmen des rechtsstaatlich Möglichen alles

45 Friedrich August von Hayek, *The Constitution of Liberty*, Chicago 1960, S. 128.

46 Mont Pèlerin Society, »Statement of Aims« (1947); online verfügbar unter: {https://www.montpelerin.org/statement-of-aims/}.

zu tun, um diese uneingeschränkt zu fördern.[47] Dem zugrunde lag die Vorstellung, dass Wettbewerb durch staatliche Rahmenbedingungen und Politiken durchaus effizienter und effektiver gestaltet werden konnten. Märkte sollten immer dann gefördert werden, wenn Marktlösungen möglich waren. Das leitende Prinzip dabei war die »Wettbewerbsordnung«. Selbstverständlich sollte der Staat Armen und Arbeitslosen beistehen und andere öffentliche Güter bereitstellen. Maßgabe sollte dabei aber stets sein, so wenig wie möglich in den Markt einzugreifen.

Für Hayek wurden die Gruppe und deren Treffen zu einer Herzensangelegenheit. Während Karl Popper, ein Mitglied der ersten Stunde, dafür plädierte, auch Andersdenkende zu den Treffen zu bitten, um die Diskussion anzuregen, war Hayek strikt dagegen. Die Society war ein Platz für Gleichgesinnte, kein Ort für Diskurs und Debatte. »Freiheit« war für ihn nicht gleichbedeutend mit »freier Meinungsäußerung«.[48] Als Präsident der Gesellschaft wachte Hayek streng darüber, wer in den illustren Kreis aufgenommen wurde.

Das erste Treffen hatte auf viele Teilnehmer eine elektrisierende Wirkung. Dazu gehörte Milton Friedman, der später erzählte, dort erst durch Hayek davon überzeugt worden zu sein, als *public intellectual* an mehreren Fronten für die liberale Sache zu kämpfen. Das Treffen beeindruckte auch den anwesenden *digest junkie* Antony Fisher, der sich die Idee der Think-Tanks als wichtige Transmissionsriemen intellektueller Ideen in die Politik und die Gesellschaft zu eigen machte.

47 Friedrich August von Hayek, »Free Enterprise and Competitive Order«, in: *Individualism and Economic Order*, S. 107-118, S. 110.
48 Offer/Söderberg, *The Nobel Factor*, S. 9.

Mitte der fünfziger Jahre war es so weit. Antony Fisher gründete in London das am amerikanischen Vorbild der Foundation for Economic Education angelehnte Institute for Economic Affairs (IEA), den ersten liberalen Think-Tank seiner Art in Großbritannien. Ganz im Sinne einer an die Fabians erinnernden Strategie sollte das IEA die liberalen Ideen breit in die britische Gesellschaft streuen. Da diese Ideen in der Blütezeit des Keynesianismus jedoch nicht eben Hochkonjunktur hatten, fristete das IEA lange ein Schattendasein.[49] Ein Grund für die geringe Sichtbarkeit des Instituts war auch eine anfänglich getroffene, weitreichende strategische Entscheidung. Die Autoren der Publikationen des IEA wurden angehalten, sich auf die Vermittlung von Ideen zu konzentrieren und diese in möglichst verständlicher Art und Weise zu präsentieren und zu rechtfertigen. Die eiserne Regel lautete, dass man sich nicht darum kümmern sollte, ob diese Ideen überhaupt politisch umsetzbar waren. Auch sollte man nicht beschreiben, wie deren Umsetzung in die Praxis bewerkstelligt werden konnte. Wenn es nur gelang, relevante Personen von bestimmten Ideen zu überzeugen, würde die praktische Umsetzung später von allein folgen. Im politischen Raum hatte diese Einstellung zur Folge, dass die ersten Publikationen des Instituts als naiv abgetan wurden.[50]

Das Geld für die Institutsgründung kam aus Fishers Geschäftstätigkeit in der Nachkriegszeit. Bei einem Besuch der Vereinigten Staaten zeigte er sich begeistert von der indus-

49 Gerald Frost, *Antony Fisher – Champion of Liberty*, London 2002, S. 11.

50 Ebd., S. 16.

triellen Massengeflügelzucht, die es in dieser Form in England nicht gab. Auch die Tatsache, dass Hühnerrassen genutzt wurden, die in kürzester Zeit möglichst viel Fleisch produzierten und somit nach viel kürzerer Zeit schlachtreif waren, fand Fishers Beifall. Allerdings war die Einfuhr lebender Hühner oder befruchteter Eier nach England verboten. Darüber, sowie über die teilweise noch aus Kriegszeiten bestehenden umfangreichen staatlichen Kontrollen und Regeln in der englischen Landwirtschaft, war Fisher schon vor seiner Reise erbost und empfand diese als inakzeptable Gängelung der freien landwirtschaftlichen Produktion. Also erwarb Fisher in den USA 24 angebrütete Eier. Unter Missachtung des von den Liberalen sonst als Grundpfeiler jeder Ordnung angesehenen geltenden Rechts schmuggelte er diese nach England. Er verpackte die Eier einzeln in Geschenkpapier und Folie und nahm sie getarnt als Präsent-Ostereier im Handgepäck mit.

Wie ein Biograph Fishers anerkennend schreibt, waren diese zwei Dutzend Eier, »einmal ausgebrütet, der Schlüssel zur Transformation der Landwirtschaft sowie der britischen Essgewohnheiten«.[51] Die Eier waren aber nicht nur die Ursache dafür, dass man dem ernährungspolitischen Ziel »a chicken in every pot« näher kam. Sie ermöglichten auch die Gründung des IEA. In kürzester Zeit beherbergte die Anlage von Fisher über eine Million Tiere, die durch ein Rohrsystem an der Decke automatisch mit Futter versorgt wurden. Fisher mauserte sich zu Europas größtem Geflügelproduzenten. Für die Finanzierung eines anscheinend erfolglosen Think-Tanks hatten seine Freunde in der Vereinigung der britischen Geflügelindustrie lange nur Spott übrig. Aus

51 Ebd.

reinem Mitleid hätte Fisher, so lästerten sie, mit seiner Institutsgründung den beiden letzten an den freien Markt glaubenden Ökonomen eine ordentliche Arbeit besorgt.[52]

Später versuchte Fisher, sein Geschäftsfeld zu erweitern. In den frühen siebziger Jahren investierte der Apologet der industriellen Massentierhaltung auf den Cayman Islands in die Aufzucht von Schildkröten, um den internationalen Markt für Schildkrötenfleisch zu bedienen. Seine Firma hielt 100 000 Tiere, pries das proteinhaltige cholesterinarme Fleisch und exportierte das Leder nach Japan. Proteste von Umweltschützern, für Fishers Biographen das Zeichen einer »heimtückischen Veränderung der öffentlichen Einstellung bezüglich gefährdeter Tiere«, verhinderten den kommerziellen Erfolg und den Betrieb der Anlage, indem sie dafür sorgten, dass die Vereinigten Staaten Schildkröten auf die Liste gefährdeter und schützenswerter Arten setzten.[53] Ironischerweise wurde Fisher so ein erstes prominentes Opfer ökologischer Verbotspolitik.

Mit der Zeit konnte sich das IEA jedoch als ein Ort profilieren, an dem hochrangige Wirtschaftswissenschaftler eine Möglichkeit fanden, um für den damaligen Zeitpunkt unorthodoxe Thesen zu vertreten. Die Publikationen wurden zumindest von einem Teil der Konservativen sowie der Presse immer stärker wahrgenommen.[54] Hayek selbst war oft am IEA zu Gast und unterstützte dessen Arbeit tatkräftig. Plötz-

52 Ebd.

53 Ebd., S. 24.

54 Siehe Christoph Muller, »The Institute of Economic Affairs – Undermining the Post-War Consensus«, in: *Contemporary British History* 10/1 (1996), S. 88-110, oder auch Richard Cockett, *Thinking the Unthinkable. Think-Tanks and the Economic Counter-Revolution 1931-1983*, London 1994.

lich schien sich auch die aggressive Wortwahl auszuzahlen, für die die Publikationen liberaler Think-Tanks bekannt waren. Man gerierte sich als Verteidiger des Marktes und des Individuums, als mutiger Kämpfer in (noch) auswegloser Situation gegen das *dirigiste dogma* staatlicher Eingriffe. Man war Teil einer Gegenrevolution, und diese würde letztendlich triumphieren, denn sie hatte die Wahrheit auf ihrer Seite. Margaret Thatcher sollte später betonen, dass sie ihre ideologische Prägung durch das IEA erhalten hatte. Mit dem IEA, so Thatcher, habe alles begonnen.[55]

Vom Misserfolg seiner Schildkrötenzucht frustriert, konzentrierte Fisher seine Energien darauf, ein internationales Netzwerk aus ideologisch einander ähnelnden Think-Tanks aufzubauen. Bei seinem Tod Ende der achtziger Jahre zählte es dreißig Think-Tanks in rund zwanzig Ländern. Nach dem Fall des Eisernen Vorhangs sollten aus seinem Verbund bis zur Jahrtausendwende weltweit fast hundert solcher Einrichtungen in knapp achtzig Ländern werden, die sich der politischen Verbreitung der Hayek'schen Grundprämissen verschrieben hatten.[56] Dabei stach vor allem das 1977 zunächst als International Center for Economic Policy Studies gegründete Manhattan Institute for Policy Research in New York heraus. Das Institut war mit dem Ziel geschaffen worden, die Botschaft freier Märkte im Herzen des globalen Kapitalismus zu verbreiten. Fisher tat sich mit William J. Casey zusammen, der kurz darauf nicht nur strategischer Berater von Ronald Reagan und den Republikanern werden sollte, sondern unter Reagan auch zum Chef der CIA ernannt wurde. Fishers Vision war es, IEA-Klone an so vielen Orten wie

55 Frost, *Antony Fisher*, S. 21.
56 Blundell, »Introduction«, S. 25.

möglich zu etablieren. In den Jahren des aktiven institutionellen Netzwerkens und Neugründens lebte Fisher die meiste Zeit des Jahres in San Francisco. Sein Nachbar und Freund, der nach seiner Emeritierung selbst eine Stelle an einem dortigen Think-Tank angenommen hatte, war Milton Friedman.

In der Geschichte der Übertragung neoliberaler Ideen in die Politik spielten die 24 Eier des Antony Fisher also eine besondere Rolle. Wer das als billigen Kalauer abtun möchte, der sei an die Aussage von Sir Oliver Letwin erinnert. Der britische Parlamentsabgeordnete für den Wahlbezirk West Dorset war wie Fisher Absolvent von Eton und Cambridge. Alles andere als ein Hinterbänkler, sondern engster Berater von Premierminister David Cameron, sagte Letwin vor ein paar Jahren anerkennend: »Ohne Fisher kein IEA; ohne IEA und seine Klone keine Thatcher und wahrscheinlich auch kein Reagan; ohne Reagan kein Star Wars [gemeint ist das von Reagan in den frühen achtziger Jahren geplante Raketenschutzschild gegen sowjetische Angriffe]; ohne Star Wars kein wirtschaftlicher Untergang der Sowjetunion. Eine ganz schöne Kausalkette für einen Hühnerfarmer.«[57] Bis dahin sollten nach der Gründung des IEA allerdings noch Jahre vergehen.

Chicago und die Verfassung der Freiheit

Mit Hayeks Wechsel an die Universität von Chicago im Jahre 1950 verschob sich das Zentrum neoliberalen Denkens an den Lake Michigan. Anders als man vermuten mag, lief dieser Wechsel nicht reibungslos ab. Die Wirtschaftsfakultät

57 Ebd., S. 2.

der Universität und im Hintergrund selbst der zu jener Zeit dort lehrende Milton Friedman wehrten sich heftig gegen eine Berufung Hayeks. Unter Ökonomen bestanden große Zweifel, ob Hayek überhaupt weiterhin als »richtiger« Ökonom gelten konnte, mit dem sich eine wirtschaftswissenschaftliche Fakultät schmücken würde. Hayeks Stelle in Chicago, vollständig aus Mitteln des Volker Fund finanziert, wurde als Kompromiss stattdessen am disziplinübergreifenden Committee on Social Thought angesiedelt.[58] Später als wichtige Scharnierfunktion zwischen den neoliberalen Juristen und Wirtschaftswissenschaftlern an der Universität von Chicago romantisiert, zeigte sich doch deutlich, dass Hayek ebenso wie von Mises im amerikanischen Universitätssystem nicht wirklich Fuß fassen konnte. Im deutschsprachigen Raum mochte man in Ehrfurcht von der Österreichischen Schule der Nationalökonomie und ihren Vertretern sprechen, Unternehmer mochten Hayek und von Mises vergöttern. Aber Disziplinkollegen in den USA teilten die Begeisterung nur bedingt.

The Road to Serfdom war in einem bestimmten weltpolitischen und ideologischen Kontext geschrieben worden. Die Gefahr, dass sich die tonangebenden Intellektuellen in den westlichen Staaten reihenweise für einen Wechsel hin zu einem Sozialismus sowjetischer Prägung einsetzen und damit die Bevölkerung hinter sich bringen würden, wurde in den aufgeheizten Jahren des Kalten Kriegs immer unwahrscheinlicher. In Chicago sah sich Hayek daher gezwungen, nach fast fünfzehn Jahren seinen Grundüberzeugungen einen neuen Rahmen zu geben. So entstand sein 1960 publiziertes, eigentliches Hauptwerk, *The Constitution of Liberty* (dt.:

58 Van Horn/Mirowski, »The Rise of the Chicago School«, S. 165.

Die Verfassung der Freiheit). Während *The Road to Serfdom* ein politisches Buch sein sollte, war *The Constitution of Liberty* Hayeks Versuch, so etwas wie eine politik- und wirtschaftstheoretische Philosophie der Freiheit vorzulegen. Dabei wurden alle in *The Road to Serfdom* noch auffindbaren Gründe, die in bestimmten Fällen doch für sozialstaatliche Maßnahmen sprachen, endgültig ausradiert. So wie in den meisten Schriften Hayeks, die folgen sollten, blieb das Grundgerüst seiner Argumentation dasselbe: Individualismus bedeutet Freiheit; Wettbewerbsmärkte funktionieren effizient; staatliche Eingriffe sind ineffizient und ineffektiv, sie führen zum Verlust der Freiheit, und Freiheitsverlust führt in die Knechtschaft. Was hingegen über die Jahre bei Hayek immer heftiger wurde, war seine Kritik an allem, was der Staat tut. Gleichzeitig stärkte sich seine Überzeugung, dass Menschen ihre Belange am besten selbst lösen können – auch dort, wo es eigentlich Expertenwissen braucht. Hayeks Feindbild war nicht länger der klassische Sozialismus als realistische und gewollte Systemalternative, es war der Wohlfahrtsstaat.

Während die ersten beiden Teile des Buches grundsätzliche Fragen zur Freiheit und zur Rolle des Rechtssystems behandeln und damit die theoretischen Argumente aus *The Road to Serfdom* erweitern und ihnen den Anspruch zeitloser Allgemeingültigkeit geben, geht der dritte Abschnitt, der den Wohlfahrtsstaat behandelt, direkt auf verschiedene Politikfelder der damaligen Zeit ein: die Rolle und die Macht der Gewerkschaften sowie die Organisation des Arbeitsmarkts, Sozialversicherungen, Geldpolitik, Baupolitik und Städteplanung sowie Forschung und Erziehung. Dass sich *The Constitution of Liberty* später zum Evangelium Margaret Thatchers entwickelte, lag nicht allein an der dort vorgestellten Philosophie der Freiheit, die sich nicht groß von der in *The Road to Serfdom* unterschied. Von entscheidender Bedeutung waren vielmehr die im Vergleich zur vorherrschenden Meinung unerhörten Argumente, warum in all diesen konkreten Politikfeldern staatliche Eingriffe und Regelungen vermieden, dafür dem Markt- und dem Wettbewerbsmechanismus immer Vorrang eingeräumt werden sollten. Viel Platz für sinnvolle staatliche Eingriffe blieb bei Hayek nicht.

Die grundlegenden Prinzipien einer Philosophie der Freiheit im ersten Teil seines Buches darzulegen war für Hayek aber anscheinend notwendig. Ein Grundverständnis, warum dem Einzelnen das Recht zusteht, sich im Rahmen festgelegter Rechten und Pflichten frei zu entfalten, war seiner Meinung nach noch bei zu wenigen Menschen vorhanden.[59] Die im dritten Teil des Buches abgeleiteten politischen Implikationen waren für Hayek auch nur dann stimmig, wenn sie auf einigen universellen Regeln und Grundsätzen beruhten.

Zivilisatorischer Fortschritt baut nach Hayek auf Eigeninitiative auf, auf dem Handeln von Individuen. Am intellektuellen Klima der damaligen Zeit hatte Hayek einiges auszusetzen:

»Unsere Freiheit ist in so vielen Bereichen bedroht, weil wir nur allzu leicht bereit sind, Entscheidungen Experten zu überlassen oder deren Meinungen zu unkritisch zu akzeptieren.«[60]

Da einzelne Menschen nicht in der Lage seien, die Funktionsweise der Gesellschaft umfassend zu verstehen, sei konsequenterweise ein »unpersönlicher Mechanismus« vonnöten, der auch ohne menschliche Beurteilungen funktioniert und der es vermag, die individuellen Bemühungen und Ziele

59 Hayek, *The Constitution of Liberty*, S. 3.
60 Ebd., S. 4.

zu koordinieren. Es dürfte kaum überraschen, dass dieser für Hayek weiterhin der Marktmechanismus war. Dass sich Einzelne nicht anmaßen können, zu behaupten, sie wüssten, wie Gesellschaften funktionieren und welche politischen Maßnahmen sich daraus zu ergeben haben, würden Ökonomen klar sehen. Andere leider nicht. Daher müsse immer wieder aufs Neue erklärt werden, warum der Marktmechanismus grundsätzlich besser funktioniere als staatliche Eingriffe.[61]

Hayek wollte mit seinem Buch »Türen für zukünftige Entwicklungen« öffnen. Seine Kritik an den unterschiedlichen Aspekten des Wohlfahrtsstaates sollte darlegen, dass der Staat »falsche Entscheidungen« treffe, welche die Freiheit gefährden. Das System freier Wettbewerbsmärkte müsse unbedingt wiederbelebt werden, sollte »unsere Zivilisation nicht verfallen«.[62] Alle nur denkbaren wohlfahrtsstaatlichen Maßnahmen seien nicht nur zum Scheitern verurteilt: Sie gefährdeten die freie Welt.

Zwischen den Begriffen »freedom« und »liberty« unterschied Hayek nicht. Für ihn bedeuteten beide dasselbe. Freiheit galt ihm als ein Zustand, in dem man nicht dem Zwang anderer Menschen ausgesetzt ist. Ob eine Person frei ist oder nicht, liegt demnach nicht nur darin begründet, ob sie Wahlmöglichkeiten hat. Freiheit ist ebenso davon abhängig, ob eine andere Person über die Macht verfügt, die Handlungsalternativen der ersten Person so zu steuern, dass diese nicht das tut oder tun kann, was sie möchte, sondern das, was die zweite Person möchte. Freiheit bedeute, einen Raum zu haben, in dem genau diese Einflussnahme anderer von außen

61 Ebd.
62 Ebd., S. 7.

nicht stattfinden kann.[63] Diese Einflussnahme kann dabei nach Hayek zwei Formen annehmen. Zum einen könne man dazu gezwungen werden, sich in einer bestimmten Art und Weise zu verhalten oder bestimmte Dinge zu tun. Zum anderen könne die Intervention anderer aber auch bedeuten, bestimmte Dinge nicht tun zu dürfen. Das Fundament dafür, Freiheit als Argument gegen Verbotspolitik ins Spiel zu bringen, war gelegt.

In freien Gesellschaften müsse das Monopol des Zwangs wie das Gewaltmonopol selbstverständlich beim Staat liegen. Dessen Einfluss solle jedoch möglichst gering sein und im Idealfall nur generelle Regeln umfassen. Formelle Regeln, insbesondere solche, die im Rahmen des demokratischen Prozesses entstehen, seien immer dann eine Gefahr für die Freiheit, wenn *expert servants*, dienende Experten, mit der Aufgabe betraut werden, konkrete Schritte zu ersinnen, mit denen ein vorab festgelegtes Ziel erreicht werden soll. Ein Risiko ergebe sich durch die Gruppe von Entscheidern, die mit der Implementierung neuer Regeln und Ziele betraut werden. Die Macht, die man an »Verwalter« und »Experten« und andere abgibt, sei die größte Gefahr für die individuelle Freiheit.[64] Damit würde man schließlich immer stärker den Befehlen und dem willkürlichen Willen dieser Menschen ausgesetzt sein, deren Macht, einmal verliehen, man ihnen nur noch schwerlich wieder wegnehmen könne. Dass dies in der modernen Zeit auch für Behörden und Ämter gelte, war laut Hayek eine empirische Tatsache.

63 Ebd., S. 13.
64 Ebd., S. 116.

Die Rhetorik der Freiheit: Das neorömische Erbe Englands

Am Ende von *The Constitution of Liberty* versuchte Hayek, seine eigene Position ideologisch zu verorten. In dem Kapitel mit der Überschrift »Why I Am Not a Conservative« setzt er sich zunächst mit der Tatsache auseinander, dass Vorstellungen von Fortschritt und Fortschrittlichkeit (die mit staatlichen Eingriffen verbunden waren) für die meisten Menschen Einschränkungen der individuellen Freiheit bedeuten. Jeder, der für die individuelle Freiheit eintritt, müsse daher, so scheint es, ein Gegner des Fortschritts und damit ein Konservativer sein. Diese Argumentation lehnte Hayek ab. Konservatismus sei eine legitime und notwendige Reaktion auf drastische Veränderungen. Konservative könnten aber den Lauf der Geschichte nur verlangsamen, nicht umkehren. Mit seinen Überlegungen wollte Hayek nicht die Rolle eines Bremsers einnehmen. Für ihn mussten sich Liberale fragen, in welche Richtung sie steuern wollen. Ihre Rolle solle aktiv sein, nicht reaktiv oder reaktionär. In der heutigen Welt sei nur sehr wenig konservierenswert. Was Konservative von Liberalen unterscheide, sei, dass Erstere nicht nur der Effizienz freier Märkte misstrauen und daher über kein wirkliches Verständnis der Ökonomie verfügen, sondern auch ein Faible für Autoritäten zeigen, denen es in welcher Form auch immer obliegt, Ordnung zu gewährleisten und Kontrolle auszuüben – die also die von Hayek gewünschte Freiheit eher gefährden.

Freiheit entsteht nach Hayek aus der Möglichkeit der spontanen Reaktion auf veränderte Rahmenbedingungen. Das »Vertrauen in die spontanen Kräfte der Anpassung«, die sich in idealer Form auf freien Märkten manifestieren, würde Liberalen ermöglichen, Veränderungen ohne Befürchtungen zu akzeptieren.[65]

»Das Hauptübel« war für Hayek »unlimited government«. Niemand sei dafür qualifiziert, unbegrenzte Macht auszuüben. Die Frage, um welche Regierungsform es sich dabei handele, sei zweitrangig: »Für mich scheint das Hauptproblem nicht darin zu liegen, wer regiert, sondern was die Regierung machen darf.«[66]

Hayeks Vorstellung von Liberalismus kennzeichnet »ein Misstrauen der Vernunft«. Damit war für ihn aber kein Lob der Irrationalität verbunden. Vielmehr bedeutete es ein Misstrauen in die eigenen, persönlichen kognitiven Fähigkeiten. Jeder Einzelne müsse einfach zugeben, dass er nicht alle Antworten auf alle Fragen kenne. Vielleicht lassen sich auch gar nicht alle notwendigen Antworten finden, auf jeden Fall könne man nie sicher sein, ob die eigenen Antworten auch wirklich die richtigen sind. Der Liberale müsse, nach Hayek, diese Ignoranz anerkennen und zugeben, wie wenig Menschen eigentlich wüssten. Liberale seien Skeptiker. Damit sei das Zugeständnis an andere verbunden, sich »ihr eigenes Glück« suchen zu dürfen. Niemals dürfe man ihnen vorschreiben, wie sie zu leben hätten.[67] Wer könne schon sagen, was richtig und was falsch ist? Für Hayek war der Liberalismus eine Bewegung, die das Leben des Einzelnen in den Vordergrund stellte und auf »spontaneous evolution« setzte.[68]

Mit dem Begriff des Liberalen hatte Hayek aber auch seine Probleme. Das lag nicht zuletzt an den unterschiedlichen Verständnissen des Wortes dies- und jenseits des At-

65 Ebd., S. 400.
66 Ebd., S. 403.
67 Ebd., S. 406f.
68 Ebd., S. 408.

lantiks. Wenn überhaupt ein Attribut auf seine Position zutreffe, schrieb er, dann das eines »reuelosen Whig« beziehungsweise eines »old Whig«, bezogen auf die Verfechter des englischen Parlamentarismus des 17. Jahrhunderts.[69] Deren gefühltes legitimes Widerstandsrecht gegenüber staatlichen Eingriffen war vor allem durch die Ereignisse während der englischen Bürgerkriege und dem Übergang zur Republik geprägt worden.

Grund für die damaligen Querelen in England war die Frage, ob und wie der Regent, in diesem Falle Charles I., das Recht hatte, ohne Zustimmung des Parlaments Steuern und Abgaben festzusetzen beziehungsweise diese zu erhöhen. In den vierziger Jahren des 17. Jahrhunderts steigerte sich der Widerstand gegen die Abgabenpolitik des Königs zu der Feststellung, dass die Engländer ihre Position als freie Menschen verlieren würden, wenn man den König gewähren ließ. Es drohten Sklaverei und Knechtschaft. Freiheit war das Wort, das in diesem Zusammenhang oft fiel – Freiheit und die Vorstellung von freien Menschen.

Wie in der späteren liberalen Denkweise Hayeks war die Frage, ob ein Mensch frei oder unfrei war, damit verbunden, ob er vom Willen eines anderen abhing; ob ein anderer Mensch aufgrund seiner Macht bestimmen konnte, was andere zu tun oder zu lassen hätten. Frei hieß dabei aber nicht, dass man völlig unabhängig von allen Regeln leben konnte. Dass der Mensch sich positivem Recht beugen müsse, war unstrittig. Aber eine Person wie Charles I. meinte, wegen seiner Finanzierungsbedürfnisse direkt in das Leben seiner Untertanen eingreifen zu können, und das sah man als einen Angriff auf die Freiheit – die Freiheit, sein Leben im Rah-

69 Ebd., S. 409.

men geltenden Rechts ohne die Willkür anderer leben zu können.[70]

Die Gegenüberstellung von Versklavung und Freiheit, die Auffassung, dass ein Verlust der Freiheit zur Versklavung führe, war nicht zufällig gewählt. Wie Quentin Skinner argumentiert hat, lag dem eine bewusste Übernahme von Gedanken zugrunde, die im Kodex des römischen Rechts des Kaisers Justitian bereits formuliert worden waren. Sklaverei galt als eine Institution, in der jemand über einen anderen Herrschaft ausüben konnte. Dem stand die Vorstellung gegenüber, dass ein Bürger dann frei war, wenn er in der Lage war, über sich selbst zu herrschen. Für Skinner war die Freiheitsvorstellung der damaligen Anhänger des Parlaments »neorömisch«: Knechtschaft beziehungsweise Sklaverei waren unweigerlich das Gegenstück zu Freiheit und persönlicher Freiheit. Dabei kam der Frage, ob man von der Willkür anderer abhängig war und durch deren Willen in seinem Verhalten beeinflusst wurde, überragende Bedeutung zu. Wer unfrei war, war dem willkürlichen Wollen und der Macht anderer unterworfen. Die extreme Gegenüberstellung von Freiheit und Abhängigkeit, von freien Menschen und Sklaven war auch ein Spiegelbild der damaligen Extrempositionen. Verteidiger der Krone rechtfertigten den absolutistischen Anspruch Charles I. damit, des Königs Wille sei Gesetz, es bestehe die Pflicht, seine Wünsche zu erfüllen. Wenn der Regent sein eigenes Wohl im Auge hatte, war damit immer auch das Wohl des Landes gemeint.

Die Möglichkeit, in Knechtschaft und Unfreiheit abzugleiten, war im englischen Fall für die Verteidiger der Rechte

70 Quentin Skinner, *From Humanism to Hobbes. Studies in Rhetoric and Politics*, Cambridge 2018, S. 141.

des Parlaments nicht nur eine rhetorische Floskel. Fast elf Jahre lang hatte Charles I. ohne das Parlament regiert und Steuern und Abgaben erhöht. Sich aus der Knechtschaft zu befreien, nicht länger vom Wohlwollen bestimmter Personen abhängig, frei zu sein, hatte im englischen Kontext daher eine konkrete Bedeutung. Es war eine Reaktion auf die gelebte Regierungspraxis eines Herrschers, dessen Fiskal- und andere Politiken als persönliche Willkür empfunden wurden. Wie Skinner gezeigt hat, beinhaltete der Rückgriff auf die neorömische Argumentation eine gänzlich neue Vorstellung von Freiheit. Es war genau die extreme Gegenüberstellung von Sklaverei und Knechtschaft versus Freiheit, die es überhaupt später möglich machte, den König abzusetzen, zu töten und 1649 die Regierungsform einer Republik zu begründen. Wenn man, wie der die Engländer bewundernde Hayek, glaubte, in dieser Tradition zu stehen, bekam die Mahnung, den Kampf gegen Zwang und Knechtschaft und für Freiheit zu führen, eine ganz besondere, hochlegitimierte, historische Note.

Atlas

Während Hayek seit den frühen fünfziger Jahren von Chicago aus seine Ideen propagierte, kam erneut ideologische Unterstützung aus einer unerwarteten Ecke. Die Frage, wer den liberalen Marktmechanismus eigentlich am besten verstehe, entschied sich für Ayn Rand klar zu ihren Gunsten. Kurz nach Kriegsende plante sie, ihre Vorstellungen zum Individualismus in Form eines Sachtextes neu und noch drastischer zu formulieren. Der Text mit dem Arbeitstitel »The Moral Basis of Individualism« war als direkter Angriff auf Hayek und von Mises gedacht. Allein, sie kam nicht voran.

Erst als Rand sich wieder darauf besann, dass sie doch eigentlich Romancière war und die Menschen durch Belletristik ohnehin leichter an neue philosophische Positionen herangeführt werden konnten, schien sie in der Lage, zu arbeiten. Schnell ging es trotzdem nicht. Erst im Jahre 1957 war das Buch fertig. Mit über 1000 Seiten war *Atlas Shrugged* (dt. u. a. als: *Atlas wirft die Welt ab*) eine gewaltige Textmenge. Editorische Veränderungen des Verlages verbat sie sich.[71]

Stärker noch als *The Fountainhead* ist *Atlas Shrugged* eine moralisierende Geschichte der Übel staatlicher Eingriffe und der wohltuenden Freiheiten des Marktes. Die Handlung ist in einer dystopischen Welt angesiedelt, in der die Wirtschaft durch dauerhafte staatliche Eingriffe kollabiert ist. Im Zentrum des Romans steht eine Gruppe von Individuen – wenig überraschend handelt es sich um Unternehmer (diesmal aus den Sektoren Eisenbahn und Stahl) –, die sich aus dem öffentlichen Leben zurückgezogen haben und versteckt in den Bergen ein Leben nach den Prinzipien des Marktes und des Extremindividualismus führen. Jeder darf tun, was er möchte, jeder ist nur für sich selbst verantwortlich. Altruismus wird als unnötig und sogar schädlich angesehen. Sich von anderen etwas zu erbitten ist für die Hauptperson (und war für Rand selbst) grundsätzlich unmoralisch. Moralisch ist, seinen Eigennutz zu maximieren und nur nach dem eigenen Glück zu streben. Natürlich werden im Laufe der Handlung die Stahlindustrie und die Eisenbahnen verstaatlicht, und auch *Atlas Shrugged* kommt nicht ohne die bewährte Melange aus Sex, Crime und Ehebruch aus. Noch stärker und konsequenter als bei Hayek war Rands Welt dichotom, hell und dunkel. Einer Gruppe von Menschen, die

71 Ayn Rand, *Atlas Shrugged*, New York 1992 [1957].

Rand als kompetent empfand, stand eine Heerschar Inkompetenter gegenüber; es gab Individuen, die unternehmerisch führen konnten, und andere, die folgen mussten. Es gab, wie in ihrem ersten Buch, die *creators* und die phlegmatischen *second-handers*. Die Hoffnung gegen Ende des Buches war unmissverständlich. Der Held, der den Umsturz gegen den bösen Staat anzettelt und letztendlich triumphiert, malt im allerletzten Satz nach dem Ausspruch »Der Weg ist frei« ein Dollarzeichen in die Luft.

The Fountainhead war schon ein grandioser, aber auch unerklärlicher kommerzieller Erfolg gewesen, doch *Atlas Shrugged* übertraf alle Erwartungen. Auch dieses Buch wurde von der Literaturkritik und in intellektuellen Kreisen verlacht. Aber wieder waren Unternehmer und Unternehmensverbände begeistert. Und wieder erreichte Rand tonnenweise private Fanpost aus dem ganzen Land. Im *Wall Street Journal* fand man, das Werk sei großartig.[72] Gleiches galt für Ludwig von Mises, der Rand begeistert gratulierte. Das elitäre Element in Rands Menschenbild fand er besonders apart: »Sie haben den Mut, den Massen das zu sagen, was sich kein Politiker trauen würde: Ihr seid minderwertig und alle Verbesserungen eurer Position, die ihr einfach als gegeben annehmt, schuldet ihr den Bestrebungen von Männern, die besser sind als ihr!«[73] Eine Einladung, ihre Position doch einmal in seinem mittlerweile in New York in Neuauflage abgehaltenen Privatseminar vorzustellen, folgte prompt.

Nach dem Riesenerfolg von *Atlas Shrugged* war Rand endgültig der Meinung, eine gewichtige Philosophin zu sein – jedoch eine, deren Lehren sich nicht in trockenen Lehrbü-

72 Burns, *Goddess of the Market*, S. 176.
73 Ebd., S. 177.

chern versteckten, sondern in der Form des *romantic realism*, wie sie ihren eigenen Schreibstil nannte, in Romanform ihre Wirkung ausübten. Sie wollte den idealen Menschentyp beschreiben:[74] Ein *heroic being*, einen ichbezogenen, egoistischen Nutzenmaximierer, der für Rand die logische Folge einer rationalen Denk- und Lebensart war und der nur im kapitalistischen Wettbewerbssystem als kreativer Unternehmer aufblühen konnte. Allerdings ärgerte sich Rand, dass sie als Philosophin vom akademischen Establishment überhaupt nicht ernst genommen wurde. Der Preis, den sie dafür zahlte, Philosophie in Romanform zu betreiben, war die akademische Nichtbeachtung. Auf der Woge des kommerziellen Erfolges von *Atlas Shrugged* versuchte Rand aggressiv, ihr ideales Menschenbild zur Grundlage einer philosophischen Schule zu machen. Um ihren Gedanken einen stärkeren Anstrich von Ernsthaftigkeit zu geben, nannte sie ihre Lehre großspurig *objectivism*. Wenn man das Leben nach rationalen Gesichtspunkten ordne, so Rand, wie könnte man auf ein anderes ideales ethisches Gerüst kommen? Was ist objektiver als ihre eigene Vorstellung, wie eine Gesellschaft zu organisieren sei?

Angelehnt an das Privatseminar des geschätzten Ludwig von Mises, scharte Rand in New York eine Gruppe meist sehr junger und ergebener *objectivists* um sich, die sich regelmäßig in ihrer Wohnung trafen und denen erlaubt wurde, still den weisen Worten der Meisterin zu lauschen und ihren Habitus zu imitieren. Rand selbst, mit langem Zigarettenhalter kettenrauchend, trug nicht nur immer noch einen scharfkantigen Pagenschnitt im Stil der zwanziger Jahre, sondern ausschließlich schwarz. Das einzige farbliche Accessoire

74 Rand, *The Fountainhead*, S. ix.

war stets eine Dollarzeichen-Brosche. Sie dozierte mit russischem Akzent.

Der *objectivism*, der eigentlich eine Lehre des Anti-Altruismus und des in eine Marktwirtschaft eingebetteten Extremegoismus war, wurde von ernst zu nehmenden Philosophen nicht akzeptiert. Auch dann nicht, als Rand versuchte, die Lehre in Form von Fachaufsätzen zu erklären. Das hatte mehrere Gründe. Ein gewichtiger war, dass Rand Debatten und Auseinandersetzungen nicht ausstehen konnte. Widerspruch duldete sie nicht. Mit jedem, der es wagte, sie zu kritisieren oder ihr zu widersprechen, brach sie den Kontakt ab oder schrieb seitenlange diffamierende Suaden in ihrem eigenen und zehntausendfach abonnierten *Objectivist Newsletter*. Auch das letzte Treffen mit von Mises endete mit brüllend vorgetragenen gegenseitigen Vorwürfen. Außerdem zeigten ihre Texte über die bisherigen Unzulänglichkeiten der abendländischen Philosophie große Wissenslücken. Kein Wunder, dass *objectivism*, ganz entgegen den Hoffnungen Rands, praktisch nirgends in das Lehrcurriculum der Colleges aufgenommen wurde. Nur der *Playboy* gestattete Rand 1964 in einem Interview, ihre Vorstellungen darzulegen. Es war das erste Mal, dass in der Zeitschrift eine Frau die Rolle einer Intellektuellen einnehmen durfte. Den offen atheistisch gefärbten *objectivism* zu akzeptieren war in jedem Fall schwierig, wenn man auch nur einen Bruchteil der Lehren Jesu als ethische Richtschnur für sich in Anspruch nahm. Die sozialdarwinistische Extremposition, sich um andere nicht kümmern zu müssen, ja, es rational gar nicht zu dürfen, stieß auch im rechten politischen Spektrum viele Amerikaner ab, für die Religion in ihrem Leben eine fundamentale Rolle spielte. Die Grundidee der Verteidigung des Individualismus und der Märkte bei gleichzeitiger Kritik staatlicher

Eingriffe begrüßten viele aber dennoch euphorisch. Zu der Gruppe, die ihre Weltanschauung ablehnten, Rand aber für ihre klare Haltung zur Freiheit des Marktes priesen, gehörte auch Milton Friedman.

Die Autorin selbst tat jedoch unterdessen wirklich alles, um nicht als sympathisch zu erscheinen. Sie störte das nicht: »Ich habe immer nach der Philosophie gelebt, die ich in meinen Büchern beschreibe«, sagte sie.[75] Als sie sich nach ihrer Emigration mühsam über Wasser halten musste, war sie auf sich allein gestellt: »Niemand hat mir je geholfen. Aber ich habe auch nie daran gedacht, dass es irgendjemandes Pflicht sei, mir zu helfen.«

Auch wenn die akademische Welt den *objectivism* ablehnte, hatte Rand in den sechziger Jahren großen Erfolg bei Studenten – zumindest bei denen, die einen konservativen und rechten Gegenpol zum auf dem Campus vorherrschenden Zeitgeist suchten. Rands Vorträge vor Studentengruppen zogen Tausende an. Ihr Erscheinungsbild und ihre theatralisch-affektierte Vortragsweise wirkten auf junge Konservative inspirierend. Ihre weiterhin durch Amphetamine erzeugte rastlose Energie half dabei. Die einfache, aber glasklare Lehre kam bei jungen Menschen, die in der Wir-gegen-sie-Rhetorik des Kalten Kriegs geschult waren, gut an. Als mit der Präsidentschaftskandidatur des Senators Barry Goldwater 1964 ein Vorbote einer möglichen konservativen und marktliberalen Zukunft die politische Bühne betrat, schien es, als würden Rand und ihr *objectivism* doch noch triumphieren. »Ich habe in meinem Leben wenige Bücher so sehr genossen wie *Atlas Shrugged*«, ließ Goldwater wissen.[76]

75 Rand, *Atlas Shrugged*, S. 1170.
76 Burns, *Goddess of the Market*, S. 190.

Rand aber stand sich selbst im Weg. Ihr kleiner und enger Kreis aus devoten Jüngern zerlegte sich in einem Melodram aus Sex und Verrat selbst. Enttäuscht von ihrem Lieblingsliebhaber löste Rand die Gruppe auf und zog sich völlig zurück. Einige aus ihrem Kreis sollten jedoch eine steile Karriere machen und sich dabei immer zu ihr bekennen. Allen voran Alan Greenspan, der spätere langjährige Vorsitzende der Federal Reserve, der US-Notenbank, und vielleicht das sichtbarste institutionelle Gesicht der Globalisierungs- und Markteuphorie der Jahrtausendwende.

Aber auch wenn Rand in den späten sechziger Jahren von der Bildfläche verschwand, ihre Bücher sind bis heute Bestseller mit Millionenauflage und haben weiterhin enormen Einfluss in der amerikanischen Rechten. Zwar würde kaum jemand *objectivism* als ernst zu nehmende Lehre bezeichnen, aber viele amerikanische, meist republikanische Politiker nennen Rand als einen wichtigen Einfluss für das eigene politische Weltbild. Für sie und für viele Leser in den Vereinigten Staaten ist Rand noch immer eine angebetete *Goddess of the Market*. So pflegt beispielsweise Clarence Thomas, ein erzkonservativer Richter am Obersten Gerichtshof, seit seiner Berufung im Jahre 1991 ein jährlich wiederkehrendes Ritual. Jeden Sommer müssen seine neu eingestellten Rechtsberater zu ihm nach Hause kommen. Einziger Grund dieses *rite de passage*: Sie schauen zur ideologischen Einnordung gemeinsam die Verfilmung von Rands *The Fountainhead* mit Gary Cooper.[77]

77 David G. Savage, »Clarence Thomas is his Own Man«, in: *Los Angeles Times* (3. Juli 2011); online verfügbar unter: {https://www.latimes.com/archives/la-xpm-2011-jul-02-la-na-clarence-thomas-20110703-story.html}.

Gewichtigen Einfluss hatte Rand aber auch auf Think-Tanks. Als Antony Fisher seinem internationalen Vernetzungsprojekt neoliberaler Denkfabriken einen institutionellen Rahmen geben wollte, nannte er das Konstrukt die Atlas Economic Research Foundation (heute Atlas Network). Der *digest junkie* entpuppte sich als begeisterter Leser Ayn Rands.

Hayeks Ideen erstrahlen

In den siebziger Jahren brachte Hayek das drei Bände umfassende Werk *Law, Legislation and Liberty* (dt.: *Recht, Gesetz und Freiheit*) heraus. Es war nichts weiter als eine Wiederholung seiner jahrzehntealten Thesen. Seine Kritik an der Idee des Wohlfahrtsstaates und an staatlichen Eingriffen trug er darin noch einmal vehementer vor als in seinen bisherigen Publikationen. Plakativ nannte er den zweiten Band *The Mirage of Social Justice* (Das Trugbild sozialer Gerechtigkeit). Der letzte Band erschien pünktlich zur Regierungsübernahme Margaret Thatchers.[78] Mitte der siebziger Jahre befand sich Hayek laut Milton Friedman allerdings lange in einer depressiven und unproduktiven Phase. Er drohte völlig in Vergessenheit zu geraten. All dies änderte sich mit einem Paukenschlag: 1974 wurde Hayek der Nobelpreis für Wirtschaftswissenschaften verliehen. Der Preis hauchte Hayek nicht nur neues Leben ein, er adelte seine Position und seine Ideen. Neoliberale Gedanken erhielten eine unerwartete Auf-

78 Friedrich August von Hayek, *Law Legislation and Liberty*, Bd. I: *Rules and Order*, London 1973, Bd. II: *The Mirage of Social Justice*, Chicago 1975, Bd. III: *The Political Order of a Free People*, London 1979.

merksamkeit. Sie galten plötzlich, vermeintlich objektiv, als wissenschaftliche Großtat historischen Ranges.[79]

Der »Nobelpreis für Wirtschaftswissenschaften« existierte erst seit 1969. Der Preis, der nicht zu den originären Nobelpreisen gehört, war in der noch bestehenden Hochphase des Keynesianismus recht offensichtlich ein Projekt der marktliberalen Riksbank, der schwedischen Zentralbank, gewesen, um die in den eigenen Reihen geschätzten, aber international noch in der Reserve verharrenden liberalen Vordenker prominent, öffentlichkeitswirksam und finanziell in ihrem Kampf der Ideen zu unterstützen.

Die Riksbank selbst war ein prominentes Opfer massiver politischer Einflussnahme. Die seit Jahrzehnten regierende schwedische Sozialdemokratie hatte ein großes Interesse daran, dass die Notenbank die Zinsen niedrig hielt. Dies sollte es den Bürgern des Landes erlauben, bezahlbares Wohneigentum zu erwerben. Dementsprechend war die Möglichkeit der Bank, Zinsen autonom zu steuern, lange nicht gegeben. Mit Unterstützung der großen schwedischen Industriellenfamilien versuchte sich die Riksbank im Laufe der sechziger Jahre, immer stärker als eine marktfreundliche und vor allem autonome Institution zu positionieren. Dazu gehörte anlässlich des 300-jährigen Bestehens der Bank zunächst die Einrichtung einer eigenen Forschungsförderlinie, dem Riksbankens Jubiläumsfonds – der immer noch zu den wichtigsten Wissenschaftsfinanzierungsinstrumenten Skandinaviens zählt. Der größte Coup gelang der Bank jedoch mit der Einrichtung eines »Nobelpreises« für Wirtschaftswissenschaften.

79 Milton Friedman und Rose Friedman, *Two Lucky People. Memoirs*, Chicago 1998, S. 78.

Dies hatte nicht nur zur Folge, dass sich die Ökonomie plötzlich als eine »harte« Wissenschaft präsentieren konnte, sondern auch, dass dadurch bestimmte ökonomische Theorien und Ideologien vermeintlich höhere Autorität beanspruchen konnten als andere. Da mit der Vergabe der Nobelpreise für Frieden und Literatur auch stets Diskussionen über eine tatsächliche oder bloß empfundene arbiträre Vergabepraxis verbunden waren, sah man innerhalb der Nobel-Stiftung dieses Risiko bei einem neuen Preis als nicht besonders relevant an. Allerdings musste für die Nutzung des Namens die Zustimmung der Familie Nobel eingeholt werden. Wenig über den neuen Preis erfreut, der von dem Stifter ursprünglich nicht vorgesehen war, aber innenpolitisch stark unter Druck geraten, sich nicht zu widersetzen, ersann die Familie eine kleine, aber feine Spitze: Die Auszeichnung durfte sich nicht »Nobelpreis für Ökonomie« nennen, sondern sehr sperrig »Preis der Schwedischen Nationalbank in Wirtschaftswissenschaft in Erinnerung an Alfred Nobel«, um bei jeder Verleihung deutlich zu machen, dass er eigentlich nicht dazugehört.[80] Peter Nobel, ein Nachfahre Alfreds, schrieb: »Der Wirtschaftspreis hat es sich [unter den anderen Preisen] gemütlich gemacht und wird vergeben, als handele es sich um einen richtigen Nobelpreis. Aber eigentlich war er nur ein PR-Coup von Ökonomen, mit dem sie ihren Ruf verbessern wollten.«[81] Die beiden Wirtschaftshistoriker Avner Offer und Gabriel Söderberg nannten die Auszeichnung Hayeks in ihrer Studie *The Nobel Factor* in ihrer Konsequenz die bedeutendste aller bisherigen Preisvergaben.[82]

80 Offer/Söderberg, *The Nobel Factor*, S. 100.
81 Ebd., S. 103.
82 Ebd., S. 127.

Peter Nobel sprach von einem »Kuckucksei im Nobelnest«.[83]

Zwei Mitglieder des Auswahlgremiums hatten enge Kontakte zur Mont Pèlerin Society, hatten an deren Treffen teilgenommen oder wurden später in die Gesellschaft aufgenommen. Marktfreundlich waren fast alle, die ein Mitspracherecht an der Preisvergabe hatten. Die Auszeichnung führte zudem zu einer dramatischen Erhöhung der Aufmerksamkeit, die auch empirisch messbar ist. Während sich seit 1960 die Anzahl der Zitationen der Werke Hayeks stetig und immer weiter verringerte, bis man kurz vor der Verleihung des Preises eigentlich den Eindruck haben konnte, Hayeks Ideen hätten in der akademischen Welt überhaupt keinen Einfluss mehr, stieg sie danach rasant an und erreichte erst im Jahre 2005 ihren Höhepunkt.[84]

Da die im Fall Hayeks ideologisch gefärbte Vergabepraxis allerdings zu offensichtlich war, wollten die Riksbank und das zuständige Auswahlkomitee deutlich machen, dass man wirtschaftstheoretisch doch etwas breiter zu denken gewillt war. So musste sich Hayek die Auszeichnung ausgerechnet mit Gunnar Myrdal teilen. Myrdal war der berühmteste schwedische Ökonom des 20. Jahrhunderts. Als Vordenker des jahrzehntelang minutiös staatlich gelenkten gesellschaftlichen Modernisierungsprogramms der schwedischen Sozialdemokratie verkörperte er alles, wogegen Hayek zeitlebens gewettert hatte. Milton Friedman, der später kaum eine Gelegenheit auslassen würde, Hayek trotz seiner ideologischen Nähe immer wieder schlechtzumachen, behauptete, es hätte bei der Einführung des neuen Nobelpreises eine Abma-

83 Ebd., S. 259.
84 Ebd., S. 131.

chung gegeben: In den ersten fünf Jahren dürfe kein schwedischer Nationalökonom ausgezeichnet werden. Genau mit Ablauf dieser Frist 1974 konnte Myrdal den Preis endlich erhalten und Hayek wäre nur zum ideologischen Ausgleich bedacht worden.[85] Wahrscheinlich war es eher umgekehrt, und Myrdal fiel die Rolle des ideologischen Gegengewichts zu. Tatsache ist, dass sich die beiden während der Festlichkeiten so gut es ging ignorierten. Myrdal ließ wissen, er habe überhaupt keine Lust, mit »so einer Person« zu sprechen.[86]

Während Myrdal sein Preisgeld für wohltätige Zwecke stiftete, kam es für Hayek persönlich zum richtigen Zeitpunkt. Sein Gesundheitszustand verschlechterte sich, aber dank der ihm zugesprochenen finanziellen Mittel konnte er sich seiner größten Sorge entledigen: eines Tages aufgrund medizinischer Behandlungskosten den Staat um Hilfe bitten zu müssen. Diese Sorge hatte vor der Verleihung zu einer starken Einschränkung seiner internationalen Reisetätigkeit geführt. Danach nahm er diese freudig wieder auf.[87] 1962 hatte der in Chicago nie wirklich glückliche Hayek einen Ruf an die Universität Freiburg akzeptiert, unter anderem weil die dort garantierten staatlichen Pensionszahlungen für einen Akademiker kurz vor Eintritt in das Rentenalter alles in den Schatten stellten, was an der Universität von Chicago durch private Vorsorgepläne möglich gewesen wäre.

Für die Mont Pèlerin Society sollte sich die Einrichtung des neuen Nobelpreises auszahlen. Von 1974 bis 1992 wurden sieben ihrer Mitglieder ausgezeichnet (neben Hayek und Friedman George Stigler, James M. Buchanan, Maurice

85 Ebd.
86 Ebd., S. 130.
87 Ebd., S. 45.

Allais, Ronald Coase, Gary Becker). Vier davon waren bereits bei dem Treffen 1947 dabei gewesen. Bis 2005 standen 13 der bis dahin 57 ausgezeichneten Personen mit der Universität von Chicago in Verbindung, mehr als das bei jeder anderen Institution der Fall war.[88] Der langjährige schwedische Vorsitzende des Vergabekomitees und eigentliche Kopf hinter der Preisidee verbrachte das Jahr nach seinem Ausscheiden ausgerechnet an einem neoliberalen und erzkonservativen Think-Tank: der Hoover Institution – der Wirkungsstätte Milton Friedmans nach dessen Emeritierung von der Universität von Chicago.

In seiner Dankesrede dozierte Hayek wieder über eines seiner Lieblingsthemen: die begrenzten kognitiven Fähigkeiten des Menschen und die daraus resultierenden politischen, aber auch wirtschaftstheoretischen Konsequenzen. Die Ökonomie, so Hayek, könne eigentlich keine »harte« Wissenschaft sein, da Menschen sich nicht rational verhielten. Milton Friedman sah das ganz anders. Zwischen Ökonomie, Physik oder Chemie bestand für ihn aus wissenschaftstheoretischer Sicht kein Unterschied.

Deutlich aber war, dass der Preis auch die Arbeit und Argumente der neoliberalen Think-Tanks in einem ganz neuen, kompetenteren Licht erscheinen lassen würde. Das galt in besonderem Maße für das IAE, dessen Ideen und Thesen bei der aufstrebenden, aber als Bildungsministerin recht glücklosen Margaret Thatcher an Einfluss gewannen, als sie sich nach der Wahl zur Tory-Vorsitzenden einen passenden ideologischen Rahmen für ihre eigenen Vorstellungen suchte. Thatcher lernte Hayek 1975 in den Räumen des IEA kennen. Die Unterredung dauerte nicht lange. Beeindruckt war That-

88 Ebd., S. 130f.

cher von Hayek und seinen Ideen dennoch (vor allem was notwendige Privatisierungen und die Machtbegrenzung der Gewerkschaften anging, die in der Vorstellung Hayeks dem Prinzip des Wettbewerbs auf dem Arbeitsmarkt entgegenstanden). Aber auch Hayek war beeindruckt. Nachdem Thatcher das Institut verlassen hatte, sah er sich genötigt, gegenüber den IEA-Mitarbeitern anerkennend festzustellen: »She's so beautiful.«[89]

Zum Allgemeingut der Anekdoten britischer Politik gehört die Geschichte, Thatcher hätte wenig später bei einer politischen Strategiesitzung der Tories entnervt ein Exemplar von Hayeks *The Constitution of Liberty* aus ihrer Handtasche gezogen (ob sie es mit Wucht auf den Tisch knallte, ist umstritten) und dabei resolut deklamiert: »This is what we believe in!« – Dies ist, woran wir glauben! Im ersten Band der autorisierten Biographie seiner monumentalen Lebensgeschichte der Eisernen Lady stellt es der Autor allerdings so dar, als hätte Thatcher dies in den später siebziger Jahren regelmäßig getan.[90] Mit Thatcher begann auf politischer Ebene endlich das, wovon Hayek seit seinen Londoner, wenn nicht seit seinen Wiener Tagen geträumt hatte. Zwölf Jahre später zeigte Thatcher in ihrer dritten Legislaturperiode als Premierministerin, wie stark sie die Lehren Hayeks verinnerlicht hatte. In einem Interview mit der Zeitschrift *Woman's Own* sagte sie: »Wissen Sie, so etwas wie ›die Gesellschaft‹ gibt es gar nicht. Es gibt nur individuelle Männer und Frauen. Und es gibt Familien.«[91]

89 Cockett, *Thinking the Unthinkable*, S. 176.
90 Charles Moore, *Margaret Thatcher. The Authorized Biography*, Bd. I: *Not for Turning*, London 2013, S. 342.
91 Margaret Thatcher, »Interview«, in: *Woman's Own* (31. Oktober 1987).

Der wichtigste Begriff Hayeks war und blieb der der Freiheit, verstanden als die Möglichkeit des Individuums, ohne äußeren und vor allem ohne staatlichen Zwang zu leben. Dabei war diese Idee trotz seiner Abneigung gegenüber dem Sozialismus nicht notwendigerweise deckungsgleich mit der liberalen parlamentarischen Demokratie. In einem ausgerechnet in Pinochets Chile gegebenen Interview sagte er: »Ich würde lieber zeitweilig auf Demokratie verzichten wollen, [...] als ohne Freiheit leben zu müssen.«[92]

Hayeks bleibende Leistung als Ökonom ist die Vorstellung, dass Akteure auf den Märkten nicht auf der Grundlage vollkommener Informationen handeln und entscheiden können. Seine eher philosophischen und politiktheoretischen Ideen und Schriften fanden hingegen bei seinen Fachkollegen kaum Beachtung. Wie der amerikanische Ökonom Paul Samuelson 2009 in einem Erinnerungsartikel festhielt, kam von den Ideen Hayeks vor allem die Abwehr praktisch jedes staatlichen Eingriffs als ungebührlich und automatisch in die Knechtschaft führendes Instrument lange nicht überzeugend an.

Auch seine Prognosen fanden keinen Widerhall. »Wo sind denn die Horrorlager in Schweden?«, fragte Samuelson. Wo genau führt der Weg hin, den einzuschlagen Hayek so warnte? Der Mittelweg der skandinavischen Staaten war doch genau der »krude« willkürliche Planungssozialismus, den Hayek verteufelt hatte. Und kamen dort nur die schlechtesten Menschen ans politische Ruder, wie Hayek es vorhergesagt hatte? Hatten sich Schweden, Norwegen, Finnland

92 Offer/Söderberg, *The Nobel Factor*, S. 8; Offer und Söderberg zitieren Caldwell/Montes, »Friedrich Hayek and his Visits to Chile« (2014), S. 47.

und Dänemark auf den Weg in die Knechtschaft begeben, als sie sich entschlossen hatten, einen großen Teil ihres Bruttoinlandsproduktes für zentral geplante wohlfahrtsstaatliche Maßnahmen auszugeben? Samuelson bemerkte dazu nüchtern: »Natürlich nicht.« Wenn man jedoch solche Argumente einem von Hayek völlig überzeugten Jünger gegenüber anbrachte, würde dieser stets erwidern: »Abwarten!« Samuelson, zu der Zeit über neunzig, kommentierte lakonisch: »Ich warte immer noch.«[93]

Dass die Argumente gegen staatliche Eingriffe und für neoliberale Politiken bei Ökonomen und Politikern trotzdem und immer stärker Anklang fanden, lag laut Samuelson weniger an Hayek. Es lag an Milton Friedman.

Milton Friedman

Hayek wurde schon gleich zu Beginn seiner Karriere vorgeworfen, die Welt nur in unvereinbaren Gegensätzen zu sehen. Doch Milton Friedman entpuppte sich als ein Meister darin, diese ohnehin schon extreme Sicht auf die Spitze zu treiben. Er versuchte nicht nur ganz bewusst, Formen zu finden, um die neoliberalen Überzeugungen einem möglichst breiten Publikum zu verkaufen. Stärker als Hayek bemühte sich Friedman auch darum, seine Argumente griffig mit einfachen Schlagworten, aber dafür umso deutlicher und heftiger auf den Punkt zu bringen. Dass in den Debatten darüber, was der Staat nicht darf und was der Markt alles kann, noch

93 Paul A. Samuelson, »A Few Remembrances of Friedrich von Hayek (1899-1992)«, in: *Journal of Economic Behavior and Organization* 69 (2009), S. 1-4.

immer und auf beiden Seiten des Atlantiks oft mit starken, aber viel zu vereinfachenden Argumenten diskutiert wird, liegt zu einem großen Teil an der Art und Weise, mit der Friedman jahrzehntelang seine Positionen vertrat. Seine Überzeugungen stellte er dar, als handele es sich um allgemeine Wahrheiten.

Milton Friedman wurde als Sohn osteuropäischer Einwanderer in Brooklyn geboren. Aufgewachsen in einer kleinen Industriestadt in New Jersey, war seine Jugend geprägt von den Versuchen der Eltern, in der neuen Heimat wirtschaftlich Fuß zu fassen. In seiner zusammen mit seiner Frau verfassten Autobiographie beschreibt Friedman, wie die Eltern unermüdlich eine Geschäftsidee nach der anderen ausprobierten, um über die Runden zu kommen. Allerdings mit mäßigem Erfolg. Sicherlich nahm Friedman aus seiner Jugend zwei Dinge mit, die seine Sicht auf das Leben prägen sollten. Zunächst die Erfahrung seiner Eltern, ohne jegliche Hilfe im System des Marktes überleben zu müssen, indem man sich immer wieder den neuen Gegebenheiten anpasste. Darüber hinaus eine Abneigung gegenüber begüterten intellektuellen Eliten, denen diese elementare Erfahrung fehlte.

Nach einem Studium an der staatlichen Rutgers University sowie in Chicago arbeitete Friedman zunächst in Washington in Institutionen der öffentlichen Verwaltung der Roosevelt-Ära. Kurz nach Kriegsende nahm er eine Stelle an der Universität von Minnesota an. Während der Kriegsjahre hatte Friedman bereits eine Skepsis gegenüber staatlichen Markteingriffen entwickelt. Mit dieser Einstellung machte er 1946 von sich reden. Unter dem Titel *Roofs or Ceilings?* publizierte er zusammen mit seinem ebenfalls in Minnesota lehrenden Freund George Stigler eine Studie über die Nachteile der damals weit verbreiteten staatlichen Mietendeckelung. Diese Beeinflussung des freien Mietmarktes war für beide eine Ursache von Ineffizienz. Anders als geplant, führe die Mietendeckelung dazu, dass die Anreize für Bauherren, mehr zu bauen und alte Bauten instand zu setzen, wegfielen. Staatliche Eingriffe sorgten also dafür, dass sich die Situation am Wohnungsmarkt nicht verbessere, sondern verschlechtere. Das sei, so die Autoren, gerade deswegen betrüblich, da auch sie vernünftigen Wohnraum für alle Amerikaner wollen. Ohne Preisdeckelung (*ceiling*), so ihr Fazit, gebe es mehr Dächer (*roofs*) über den Köpfen.

Die Studie erschien in einer Auflage von 30000 Exemplaren in der Schriftenreihe Popular Essays on Current Problems der kurz zuvor gegründeten Foundation for Economic Education.[94] Die amerikanische Vereinigung der Immobilienbesitzer war davon so begeistert, dass sie 500000 zusätzliche Exemplare des Pamphlets drucken ließ. Für die FEE gilt die Studie noch heute als »Kick-off einer neuen intellektuellen Bewegung«.[95] Für Stigler und Friedman brachte die Publikation hingegen zunächst Ärger. Bei ihrer Schlussfolgerung, dass im Prinzip allen Amerikanern vernünftiger Wohnraum zustünde, platzte einer Beraterin des FEE der Kragen. In mehreren schriftlichen Memoranden beschwerte sie sich bei der Foundation erbost darüber, dass die Autoren die natürlichen Rechte der Vermieter und Besitzer gar nicht in den Fokus genommen hätten. Irrigerweise hätten sie anscheinend eine humanitäre Sicht auf die Wohnbedürfnisse aller angenommen, die ihr eigentlich sehr gutes Argument völlig zunichte-

94 Stedman-Jones, *Masters of the Universe*, S. 156.

95 Siehe die Onlinefassung des Textes auf der Website des FEE: {https://fee.org/resources/roofs-or-ceilings-the-current-housing-problem/}.

gemacht hätte. Die Autoren hätten gefälligst moralisch auf der Vermieterseite zu stehen, nicht auf Seiten der Mieter. Wenn die FEE solche Positionen veröffentliche, wolle sie nichts mehr mit der FEE zu tun haben und würde den Kontakt sofort abbrechen. Der Name dieser Beraterin war Ayn Rand.[96] Für die FEE war das unangenehm. Um die Mitarbeit Rands hatte man sich lange bemüht. Von ihrer Bekanntheit erhoffte sich der neu gegründete Think-Tank breite Aufmerksamkeit. Diesen erhielt die FEE jetzt aber immerhin durch Friedman.

Friedman wollte sehr früh beides: ein anerkannter Ökonom sein und Einfluss nehmen auf politische Debatten. Den Anreiz dazu erhielt er nach Eigenaussage auf dem ersten Treffen der Mont Pèlerin Society und vor allem durch die dort vorgetragenen Ideen Hayeks.[97] Dass Friedman Hayek auf seinem Weg viel verdankte, war offensichtlich. Dennoch spielt Hayek beispielsweise in der Autobiographie Friedmans kaum eine Rolle. *The Road to Serfdom* wird lobend erwähnt, aber abgesehen davon kommt Hayek so gut wie gar nicht vor. Offensichtlich war Friedman der österreichische Liberale lästig. Im Nachgang der Weltwirtschaftskrise war Ökonomen die Aufmerksamkeit der Politik sicher. Kaum eine andere Sozialwissenschaft konnte in Anspruch nehmen, politischen Entscheidern Erklärungen zu geben und Vorschläge für konkrete Maßnahmen zu unterbreiten. Damit man jedoch Gehör fand, so die Einschätzung Friedmans, müsse man sich das erarbeiten, was Hayek fehlte: Anerkennung in der eigenen Disziplin. Und dies gelinge umso leichter, je mehr man davon überzeugt sei, dass in der Ökonomie

96 Burns, *Goddess of the Market*, S. 117.
97 Friedman/Friedman, *Two Lucky People*, S. 159.

mit besonderer methodischer Stringenz vorgegangen werden müsse, und dann seine Arbeit danach ausrichte.

Der von Friedman vertretene Monetarismus der sogenannten Chicago School mit einer Fixierung auf die Geldmengensteuerung als wichtigstem Instrument staatlichen Handelns (was auch bedeutete, dass andere Maßnahmen leichter als ökonomisch nicht sinnvoll abgetan werden konnten) sowie der Betonung auf flexiblen Preisen (und Löhnen) entwickelte sich modelltheoretisch zum maßgeblichen Alternativnarrativ zur keynesianischen Idee eines aktiven Staates. Dabei kam es Friedman stets darauf an, diese Zusammenhänge in möglichst komplexen mathematischen Modellen darzulegen, um die wissenschaftliche Schärfe seiner Analyse zu belegen und auch optisch die Nähe zur Physik herzustellen. Wie Van Horn und Mirowski argumentiert haben, war sich die neue Generation liberaler Ökonomen bewusst, dass sie »im Atomzeitalter« neben den klaren politischen Argumenten auch ihre eigene »Wissenschaftlichkeit« unter Beweis stellen musste. Auch deswegen kam der modellmathematischen Analyse in ihrem Schaffen eine immer wichtigere Bedeutung zu. Eine der Folgen davon waren einfachste, vermeintlich wissenschaftlich gesicherte Ableitungen mechanischer Wenn-dann-Beziehungen. Auf diese Weise ließ sich beispielsweise angeblich der schädliche Einfluss staatlicher Maßnahmen demonstrieren. Ebenso war die Definition von Freiheit als einer simplen mechanischen Wahl zwischen Alternativen in jeder nur erdenklichen menschlichen Lage bloß ein weiterer Versuch, komplexe soziale und wirtschaftliche Prozesse wie ein klares Problem naturwissenschaftlicher Logik erscheinen zu lassen.[98]

98 Ebd., S. 163.

Als Friedman 1967 zum Präsidenten der American Economic Society gewählt wurde, hatte er sein Ziel, als »harter Ökonom« einer »harten Wissenschaft« angesehen zu werden, erreicht. In seiner Autobiographie schreibt Friedman immer dann anerkennend von Fachkollegen, wenn er sie als »good technical economists« bezeichnet. Dahinter verbergen sich stets Wissenschaftler, deren Arbeitsweise (und Schlussfolgerungen) denen Friedmans entsprachen. Dass sich die Chicago School als eine ideologisch homogene Einheit präsentieren konnte, lag auch daran, dass man am Lake Michigan fast so wie in der Mont Pèlerin Society wenig von intellektueller Diversität und Debatte hielt. Eher war man auf der Suche nach Forschungsansätzen und -ergebnissen, die das eigene Dogma stützten. »Paradigm preserving« oder »paradigm extending« war offensichtlich wichtiger als »paradigm shattering«.[99] Man muss Friedman zugutehalten, dass er mit seiner wissenschaftlichen Forschung in der Lage war, neuartige Phänomene wie beispielsweise die Stagflation (Stagnation plus Inflation) zu erklären, bei denen der Keynesianismus an seine Grenzen stieß und Politiker ratlos zurückließ. Ob seine Modelle wirklich »realistischer« waren, muss ob der oft grotesken Annahmen, von denen viele Chicagoer Ökonomen ausgingen, bezweifelt werden.[100] Allerdings interessiert hier weniger, wie genau sich Friedman einen Namen als Ökonom machte, sondern welche Rolle er in dem von Hayek ausgerufenen Kampf um neoliberale Ideen spielte und wie er diese nutzte.

99 Peck, *Constructions*, S. 99; Peck zitiert Melvin W. Reder, »Chicago Economics – Permanence and Change«, in: *Journal of Economic Literature* 20/1 (1982), S. 1-38, hier S. 21.

100 Siehe beispielhaft die Arbeiten (und vor allem die Annahmen) der Nobelpreisträger Gary Becker oder Robert Lucas.

1953 legte Friedman mit den *Essays in Positive Economics* ein erstaunliches methodologisches Manifest der Wirtschaftswissenschaften vor.[101] Darin griff er die von John Neville Keynes, dem Vater von John Maynard Keynes, getroffene Unterscheidung zwischen normativer Ökonomie und positiver Ökonomie auf. Während Erstere sich mit der Frage beschäftige, wie die Wirtschaft sein soll oder sollte, also Werturteile beinhalte, verzichte Letztere auf Werturteile und sei daher in der Lage, die Wirtschaft so zu beschreiben, wie sie wirklich ist. Ganz im Sinne des Bestrebens, aus der Ökonomie eine »harte« Wissenschaft zu machen, die sich an die wertfreien Methoden und klaren, universellen Erkenntnissen der Naturwissenschaften orientiert, postulierte Friedman die Möglichkeit und Notwendigkeit einer wertneutralen Ökonomie, welche die wirtschaftliche Realität nicht nur beschreiben könne, wie sie wirklich war, sondern auch dazu in der Lage sei, sichere Prognosen zu zukünftigen Entwicklungen abzugeben. Wichtig dabei war, dass ökonomische Theorien möglichst einfach und klar sein und genauso klare Ableitungen und Prognosen erlauben sollten. Dabei kam den zugrunde gelegten Annahmen eine besondere Bedeutung zu. Laut Friedman dürfen diese unrealistisch und extrem sein, solange mit ihrer Hilfe ein Sachverhalt auf den Punkt gebracht und verständlich gemacht werden kann sowie seine Konsequenzen aufgezeigt werden können.

Gegen die grundsätzliche Unterscheidung zwischen normativen und positiven wissenschaftlichen Fragestellungen lässt sich wenig einwenden. Auch Friedmans Plädoyer für eine wertfreie, faktenbasierte Untersuchung wirtschaftlicher Zusammenhänge ist in der Sache nicht kritikwürdig. Bemer-

101 Milton Friedman, *Essays in Positive Economics*, Chicago 1953.

kenswert an seinem Engagement für eine positive Ökonomie ist, dass diese methodische Herangehensweise Friedman später erlaubte, seine politischen und ideologischen Überzeugungen mit einem ungeheuren Selbstbewusstsein öffentlich zu vertreten. Ob es sich um Vorträge, Publikationen, Interviews oder Zeitungskolumnen handelte, selten hat ein Ökonom seine Ansichten mit einer solchen Selbstsicherheit vorgetragen, mit dem klaren Blick eines Menschen, der ganz offensichtlich der Meinung war, der Wahrheit und der Realität in die Augen geblickt zu haben und genau zu wissen, wie die Welt funktioniert. Demut war auch bei Milton Friedman kein ausgeprägter Charakterzug.

Dass Friedman gesellschaftlich und politisch so stark Gehör finden konnte, lag nicht nur an der Bereitschaft seiner Zuhörer und Leser, auf seine Argumente einzugehen und diesen Glauben zu schenken. Es erklärt sich aus der Tatsache, dass sich mit Friedman ein Mann zu Wort meldete, dem die methodischen Fundamente seiner Wissenschaft vermeintlich ermöglichten, in einer hochideologischen Zeit zu behaupten, sich rein wissenschaftlich und frei von Ideologie zu bewegen. Tatsächlich aber dürfte kaum ein Wirtschaftswissenschaftler des 20. Jahrhunderts so eindeutig ideologisch gepredigt haben wie Milton Friedman. Das lag auch daran, dass er gemäß seiner Idee der *positive economics* Sachverhalte in der knappsten und einfachsten Form auf den Punkt brachte. Damit erreichte er das, was Hayek als Marschrichtung ausgegeben hatte: den Kampf um die Ideen in den Köpfen von Entscheidern und Intellektuellen aufzunehmen und zu gewinnen. Allerdings war Friedman darüber hinaus daran gelegen, auch ein breites Publikum zu begeistern.

Das amerikanische Road to Serfdom: Capitalism and Freedom

Zwei Jahre nachdem Hayek sein fünfhundert Seiten starkes Opus magnum *The Constitution of Liberty* veröffentlicht hatte, publizierte Friedman 1962 im selben Verlag, University of Chicago Press, ein schmales Buch von nur knapp zweihundert Seiten: *Capitalism and Freedom* (dt.: *Kapitalismus und Freiheit*). Ebenso wie Hayeks fünfzehn Jahre zuvor erschienenes Werk *The Road to Serfdom* wurde auch Friedmans Buch ein Bestseller und machte sein Credo einer breiten Öffentlichkeit bekannt.[102] Friedman gelang, was bislang nur Ayn Rand zustande gebracht hatte: die Massen mit neoliberalem Gedankengut zu erreichen.

Capitalism and Freedom war keine ökonomische Fachliteratur. Es war das Buch, für das der Unternehmer Luhnow und der William Volker Fund all die Jahre die Universität von Chicago bezahlt hatten: eine »unternehmerfreundlichere neoliberale Version von *The Road to Serfdom*«.[103] Darin wurde »Politik entweder behandelt wie ein weiteres Marktphänomen oder wie ein schlechter Witz – mit nichts dazwischen«.[104] Die Position Friedmans und die anderer Neoliberaler war zu diesem Zeitpunkt immer noch so extrem und unüblich, dass es eine eigene Zeitschrift brauchte, um sie ungestört zu verbreiten: die *New Individualist Review*. In der ersten Ausgabe des ersten Erscheinungsjahres, 1959, hatte

102 Milton Friedman, *Capitalism and Freedom*, Chicago 1982 [1962].
103 Van Horn/Mirowski, »The Rise of the Chicago School«, S. 166.
104 Ebd., S. 167; siehe auch Rob Van Horn, »Reinventing Monopoly and the Role of Corporations. The Roots of Chicago Law and Economics«, in: Mirowski/Plehwe, *The Road from Mont Pèlerin*, S. 204-237.

Friedman bereits die Vorgängerversion des Anfangskapitels aus *Capitalism and Freedom* veröffentlicht. Der Text war so etwas wie sein ideologisches Grundgerüst. Wie bei Hayek spielten das Individuum und seine eigene Entscheidungsfreiheit eine herausgehobene Rolle. Nicht nur in der Wortwahl wurde Friedman aber deutlich drastischer.

Für einen freien Menschen stellt sich Friedman zufolge die Frage, wie man den Staat und die Regierung benutzen könne, um seine eigenen Ziele erreichen und die eigene Freiheit zu schützen. Unbedingt müsse vermieden werden, dass der Staat »sich in einen Frankenstein verwandelt, der unsere Freiheit zerstört«. Die Aufgaben des Staates seien denkbar einfach: Recht und Ordnung schützen und Wettbewerbsmärkte schaffen. Der Staat müsse so kleingehalten werden wie möglich.[105] Nur Individuen seien zu den großen Leistungen der menschlichen Zivilisation fähig, kein Staat und keine Regierung – das galt nach Friedman für »Architektur oder Malerei, Wissenschaft oder Literatur, Industrie oder Landwirtschaft«.[106] Der Staat erlaube nicht, dass Individuen ihre Unterschiedlichkeit ausleben könnten. Unter der Ägide des Staates würde aus Fortschritt Stagnation. Mittelmaß würde statt der experimentierfreudigen Vielfalt gefördert, die notwendig sei, »damit die, die heute bummeln, morgen über dem heutigen Durchschnitt liegen«. Der Text schien die krude Weltsicht aus Ayn Rands einige Zeit vorher erschienenem Buch *Atlas Shrugged* nahtlos zu übernehmen – nur eingebettet in einen etwas wissenschaftlicher anmutenden Duktus.

Das Hauptthema von *Capitalism and Freedom* war die Rolle des Wettbewerbskapitalismus, also die Form der sozia-

105 Friedman, *Capitalism and Freedom*, S. 2.
106 Ebd., S. 3.

len Organisation, die sich auf den freien Marktmechanismus stützt. Die darin herrschende ökonomische Freiheit war für Friedman eine notwendige Bedingung für politische Freiheit. Hier zeigt sich deutlich, wie stark Friedman nicht nur durch die Stimmung des Kalten Kriegs, sondern vor allem durch die Argumente der Modernisierungstheorie beeinflusst war. Diese bildete die Grundlage, auf der seit Mitte der fünfziger Jahre Soziologen und Politikwissenschaftler den Zusammenhang von kapitalistischem wirtschaftlichem Fortschritt und Demokratisierung untersuchten und propagierten.

Der Liberalismus sieht laut Friedman Freiheit als höchstes Gut und das Individuum als wichtigste Einheit der Gesellschaft. Auch wenn man in den USA schon damals mit »Liberalismus« das genaue Gegenteil verband, nämlich eine Ausweitung staatlicher Wohlfahrtsmaßnahmen und anderer Eingriffe in die Märkte, wollte er dennoch den Begriff für sein eigenes Vorgehen nutzen. Zum einen weil er keine Alternative fand, zum anderen weil er den Terminus nicht denjenigen überlassen wollte, die Maßnahmen guthießen, welche die Freiheit zerstören würden. Das Ziel, so Friedman, müsse darin bestehen, gegen staatlichen Paternalismus und Einfluss zu kämpfen. Friedman war verhalten optimistisch, dass seine Position gesellschaftlich immer stärker Gehör finden würde: »Das Glimmern des Wechsels im intellektuellen Klima, das man bemerken kann, ist ein hoffnungsvolles Omen.«[107]

Zwischen ökonomischer und politischer Freiheit bestand

107 Ebd., S. 6 und 202. 1951 hatte Friedman seine eigene Position, die er auch als Glaube (*faith*) bezeichnete, in einem norwegischen Wirtschaftsmagazin als *neoliberal* etikettiert. Er nahm diesen Begriff später jedoch nie wieder auf; siehe Milton Friedman, »Neo-Liberalism and its Prospects«, in: *Farmand* (17. Februar 1951), S. 89-93.

für Friedman ein direkter Zusammenhang. Leider würden aber vor allem Intellektuelle nicht verstehen, dass wirtschaftliche Freiheit als Teil der Freiheit ein hohes Gut an sich sei. Intellektuelle würden die angenehmen materiellen Aspekte des Lebens mit Verachtung strafen und dabei ihr eigenes Streben nach höheren Werten als wichtiger bewerten. Im Gegensatz zu den Intellektuellen sei aber für die Normalbürger die wirtschaftliche Freiheit in jedem Fall genauso viel wert wie die politische.

Wie von Mises und Hayek sah Friedman das Hauptproblem der gesellschaftlichen Organisation in der Koordinierung der wirtschaftlichen Tätigkeiten einer großen Zahl von Menschen. Diese könne entweder zentral und totalitär koordiniert werden oder, wie es dank des Marktes geschehe, durch freiwillige Kooperation unter den Menschen. Letztere komme zustande, weil Markttransaktionen für alle Beteiligten vorteilhaft seien und ohne Zwang durchgeführt würden. Wie für Hayek bedeutete politische Freiheit für Friedman das Fehlen von Zwang. Die Möglichkeit, Zwang auszuüben, sei die größte Bedrohung der politischen Freiheit. Dieses Risiko müsse unbedingt gering gehalten werden, und dies könne gelingen, indem die politische und die wirtschaftliche Sphäre voneinander getrennt würden. Nur so könne man einer Machtkonzentration auf politischer Ebene vorbeugen.[108]

Wichtig sei zudem, dass der Markt nicht von einigen wenigen Monopolisten dominiert werde. Das würde nämlich das wichtigste Element von Markttransaktionen verhindern: die Wahlmöglichkeit der Konsumenten. Ein Zwang auf die Konsumenten (also die Nachfrager von Gütern am Markt)

108 Ebd., S. 15.

ließe sich vermeiden, wenn Konsumenten aus einer Vielzahl von Anbietern wählen könnten.[109] Der Markt sei viel eher als etwa der Staat dazu in der Lage, die Wünsche der Menschen zu berücksichtigen und auch jeden ihrer Lebensentwürfe zu tolerieren. Politische Maßnahmen und Aktivitäten würden eine gewisse Konformität der Bürger erwarten oder sogar erzwingen. Der Markt hingegen erlaube »diversity«.[110] Ökonomische Freiheit sei vor allem die Freiheit zu entscheiden, wofür man sein Einkommen benutze: wie viel man davon ausgeben wolle und für welche Güter.[111] Die wichtigsten Akteure am Markt seien daher nicht einfach die Individuen an sich, sondern die individuellen Konsumenten. Jeder, der auf Produzentenseite überleben wolle und darüber hinaus auch das Eigeninteresse habe, seinen Profit zu maximieren, müsse sich an die Präferenzen der Nachfrager anpassen. Er müsse anbieten, was die Menschen haben möchten. Anbieter könnten nicht einfach auf den Markt werfen, was nur ihnen selbst gefällt.[112]

Wettbewerb im Bildungssektor

Wie Hayek in *The Constitution of Liberty* versuchte auch Friedman an verschiedenen konkreten Beispielen zu zeigen, warum Märkte staatlichen Eingriffen immer vorzuziehen seien. Neben den erwartbaren Aussagen zu wohlfahrtsstaatlichen Maßnahmen, der geringen Effektivität staatlicher Ar-

109 Ebd.
110 Milton Friedman und Rose Friedman, *Free to Choose. A Personal Statement*, New York 1990 [1980], S. 65.
111 Ebd.
112 Friedman, *Capitalism and Freedom*, S. 17.

menunterstützung und der Vorteilhaftigkeit von Einkommensungleichheit sticht ein Exempel heraus, das man zunächst einmal nicht mit Markt und Wettbewerb in Verbindung bringen würde: der Bildungssektor.

In dem Kapitel »The Role of Government in Education« (Die Rolle des Staates im Erziehungswesen) fragt Friedman, warum man den Bildungssektor und vor allem die Schulen eigentlich dem Staat überlassen sollte. Natürlich verstand auch er, dass gebildete Bürger die Demokratie stabilisieren. Und er sah auch, dass ein rein privater Bildungssektor nicht das Angebot bereitstellen würde, um die Kinder eines ganzen Landes lesen und schreiben zu lehren. Dennoch glaubte er einen Weg gefunden zu haben, mit dem der Marktmechanismus auch diesen Teil klassischer Regierungsaktivität ersetzen und gleichzeitig viel effizienter machen könne.

Friedman schlug vor, Eltern jährlich einen staatlichen Bildungsgutschein auszuhändigen. Mit diesem könnten sie eine vorab zertifizierte Schule für ihr Kind auswählen. Sofern ihnen das Angebot zusage, könnten sie im folgenden Jahr den nächsten Gutschein dort wieder investieren. Wer unzufrieden sei, könne eine andere, vermeintlich bessere Schule für das eigene Kind aussuchen und das nächste Schuljahr dort mit dem Gutschein »bezahlen«. Der Staat würde sich auf die Festlegung und Überprüfung von Mindeststandards und der notwendigen Rahmenbedingungen zurückziehen, »genauso wie der Staat bereits jetzt Restaurants inspiziert, um nachzusehen, dass die Mindestanforderungen an Hygiene und Sauberkeit erfüllt sind«.[113]

Anbieter der »Bildungsleistung« sollten private Unternehmen sein, die nach dem Profitmaximierungsprinzip arbeiten,

113 Ebd., S. 89.

oder gemeinnützige Einrichtungen. Da mögliche Anbieter wüssten, dass der Staat die Schulbildung jedes einzelnen Kindes mit einem festen Betrag unterstützt, würde sich ein breitesAngebot von privaten Schulen entwickeln. Die Eltern könnten »ihre Meinung zu den Schulen ganz direkt ausdrücken«, indem sie ihre Kinder entweder in einer Einrichtung belassen oder sie, bei Missfallen, zu einer anderen schicken.[114] Das würde ein viel direkteres Feedback ermöglichen als bisher und verhindern helfen, dass sich ineffiziente Strukturen verfestigen und erhalten. »Hier, wie auch in anderen Bereichen«, so Friedman, »sind wettbewerbsorientierte Unternehmen auf viel effizientere Art und Weise in der Lage, die Nachfrage der Konsumenten zu befriedigen.« Dabei war klar, welche Akteure durch ihr Verhalten den Markt bestimmen würden. Es wären die Nachfrager. Ihnen eine Wahlmöglichkeit zu geben (»freedom to chose«) führe dazu, dass die andere Seite des Marktes, die Anbieter, sich deren Wünschen anpassen müssen. Sofern dies den Anbietern nicht gelang, würden sie durch die fehlende Nachfrage aus dem Markt gedrängt werden. Und man könne den Markt gleich noch einen weiteren Kostenfaktor der öffentlichen Hand regeln lassen: die Gehälter der Lehrer. Das Wichtigste an dem Gutscheinmodell sei die Etablierung von Wettbewerb, denn nur so würden »alle Schulen verbessert werden«.[115]

Capitalism and Freedom wurde beim Erscheinen in keiner einzigen großen amerikanischen Zeitung besprochen. Für mediale Aufmerksamkeit reichte das neoliberale Glimmern am Horizont noch nicht. Für einen großen Publikumserfolg reichte es schon. Friedman sollte sich von den Buch-

114 Ebd., S. 91.
115 Ebd., S. 93.

honoraren ein Sommerhaus an der Ostküste kaufen. In Anlehnung an seinen Buchtitel nannte er sein Refugium: Capitaf. Mit dem wirtschaftlichen Erfolg des Buches konnte Friedman immer stärker in die ersehnte Rolle eines mahnenden *public intellectual* hineinwachsen. Ebenso wie auf Ayn Rand wurde Barry Goldwater auch auf Friedman aufmerksam und suchte seinen Rat. In der Zeitschrift *Newsweek* bekam Friedman eine Kolumne, die er von 1964 bis 1984 regelmäßig schrieb.

Die Friedman-Doktrin: Die Rolle von Unternehmern

Durch die Freiheitsrhetorik und die Idealisierung der Markt- und Auswahlprozesse sowie die Fokussierung auf das Individuum erweckte Friedman den Eindruck, dass dem Konsumenten die wichtigste Rolle im Markt zufällt. In einem programmatischen Artikel in der *New York Times* im Jahr 1970 zeigte Friedman jedoch, für wessen Seite er eigentlich mit seiner Lehre Partei nahm (und welche Gruppe unter dem besonderen Schutz der Chicago School stand). War in *Capitalism and Freedom* schon mehr als deutlich geworden, dass vor allem die Unternehmerseite von einer Verringerung staatlicher Einflussnahme profitieren würde und sollte, argumentierte Friedman in dem Artikel, Unternehmen sollten nur ein einziges Ziel verfolgen und das möglichst ungestört: Profite machen. Folgerichtig und in seiner charakteristisch selbstbewussten Art nannte er seine Argumente: die Friedman-Doktrin.

In dem Artikel mokierte sich Friedman über Wirtschaftslenker, die von ihrer sozialen Verantwortung redeten und damit meinten, neben einem Blick für den Gewinn für »Beschäftigung zu sorgen, gegen Diskriminierung vorzugehen, Umweltverschmutzung zu vermeiden und was sonst noch gerade ein Modewort zeitgenössischer Reformer ist«.[116] Falls sie überhaupt jemand mit diesen Aussagen ernst nahm, würde deutlich, was die Unternehmer taten: »puren und unverfälschten Sozialismus predigen«. Solche Unternehmer machten sich zu Marionetten der intellektuellen Kräfte, die seit Jahrzehnten versuchten, die Basis freier Gesellschaften zu zerstören.

Konzerne, so Friedman, könnten gar keine Verantwortung tragen, denn Verantwortung könnten nur Personen übernehmen, nicht jedoch ein juristisches Konstrukt. Unternehmer im Sinne des englischen Wortes »executives« (Vorstand oder Führungskraft) waren jedoch Angestellte der Eigentümer (sofern man eine Aktiengesellschaft vor Augen hatte). Verantwortlich seien die *executives* lediglich diesen Besitzern. In den allermeisten Fällen laute deren Wunsch: Maximierung der Profite. Wenn nun einer dieser *executives* nicht alle Mittel zur Profitmaximierung, sondern für »soziale« Ziele einsetze, sei das so, als würde er sich das Recht nehmen, von den Unternehmensbesitzern eine Steuer einzufordern, über deren Verwendung er selbst entscheide. Da aber die steuerliche Gewalt einzig beim Staat liege, sei dieses Vorgehen nicht gerechtfertigt. De facto würde der *executive* zu einem Angestellten des öffentlichen Sektors, zu einem Staatsangestellten mutieren, nicht jedoch zum ausführenden Organ der Eigner. Damit sie Steuern erheben dürften, müss-

116 Milton Friedman, »A Friedman Doctrine: The Social Responsibility of Business Is to Increase its Profits«, in: *The New York Times* (13. September 1970); online verfügbar unter: {https://www.nytimes.com/1970/09/13/archives/a-friedman-doctrine-the-social-responsibility-of-business-is-to.html}.

ten die Angestellten durch politische Prozesse legitimiert sein. Das seien sie aber nicht. Um Sozialismus handelte es sich dabei laut Friedman deswegen, weil die Allokation von Mitteln nicht den Logiken des Marktes folge, sondern denen der Politik.

Nur unverhohlen machte Friedman deutlich, wer für ihn eigentlich hinter diesem Prozess steckte: Gewerkschaften, die Lohnuntergrenzen forderten und durchsetzten und somit die marktmäßige Flexibilität der Löhne und Gehälter verhinderten – im Namen der sozialen Gerechtigkeit. Ganz offensichtlich würden die Verfechter der *social responsibility* nicht die Mehrheitsmeinung vertreten – sonst würde diese ja flächendeckend Standard sein. Stattdessen würde eine Minderheit versuchen, mit Hilfe von Steuern ihre Meinung einer Mehrheit aufzudrängen. Man würde also mit nichtdemokratischen Mitteln etwas zu erreichen versuchen, was man auf demokratischem Weg nicht erreichen könne. Friedman äußerte dabei auch sein Unverständnis gegenüber der »Schizophrenie« und der »Kurzsichtigkeit« von Unternehmenslenkern, die sich für *social responsibility* aussprachen. Sahen sie denn nicht, lamentierte Friedman, dass die Abkehr vom Profitmotiv der erste Schritt zur Abschaffung der Marktwirtschaft und zur Zementierung staatlicher Kontrollen sei? Diese Unternehmenslenker seien ganz offensichtlich von einem »suizidalen Impuls gesteuert«. Die »eiserne Faust« staatlicher Bürokraten würde sie zermalmen.

Auch in diesem Text wiederholte Friedman die neoliberale These, der zufolge demokratische Prozesse zu Konformismus und Anpassung führen und der Einzelne sich dabei oft der Meinung der Mehrheit beugen muss. Der Marktmechanismus erlaube hingegen, dass die Einzelnen bei ihren Präferenzen keine Abstriche machen müssten. So etwas wie *social responsibility* gebe es gar nicht, es gebe nur die Werte einzelner Individuen. Gesellschaft wäre, wie Thatcher es rund siebzehn Jahre später ebenfalls sagen würde, sowieso nichts anderes als die Ansammlung von Individuen und keine eigene kohärente Einheit. Auf soziale Verantwortung zu rekurrieren war für Friedman so, als würde man für kollektivistische Ideale einstehen. Verfechter der *social responsibility* erliegen der Illusion, etwas für das Kollektiv erreichen zu können, ohne kollektivistische Praktiken anwenden zu müssen. Unternehmer aber hätten einzig und allein die Verantwortung, sich auf das zu konzentrieren, was sie am besten können: Profite machen.

Stockholm ruft

Im Jahr 1976, also gerade einmal zwei Jahre nach Hayek, wurde Friedman mit dem Nobelpreis für Wirtschaftswissenschaften ausgezeichnet. Nicht zuletzt weil er ihn mit niemandem teilen musste, war dies für Friedman ein klarer Ausweis dafür, dass er zu den größten Ökonomen seiner Zeit gehörte. Das Vergabekomitee versteckte in der Begründung nur dürftig, dass Friedman die Auszeichnung vor allem dafür bekam, dass er eine monetäre Alternative zum Keynesianismus entwickelt hatte und jede Art staatlichen Eingriffs in den Markt negativ beurteilte. Friedman erhalte den Preis, so hieß es euphemistisch, unter anderem für »seine Beobachtungen zur Komplexität von Stabilisierungspolitiken«. Die Auszeichnung, kokettierte er, stelle für ihn selbst nicht den Höhepunkt seiner wissenschaftlichen Karriere dar. Außerdem hätte er vorher, so Friedman nach der für nordische Verhältnisse pompösen Preisverleihung durch den schwedischen König, nicht geahnt, wie immens wichtig die Auszeichnung *für Schweden* sei. In der gemeinsam mit seiner Frau verfassten Autobiographie ist dem Nobelpreis indes ein ganzes Kapitel gewidmet. Auf zwanzig Seiten wird jedes Detail der Reise und der Zeremonie mit großer, rührender, kindlicher Freude ausgebreitet.

Auch wenn die *Financial Times* oder das *Wall Street Journal* ihre Euphorie über den Nobelpreis für Friedman nicht verhehlen konnten, war die Kritik selten so lautstark wie in diesem Fall. Dies lag daran, dass nach dem Militärputsch Augusto Pinochets in Chile im Jahr 1973 die sogenannten Chicago Boys – durch ein Austauschprogramm in Chicago ausgebildete junge chilenische Ökonomen – für die Junta die Rolle der Wirtschaftsberater übernommen hatten. Chile wurde nach der sozialistischen Phase unter dem Präsidenten Salvador Allende zum ersten und radikalen Reallabor neoliberaler Politik. Sowohl Friedman als auch Hayek reisten auf Einladung nach Chile und beide, Friedman jedoch öfter als Hayek, äußerten sich zeitlebens positiv über die dort durchgeführten Wirtschaftsreformen. Während der Zeremonie in Stockholm kam es zu Demonstrationen, Störungen und Protesten. Es gehört zu den irritierenden Wesensmerkmalen der Mitglieder der Chicago School, den Primat der wirtschaftlichen Freiheit gegenüber der politischen Freiheit so stark internalisiert zu haben, dass man den brutalen Zusammenhang von Unterdrückung und Wirtschaftsliberalismus in Chile und das unsägliche Leid sowie die totalitären Machtstrukturen ausblendete und ignorierte – oder abstritt, dass das eine etwas mit dem anderen zu tun hatte.[117]

117 Siehe neben den ausführlichen Rechtfertigungsversuchen Friedmans in *Two Lucky People* vor allem die bizarr-zynischen Bemer-

Auch Gunnar Myrdal meldete sich anlässlich der Verleihung zu Wort. Er hätte den Preis nie angenommen, hätte er gewusst, wer ihn noch alles bekommen würde. Man solle ihn schleunigst wieder abschaffen.[118] Dass Friedman den Preis erhalten würde, war vielen seiner neoliberalen Mitstreiter klar. Aber da Hayek sich die Auszeichnung mit jemandem teilen musste, der ideologisch einen ganz anderen Pfad eingeschlagen hatte als er selbst, fürchtete man, dies könne auch im Fall von Friedman passieren. Lange galt der Ur-Keynesianer John Kenneth Galbraith als aussichtsreicher Kandidat für diese Rolle. Doch Galbraith ging leer aus. Die damaligen Direktoren des IEA konnten ihre Freude darüber nicht zurückhalten. Ihr hastiges Telegramm an Friedman lautete: »We are delighted you do not share the award with Galbraith as Heyac [sic!] did with Myrdal.«[119] Karl Popper schrieb ihm: »Was für wundervolle Nachrichten für die Mont Pèlerin Society.« Ein anderer Bewunderer meinte: »Mit der Preisvergabe an Hayek und Sie in nur drei Jahren – vielleicht wird der Glaube an freie Märkte endlich als seriös wahrgenommen.«[120]

Fernsehen und Free to Choose

Friedman war schon zuvor in der medialen Öffentlichkeit prominent vertreten. Noch größeren Publikumserfolg hatte er jedoch 1980 mit der zehnteiligen Fernsehserie *Free to*

kungen zu Chile in Deirdre McCloskeys biographischem Artikel »Milton«, in: *Eastern Economic Journal* 29/1 (2003), S. 143-146.

118 Offer/Söderberg, *The Nobel Factor*, S. 62.

119 Ebd., S. 45.

120 Ebd.

Choose. Ironischerweise wurde diese Sendung, bei der Friedman die Vorteile des Marktes preisen und die Nachteile staatlicher Eingriffe verdammen sollte, von PBS, dem Public Broadcasting Service, produziert, dem werbefreien, *öffentlichen* Sender der Vereinigten Staaten. Unter demselben Titel veröffentlichte Friedman zusammen mit seiner Frau Rose auch einen Begleitband zur Sendung (dt.: *Chancen, die ich meine*), der in den USA in den frühen achtziger Jahren die Non-Fiction-Bestsellerlisten anführte. Im Gegensatz zu *Capitalism and Freedom* wurde das Buch *Free to Choose* in allen großen Zeitungen besprochen.

Free to Choose sollte weniger abstrakt und stärker an Beispielen orientiert sein als *Capitalism and Freedom*. Neben dieser Praxisorientierung verweisen die beiden Autoren anfangs darauf, dass das Buch durch neueste Entwicklungen in der Politikwissenschaft inspiriert wurde. Entwicklungen, die allerdings eher auf das Konto von Ökonomen gingen, die zu originär politischen Themen arbeiteten. Für die Friedmans gehörten dazu Anthony Downs, James Buchanan, Gordon Tullock, George Stigler und Gary Becker.[121] Die Schule des Public Choice, für die diese Namen standen, postulierte ganz in Friedmans Sinn, dass sowohl die ökonomische also auch die politische Sphäre wie ein Markt funktionieren. Das Marktergebnis sei in beiden Fällen von der Interaktion von Individuen abhängig, die jeweils die Maximierung ihres Eigeninteresses im Sinn haben und es nachdrücklich verfolgen. Auch in der Politik seien daher die Menschen mit politischen Ämtern nicht an der Mehrung des *bonheur publique* interessiert, sondern lediglich an der Mehrung ihres eigenen. Die Public-Choice-Theorie übertrug die

121 Friedman, *Free to Choose*, S. xiii-xiv.

Figur des rational handelnden, auf maximalen Eigennutz konzentrierten Individuums auf den öffentlichen Sektor. Während jedoch auf freien Märkten genau diese individuelle Denkweise auf ungeplante positive Art und Weise zu Ergebnissen führe, die dem Wohle der Gesellschaft dienen, da sie Märkte effizient mache, geschehe im öffentlichen Sektor das genaue Gegenteil. Das Eigeninteresse der Staatsdiener, Bürokraten und Politiker führe zu Ineffizienzen und hohen Ausgaben der öffentlichen Institutionen und Einrichtungen.

Die Rolle des Staates und staatlicher Akteure rückte in *Free to Choose* stärker in den Fokus und war eindeutig negativ besetzt. *Capitalism and Freedom* war noch ganz im Geist der Modernisierungstheorie geschrieben, mit klarem Blick auf den Systemvergleich während des Kalten Kriegs. Nun bedurfte es nicht länger einer Bedrohung von außen. Der Gegner hieß nicht Kommunismus, sondern es war der eigene Staat – zumindest der Staat, dessen Angestellte sich selbst bereicherten, Behörden und Bürokratie aufblähten und immer stärker die Entscheidungen der einzelnen Menschen beeinflussen konnten.

Während Unternehmen dem Wohlwollen der Marktnachfrage ausgeliefert seien und bei Nichtgefallen schnell wieder von der Bildfläche verschwinden würden, so lautete die Argumentation, sei dies bei öffentlichen Einrichtungen nicht der Fall. Eine Institution, ein Amt oder ein Regierungsposten würden, sobald sie einmal existierten, einfach weitergeführt, egal ob es dafür triftige Gründe gebe oder nicht. Die Eigeninteressen, die *vested interests* der Staatsdiener und Bürokraten, würden dafür sorgen, dass geschaffene Strukturen erhalten blieben. Das Eigeninteresse dieser Menschen sei der Erhalt und die Verstetigung der für sie selbst nützlichen Strukturen.

Friedmans kritische Haltung zu staatlichen Maßnahmen und Aktivitäten hatte durch die Public-Choice-Theorie eine weitere, modelltheoretische Begründung gefunden. Wie Friedman begriffen deren Vertreter ihre Überlegungen als Beiträge zu einer positiven Ökonomie, und so ließen sich die negativen Effekte des Regierungshandeln als unübersehbares Merkmal der Realität postulieren.

Umwelt

In *Free to Choose* ging Friedman auf die damals noch recht neue ökologische Bewegung ein und thematisierte auch die Umweltverschmutzung als eine Folge der Industrialisierung. Dabei nahm er das Thema dem damaligen konservativen Zeitgeist entsprechend nicht ernst. Eher sah er in der von Aktivisten vorgetragenen Forderung nach Kontrollen und Umweltschutz eine manifeste Bedrohung für die Marktwirtschaft. Nicht die Zerstörung der Natur war für ihn ein Problem, sondern diejenigen, die sich organisierten und Maßnahmen dagegen forderten.

Die Umweltbewegung, so Friedman, sei der Grund für den am stärksten wachsenden Einflussbereich des Staates. In der in den siebziger Jahren gegründeten Environmental Protection Agency sah er ein Musterbeispiel für staatliche Interventionen. Deren Auflagen verteuerten nicht nur die Produktion von Gütern. Auch die Preise für die Konsumenten würden dadurch unnötig in die Höhe getrieben.[122]

Selbstverständlich war sich Friedman der negativen Effekte der Umweltzerstörung bewusst. Aber für ihn gab es kei-

122 Ebd., S. 213.

nen Grund anzunehmen, dass der Marktmechanismus nicht die Lösung des Problems sein konnte. Sofern die genauen Kosten und Nutzen der Produktion und des Konsums abgewogen werden könnten, gebe es überhaupt kein Problem. Schwierig würde es, wenn dies nicht gelinge. Dann könne und sollte der Staat eine Rolle spielen, um dieses »Marktversagen« zu beheben. In der Realität bestehe das Problem aber darin, dass auch der Staat diese Kosten-Nutzen-Kalkulation nicht genau beziffern könne.

Die Debatten um den Umweltschutz und die beteiligten Akteure fand Friedman geradezu lächerlich. Stärker als sonst nutzte er das Stilmittel der Überzeichnung und des Spotts. Auch die Jeopardy und die Perversity Thesis spielten in seinen Argumenten eine wichtige Rolle. Der Tenor lautete: Umweltverschmutzung sei eine Sache auf Leben und Tod – aber anders, als die Aktivisten sich das vorstellten:

> Öffentliche Diskussionen über das Umweltthema sind meistens eher durch Emotionen charakterisiert als durch Vernunft. Vieles stellt sich so dar, als handelte es sich um eine Diskussion über Verschmutzung versus keine Verschmutzung, als wäre es wünschenswert und möglich, eine Welt ohne Umweltverschmutzung zu haben. Das ist natürlich Blödsinn. Niemand, der das Problem ernsthaft betrachtet, wird Null-Verschmutzung als einen wünschenswerten oder auch nur machbaren Zustand ansehen. Wir könnten keine Verschmutzung durch Automobile haben, einfach indem wir alle Autos verbieten. Das würde aber auch die landwirtschaftliche und industrielle Produktivität, wie wir sie jetzt genießen, unmöglich machen und uns zu einer drastischen Senkung unseres Lebensstandards verurteilen, viele wahrscheinlich auch zum Tode. Eine Quelle der Verschmutzung der Atmosphäre ist das Kohlendioxid, das wir alle ausatmen. Wir könnten das einfach stoppen. Aber die Kosten würden den Nutzen klar übersteigen.[123]

123 Ebd., S. 214f.

Darüber hinaus, so Friedman, sei ja auch gar nicht so klar, was genau Verschmutzung ist. Objektiv feststellbar sei das jedenfalls nicht. Was für den einen Menschen Verschmutzung sei, sei für einen anderen vielleicht ein Vergnügen. Als Ökonom sah Friedman zudem die Schwierigkeit, das genaue Maß an Umweltverschmutzung zu identifizieren, das verringert werden solle. Im Gegenzug müsse man schließlich stets auf etwas anderes verzichten – auf Güter zum Beispiel. Auch hier sei eine Abwägung von Kosten und Nutzen nicht möglich.

In einem besonderen argumentativen Twist zeigte Friedman, wer der eigentliche Verursacher und »Schuldige« der Umweltverschmutzung sei: der Konsument. Den Aktivisten der ökologischen Bewegung unterstellte er derweil intellektuelle Armut:

> Ein weiteres Hindernis für die rationale Analyse des Umweltthemas ist die Tendenz, es mit den Begriffen von Gut und Böse zu verbinden. So zu tun, als würden schlechte, böswillige Menschen aus der tiefsten Schwärze ihres Herzens Schmutzstoffe in die Atmosphäre blasen [...], dass, wenn nur die Noblen unter uns in ihrem Zorn aufstehen würden, um diese schlechten Menschen niederzuringen, alles gut werde würde. Es ist immer einfacher, Menschen mit Etiketten zu belegen, als sich auf harte intellektuelle Analyse einzulassen. Im Fall der Verschmutzung ist der Teufel typischerweise »das Business«, also die Unternehmen, die Güter und Dienstleistungen anbieten. Allerdings sind nicht die Produzenten für die Umweltverschmutzung verantwortlich, sondern die Konsumenten. Sie generieren erst, wenn man so will, eine Nachfrage nach Verschmutzung. Wer Elektrizität nutzt, ist verantwortlich dafür, dass die Schornsteine der Kraftwerke rauchen.[124]

Weiter wies Friedman darauf hin, dass manche Gruppen vom Umweltschutz profitieren würden, während anderen

124 Ebd., S. 215.

diese Kosten zu tragen hätten. Hier kam nun die Verteilungsgerechtigkeit ins Spiel. Diejenigen, die von ausgewiesenen Naturschutzgebieten und besserer Luft in den Städten profitieren würden, seien nicht dieselben, die die höheren Kosten für die teurere Energie und andere Produkte stemmen müssten. Friedman ging (ohne eine belastbare empirische Begründung) davon aus, dass diejenigen, denen weniger Umweltverschmutzung zugutekommen würde, diejenigen seien, die besser ausgebildet und wohlhabender seien als diejenigen, die von geringeren Preisen für Güter profitieren würden, die sich ergeben, wenn man Umweltverschmutzung zuließe. Ihnen, so Friedman, sei billige Energie wichtiger als saubere Luft.[125] Die in Deutschland gegen aktuelle Verbots- und Verzichtspläne vorgetragenen sozialpolitischen und verteilungssensiblen Argumente klingen so, als hätte Milton Friedman sie formuliert.

Staatliche Ge- oder Verbote würden, so Friedman, zu einer Situation führen, in der es eher um Verbrechen und Strafe ginge, »nicht um Kaufen und Verkaufen«, um Richtig oder Falsch und nicht um »weniger oder mehr«. Außerdem schaffe man so einen Anreiz für die mit diesen Regelungen betrauten Institutionen, ihre Ressourcen auszugeben, anstatt die eigentlichen Probleme zu lösen. Im Umweltbereich ließe sich sehr gut beobachten, wie bestimmte Partikularinteressen Einfluss auf die Politik nehmen.

Der Marktmechanismus sei, lautete seine wenig überraschende Antwort, am besten in der Lage, den Konsumenten zu schützen. Dieser sei am Markt schließlich der wichtigste Entscheider:

125 Ebd., S. 216.

> Wenn ein Ladenbesitzer Güter einer minderen Qualität oder zu höheren Preisen anbietet als ein anderer, wird man einfach nicht länger in dieses Geschäft gehen. Verkäufer suchen daher auf der ganzen Welt nach Produkten, die der Nachfrage und den Bedürfnissen der Nachfrager entsprechen [...]. Niemand zwingt einen dazu, irgendein Geschäft zu betreten. Man hat die Freiheit, es zu tun oder woanders einzukaufen. Das ist der wichtigste Unterschied zwischen dem Markt und einer staatlichen Behörde. Man hat die Freiheit zu wählen. Da steht kein Polizist, der einen dazu zwingt, das eigene Geld für etwas auszugeben, das man nicht haben möchte, oder der einen etwas tun lässt, das man nicht machen möchte.[126]

Der Wettbewerb mit seinen unzähligen verschiedenen Anbietern sei der Garant für die Möglichkeit der Nachfrager, ihre Bedürfnisse zu decken. Damit sei man viel besser geschützt als durch einen umweltbewegten Aktionismus und eigens ins Leben gerufene Institutionen.

Der Staat sorge mit Verboten immer paternalistischer dafür, dass bestimmte Substanzen und Produkte angeblich zum Wohle der Bürger nicht länger gehandelt oder konsumiert werden dürfen. Das Schädlingsbekämpfungsmittel DDT gehörte dazu, ebenso Drogen. Aber wie die Prohibition in den Vereinigten Staaten nicht den Konsum von Alkohol unterdrücken konnte, würde sich auch bei jedem anderen Verbot ein grauer Markt bilden, auf dem das betreffende Gut gehandelt würde (Perversity und Futility Thesis). Wenn der Staat die Bürger schützen müsse, dann würde die Liste von Verboten und verbotenen Verhaltensweisen und Freizeitbeschäftigungen gar kein Ende mehr finden. Der Staat wolle das Leben und Verhalten der Bürger beeinflussen, die Bürger lehnten das jedoch ab (Illegitimacy Thesis). Zwar könne und solle der Staat Informationen über die Risiken und Gefahren

126 Ebd., S. 223.

bestimmter Güter publizieren. Aber, so Friedmans Fazit, solle »er uns die Freiheit lassen zu wählen, welche Risiken wir in unserem Leben eingehen wollen«.[127] Der Einzelne dürfe tun, was er für richtig hält.

Der Staat als Problem

Während Friedman in *Capitalism and Freedom* hoffnungsvoll vom beginnenden Glimmer einer neuen Zeit sprach, meinten Rose und Milton Friedman 1980 in *Free to Choose* bereits eine Trendwende beobachten zu können, die sich überall abzeichnete. Dass die neoliberale Woge auch jenseits des Atlantiks vollends in die Politik übergeschwappt war, unterstrich der amerikanische Präsident Ronald Reagan eindrucksvoll bei seiner Inauguration. In seiner Antrittsrede vom 20. Januar 1981 sagte er programmatisch, Zeichen einer neuen Zeit und einer neuen Ideologie: »Government is not the solution to our problem, government is the problem.«[128] Das Hauptproblem war seiner Meinung nach, dass *government* nur noch von einer kleinen »elitären Gruppe« ausgeführt werde, und nicht länger »of the people, by the people, for the people«, wie es in Abraham Lincolns berühmter Gettysburg Address heißt. Reagan ging sogar weiter und bemühte Thomas Jefferson. Wenn die Einzelnen jeweils nicht in der Lage seien, sich selbst zu regieren, wie sollten sie dann andere regieren können? »Wir sind eine Nation, die eine Regierung hat – nicht umgekehrt. Das macht uns in der Welt zu etwas

127 Ebd., S. 227.

128 Ronald Reagan, »Inaugural Speech« (20. Januar 1981), S. 2; online verfügbar unter: {https://www.reaganfoundation.org/media/128614/inaguration.pdf}.

ganz Besonderem. Unsere Regierung hat keine Macht außer der, die ihm das Volk übertragen hat. Es ist an der Zeit, das Wachstum der Regierungstätigkeit zu überprüfen und rückgängig zu machen. Es scheint über die Zustimmung der Regierten hinausgewachsen zu sein«, so Reagan. Staatliche Maßnahmen seien eine unnötige Einmischung in das Leben der Menschen.

Das Erstaunliche an der Rede und der Position des Präsidenten, die darin erkennbar wurde, ist, dass hier der oberste Mann der Exekutive, also der Chef der Regierung und des gesamten öffentlichen Apparates, seinen eigenen Handlungsspielraum als problematisch ansah. Rhetorisch zeigte Reagan klare Feindlinien zwischen der Regierung und deren Apparat auf der einen Seite und dem Rest des Landes auf der anderen auf. Dabei waren die Rollen klar verteilt. Die eine Seite sei gut, die andere schlecht und handele gegen den Willen der Menschen, in deren Auftrag sie eigentlich handeln sollte. Der Präsident sah sich als obersten Volksvertreter und als eine Person, die dafür sorgen wollte, die Regierung in Schach zu halten. Ganz so, also sei Reagan selbst damals gar nicht Teil der Regierung gewesen, sondern ihr oberster und dringend notwendiger externer Kontrolleur.

Friedman hatte Reagan schon beratend zur Seite gestanden, als dieser noch Gouverneur von Kalifornien gewesen war. Auch wenn Friedman es immer ablehnte, offiziell für Politiker tätig zu sein oder öffentliche Funktionen zu bekleiden, war er doch, auch über die amerikanischen Think-Tanks wie der Heritage Foundation und dem Manhattan Institute, einer der wichtigsten Einflüsterer von Reagan und seinem Umfeld. Er würde es jahrelang bleiben.

Friedman und mehrere wirtschaftspolitische Berater Reagans setzten gleich zu Beginn von dessen Amtszeit ein sichtbares Zeichen – eines, das stark an die ikonische Dollar-Brosche Ayn Rands erinnerte. Ihre ideologische Verbundenheit drückten die Berater dadurch aus, dass sie fast immer die gleiche Krawatte trugen. Manchmal in unterschiedlichen Farben, aber immer mit demselben Muster: einem kleinen, sich wiederholenden Profilbild Adam Smith'. Die Krawatten waren ein Geschenk des Londoner IEA gewesen. Milton Friedman trug die Krawatte bis an sein Lebensende – auf fast jedem Foto.[129]

Reagans drastische Formulierungen erlaubten es Friedman, die Rhetorik gegenüber dem Staat und seinen Maßnahmen noch weiter hochzufahren. Deutlich wird das etwa in seinem Aufsatz »Why Government Is the Problem« von 1993. Schon der Titel, der auf die Antrittsrede Reagans verweist, ist für einen Wissenschaftler bemerkenswert. Es ist mehr eine Feststellung als eine Frage: Die Regierung *ist* das Problem. Gleich zu Beginn des Textes holt Friedman unter Verwendung der Jeopardy und Perversity Thesis zum Rundumschlag aus: »Die gesellschaftlichen Hauptprobleme der Vereinigten Staaten – sich verschlechternde Bildung, Gesetzlosigkeit und Verbrechen, Obdachlosigkeit, der Zerfall der Familienwerte, die Krise der Gesundheitsversorgung – sind die Produkte gut gemeinter Regierungsmaßnahmen.«[130]

Friedmans Argument, warum die Rolle des Staates so problematisch sei, war lediglich eine Übernahme von Vorstellungen der Public-Choice-Theory. Regierungstätigkeit werde von und für *special interest groups* gemacht. Das Hauptaugenmerk solle man jedoch wie im Neoliberalismus üblich

129 »Of Neckties«, in: *The New York Times* (29. März 1981), S. 19.
130 Milton Friedman, *Why Government Is the Problem*, San Francisco 1993, S. 1.

auf das Individuum werfen. Das Eigeninteresse würde in unterschiedliche Richtungen führen, je nachdem, ob man am freien Markt oder im öffentlichen Sektor tätig sei. Das Resultat sei kein Staat von und für die Menschen, sondern eine Regierung »by the bureaucrats, for the bureaucrats«. Der Begriff »Bürokraten« war für Friedman recht weit definiert. Auch gewählte Volksvertreter fielen für ihn darunter – besonders wenn sie schon seit Jahren in der Politik und in politischen Ämtern tätig waren.

Sozialismus, überall Sozialismus!

Der Aufsatz von 1993 zeigte schon, dass sich der neoliberale Ton verschärft hatte. Ein Jahr später machte das Friedman noch deutlicher – ohne zu ahnen, welche nachhaltige Wirkung er damit entfachen sollte. Fünfzig Jahre nach dem Erscheinen von *The Road to Serfdom* wurde Friedman 1994 gebeten, eine Einleitung zu einer besonderen Jubiläumsausgabe von Hayeks Buch beizusteuern. Zwei Jahre nach Hayeks Tod fiel es Friedman nicht schwer, sich konziliant zu ihm zu bekennen. Er hatte es bereits einige Jahre zuvor in einem gemeinsam mit seiner Frau verfassten Aufsatz über den Erfolg der neoliberalen Idee getan. Maßgeblich für die neoliberale Erfolgsgeschichte waren seiner Meinung nach natürlich *Capitalism and Freedom*, *Free to Choose* und die Arbeit der Think-Tanks gewesen. Begonnen hätte laut Friedman jedoch alles mit der »Hayek-Flut« nach der Publikation von *The Road to Serfdom*.[131]

131 Milton Friedman und Rose Friedman, »The Tide in the Affairs of Men«, in: *The Freeman* 39/4 (1989), S. 135-143.

Friedman, der Verteidiger der wertfreien *positive economics*, schrieb, *The Road to Serfdom* sei »eine unverzichtbare Lektüre für jeden, der ernsthaft, allgemein und unparteiisch an Politik interessiert ist. Die zentrale Aussage dieses Buches ist zeitlos und kann auf eine Vielzahl konkreter Situationen angewandt werden. In gewisser Weise ist es für die Vereinigten Staaten heute noch relevanter, als es das bei seiner Erstauflage 1944 war, als es solche Furore machte.«[132]

Auf den ersten Blick war es wenig schlüssig, dass Friedman die Aktualität des Buches pries. Fünf Jahre nach dem Fall der Berliner Mauer sahen sich praktisch alle ehemaligen sozialistischen und kommunistischen Länder gerade einer umfassenden »Schocktherapie«-Transformation hin zu Kapitalismus und Marktwirtschaft ausgesetzt. Im gesamten 20. Jahrhundert wird es kaum einen Zeitpunkt gegeben haben, zu dem der Kapitalismus in solch universeller Form als Sieger der Systeme festzustehen schien. Wenn aber Friedman dennoch eine Gefahr erkennen konnte, lag das an einer neuen Form der Bedrohung. Diese kam aus den kapitalistischen Gesellschaften heraus. Selbst wenn viele das Ende des Kommunismus und des Sozialismus als Tatsache anerkennen würden, »hieße der Großteil der intellektuellen Community fast automatisch jede Ausweitung des Staatseinflusses gut, solange diese dergestalt beworben wird, dass Individuen vor den großen, bösen Unternehmen gerettet würden und Armut abgebaut, die Umwelt geschützt oder ›Gleichheit‹ begünstigt würde«.[133]

Besonders stieß Friedman die damals vom amerikani-

132 Milton Friedman, »Introduction to The Road to Serfdom«, in: Friedrich August Hayek, *The Road to Serfdom*, Chicago 1994, S. IX.
133 Ebd., S. XVI.

schen Präsidenten Bill Clinton geplante Krankenversicherung als Negativbeispiel auf. So weit war es mit der vermeintlich universellen Ablehnung des Sozialismus für Friedman eben doch noch nicht gediehen. »Die Intellektuellen können zwar den Text, die Melodie beherrschen sie leider noch nicht«, so Friedmans Lamento.[134] Für Friedman war es offensichtlich, dass sich die Situation in den kapitalistischen Ländern seit Kriegsende extrem verschlechtert hatte. Er machte das einfacherweise an den Staatsausgaben fest. Deren Anteil am Bruttoinlandsprodukt war beispielsweise in den Vereinigten Staaten in den vorhergehenden vierzig Jahren um das Doppelte gestiegen. In Großbritannien ließ sich Ähnliches beobachten. Dies veranlasste Friedman zu einem verheerenden Urteil. Nach ihm war es nur eine kleine Übertreibung festzustellen, dass man auf beiden Seiten des Atlantiks »Individualismus predigt, aber Sozialismus praktiziert«.[135]

Erstaunlich ist an dieser Argumentation zweierlei. Zum einen, dass sich der Begriff »Sozialismus« von einer klaren ideologischen Position mit kompletter zentralstaatlicher Regulierung und Planung und einer theoretischen marxistisch-leninistischen Basis, mithin von einem System ohne Privateigentum an den Produktionsmitteln zu einem Synonym für praktisch alle staatlichen wirtschaftlichen Tätigkeiten entwickelt hatte. Friedman fragt schließlich nicht, in welcher Qualität die staatlichen Leistungen angeboten werden oder ob es nicht ein Gebot der Fairness gegenüber den Schwachen der Gesellschaft sei, diese Leistungen anzubieten. Für ihn war allein die Tatsache, dass der Staat Ausgaben tätigte, die über das absolute Minimum hinausgehen, schon Grund zur

134 Ebd.
135 Ebd.

Kritik. Überall dort, wo der Staat Leistungen anbot, die zumindest auch über den Markt organisiert werden konnten, witterte er den Sozialismus am Werk. So wurde der Boden bereitet für eine Position, die jede geplante Maßnahme von Regierungsseite als ein Abgleiten in den Sozialismus kritisierte.[136] Wenn in den letzten Jahren in den USA genau dies gegen Politiken der Demokratischen Partei vorgebracht wurde, handelte es sich nicht einfach um die haltlose Rhetorik eines Augenblicks. Diejenigen, die diese Rhetorik verwenden, können sich auf die Argumente eines der prominentesten Wirtschaftswissenschaftler der Welt berufen. Der zweite Punkt der Argumentation Friedmans, der einen aufschrecken lassen sollte, ist die in seiner Logik mitschwingende Verachtung für Intellektuelle und Eliten. Wie Hayek war er der Meinung, dass diesen Menschen eine Schlüsselrolle in der gesellschaftlichen und politischen Meinungsbildung zukommt. Ganz offensichtlich aber war er der Ansicht, dass die Eliten entweder nicht wirklich wüssten, was für das Land und die Gesellschaft gut sei, oder, was noch schlimmer ist, dass sie noch immer sozialistischen Idealen anhingen. Die daraus ableitbare Elitenkritik ist aus der Rhetorik der US-Rechten schon lange nicht mehr wegzudenken. Mit den Jahren hat sie an Dramatik sogar noch zugenommen.

Mit seinem Text von 1994 erklomm Friedman den Gipfel einer immer hysterischer werdenden antistaatlichen Polemik. In seiner Kritik an Hayek hatte Alvin Hansen ein halbes Jahrhundert zuvor geschrieben, *The Road to Serfdom*

136 Michel Foucault sprach in seiner Analyse des Neoliberalismus, die er noch vor dem Triumph der Neuen Rechten am Collège de France in Form einer Vorlesungsreihe vorstellte, von der »Staatsphobie« der Neoliberalen; siehe Michel Foucault, *Naissance de la Biopolitique*, Paris 2004 [1978-1979].

habe weniger mit Wissenschaft zu tun als mit der Angst, dass sich unter jedem Bett ein Kobold verstecke. Genau das traf auch auf die von Friedman geäußerte Angst vor dem allgegenwärtigen Sozialismus zu. In ihrer Analyse der neoliberalen Erfolgsgeschichte hatten die Friedmans auch den Einfluss erwähnt, den Romane und Romanschriftsteller an der Verbreitung wichtiger und innovativer gesellschaftlicher Ideen gehabt hatten, darunter auch Ayn Rand. Im Alter, so scheint es, hatte sich Friedmans Verteufelung des angeblichen Sozialismus dem argumentativen Radikalismus Ayn Rands immer weiter angenähert. Der späte Friedman war Rand sehr ähnlich geworden. Seine Brachialargumentation überdauerte.

Es verwundert daher nicht, dass Friedmans späte Interpretation der Relevanz Hayeks während der Präsidentschaft Barack Obamas wieder auflebte. Im Juni des Jahres 2010 erklomm *The Road to Serfdom* plötzlich Platz eins der Amazon-Verkaufscharts in den Vereinigten Staaten. In nur einem Monat gingen mehr als 100000 Exemplare über den Ladentisch, Buchhändler im ganzen Land wunderten sich über die plötzliche Nachfrage. Auch Hayeks *The Constitution of Liberty* sowie die Werke Milton Friedmans erfreuten sich eines Interesses wie kaum je zuvor. Grund dafür war ein Beitrag des extrem rechtskonservativen Journalisten Glenn Beck gewesen. In seiner populistischen Radiosendung pries er *The Road to Serfdom* als eine der wichtigsten Waffen gegen den Sozialismus an: »Dieses Buch«, so Beck, »ist das beste, was man lesen kann. [...] Es trifft den Sozialismus wie ein rechter Haken von Mike Tyson.« Allerdings hatte Beck kein Interesse an Hayeks Schrift als einem zeithistorischen Dokument. Es ging ihm wie so vielen Erzkonservativen in den Vereinigten Staaten jener Jahre um die absurde Beweisführung, dass die Pläne von Präsident Obama nichts anderes darstellten als puren Sozialismus – der das freiheitsliebende amerikanische Volk direkt in die Knechtschaft führen würde.[137]

Das möglichst breite Kolportieren des Schreckgespenstes des Sozialismus als Synonym für jede Form staatlicher Tätigkeit hatte in den USA schon zuvor skurrile Blüten getrieben. 1990 war der damals lediglich für seine Muskelberge und Actionfilme bekannte Schauspieler Arnold Schwarzenegger dafür gewonnen worden, die neueste Version von Milton Friedmans Fernsehsendung *Free to Chose* in einem Trailer zu bewerben.[138] Neben dem zu erwartenden Tellerwäscher-zum-Millionär-Narrativ und den Lobpreisungen des Landes der unbegrenzten Möglichkeiten argumentierte Schwarzenegger werbewirksam, dass er die Freiheiten des Marktes deswegen umso mehr genießen könne, weil er, der Österreicher, aus einem »socialistic [sic!] country« käme, in dem schon Achtzehnjährige sich nur noch darüber unterhielten, wie hoch später ihre staatliche Beamtenpension ausfallen würde. Die Nachteile des Sozialismus und die Vorzüge des Marktes, die er am eigenen Leib erfahren habe, könne er selbst aber nur richtig einordnen, seit er zufällig angefangen habe, Friedmans Fernsehsendungen zu verfolgen. Seitdem würde er nicht nur regelmäßig an Weihnachten seinen Bekannten Videokassetten der Sendung schicken. Auch mit Friedman selbst hätte er sich angefreundet. Stolz berichtete er, er dürfe ihn Milton nennen. Alle Menschen auf der ganzen Welt, aber vor allem jene, die gerade die Fesseln des Sozialis-

137 Jennifer Schuessler, »Hayek: The Back Story«, in: *The New York Times* (9. Juli 2010); online verfügbar unter: {https://www.nytimes.com/2010/07/11/books/review/Schuessler-t.html}.

138 Der Trailer ist auf Youtube verfügbar: {https://www.youtube.com/watch?v=KKbHA76-Hio}.

mus abgestoßen hatten, sollten Friedmans Lektion des Marktes und der Freiheit lernen: dass Menschen dann zu Großem fähig sind, »wenn die Regierung einem nicht im Nacken sitzt oder auf die Füße tritt«.

Die Losung war simpel: Der Staat war der Gegner, und seine Verbote waren illegitim. Sie waren zu unterlassen.

IV
Konsum I – Konsumentensouveränität und Douce Consommation

Verfechter der Idee eines *doux commerce* sahen in den wirtschaftlichen Tätigkeiten der Menschen wichtige zivilisatorische Beiträge. Konsum spielte dabei keine herausragende Rolle. Für die calvinistisch geprägte Lebensweise dienten vielmehr der Verzicht auf Konsum und das Sparen als ethische Leitbilder. Für Max Weber und Benjamin Franklin war Konsumverzicht gar Bestandteil des Geistes des Kapitalismus. In der aktuellen Debatte um Verbot und Verzicht ist das Konsumverhalten der Einzelnen beziehungsweise der Wunsch, durch Verbot und Verzicht das individuelle Konsumverhalten hin zu mehr Nachhaltigkeit zu verändern, hingegen von zentraler Bedeutung.

Die Idee des *doux commerce* wurde nicht zuletzt durch die neoliberale Vorstellung einer *Konsumentensouveränität* abgelöst. Statt *doux commerce* hieß es nun *douce consommation*: süßer, milder Konsum. Die Bewertung des Konsums hat sich also komplett gewandelt. Die neoliberalen Denker verklärten den Individualkonsum nicht nur zum Fundament des Marktsystems, sondern sogar zur Grundvoraussetzung der Freiheit, ja, Konsumprozesse seien die einzig wahre Form der Demokratie. Aus dieser Bedeutungsverschiebung erklären sich die heftigen Abwehrreaktionen auf Verbots- und Verzichtsvorschläge in den aktuellen Debatten.

Mit der ethischen Überhöhung der Arbeit, dem *money-making* sowie dem Konsumverzicht war die Produktion wichtiger geworden als der private Konsum.[1] Diese Fokussierung blieb bis weit in das 20. Jahrhundert erhalten. Folgt man dem klassischen Ökonomen Jean-Baptiste Say, war das kein Problem: Die Produktion von Gütern, so Say, schaffe ihre eigene Nachfrage.[2] Wenn dies zutrifft, und daran zweifelte lange Zeit kaum jemand, ist der Konsum nicht nur der Produktion nachgeordnet, sondern folgt ihr automatisch. Man musste sich mit ihm also nicht gesondert und mit theoretischer Absicht befassen. John Maynard Keynes modellierte 1936 zwar das makroökonomische Konsumverhalten ausführlich und gab Anlass zu der Überlegung, dass eine staatliche Ausgaben- und damit Konsumpolitik in Krisenzeiten sinnvoll sein könnte. Er selbst war jedoch weit davon entfernt, dem individuellen Konsumenten die dominierende Rolle im Wirtschaftssystem zuzugestehen. Theoretiker, die vor ihm im Konsum einen wichtigen Teil des Wirtschaftsprozesses erkannt hatten, richteten ihren Blick meist nur auf diejenigen, die sich überhaupt nennenswerten Konsum leisten konnten,

1 Tibor Scitovsky, *The Joyless Economy. The Psychology of Human Satisfaction*, Oxford 1992 [1976], S. 206 bzw. 209. Für Scitovsky ist der Produktionsfokus auch ursächlich dafür, dass man die Umweltzerstörung, die durch industrielle Produktion entsteht, lange gar nicht als Problem angesehen hat.

2 Jean-Baptiste Say, *Traité d'économie politique*, Paris 2011 [1803]. S. 87. Das Say'sche Theorem (*la loi des débouchés*, das Gesetz des Absatzes) lautet im Wortlaut: »C'est la production qui ouvre des débouchés aux produits« (Es ist die Produktion, die den Absatz für die Produkte ermöglicht).

der über die Bedürfnisse des eigenen Überlebens hinausging: auf die Wohlhabenden.

In seiner *Theory of Moral Sentiments* fand Adam Smith 1759 zunächst ganz im Sinne der damaligen Zeit Gründe dafür, dass Konsumverzicht sozial erwünscht war. Allerdings war sein Blickwinkel ein besonderer: Ihm ging es um die Tatsache, dass die unteren Klassen häufig die Konsummuster der Reichen imitierten. Das damit verbundene Glücksversprechen könne sich, so Smith, jedoch nicht erfüllen. Im Kapitel über den Nutzen (*utility*) beschreibt er einen armen Mann, der zeitlebens ohne Unterlass arbeitet, nur um sich die Dinge und den Lebensstil leisten zu können, den er bei den oberen Schichten beobachtet hat. Als er älter wird, bemerkt er, dass diese Güter allein leider nicht das erhoffte Glück bringen: »Sie mögen ihn vor kleineren Unannehmlichkeiten bewahren, vor den raueren Unbarmherzigkeiten der Saison schützen sie nicht. Sie halten den Sommerschauer ab, nicht den Wintersturm. Und lassen ihn immer, manchmal noch deutlicher der Sorge, der Angst und dem Schmerz ausgesetzt; Krankheiten, Gefahr und Tod.«[3] Wenn materielle Dinge und das Streben nach ihnen nicht glücklich machen, schlussfolgerte Smith, täten die Armen gut daran, gar nicht erst zu versuchen, die gleichen Güter zu erlangen wie die Reichen. Sie sollten sich schlicht *nicht* von dem Konsum der Wohlhabenden inspirieren und motivieren lassen.

Dem Konsum der Reichen konnte Smith hingegen viel Positives abgewinnen. Ein stolzer Landbesitzer, der einen unstillbaren Appetit auf Luxus hat, müsse schließlich eine Menge Menschen bezahlen, um diesen auszuleben: diejenigen nämlich, die Luxusgüter produzieren, oder diejenigen, die

3 Smith, *The Theory of Moral Sentiments*, S. 183.

durch ihre Dienstleistungen sein Leben angenehm machen. Seine Launen und sein Streben nach Luxus würden daher vielen Menschen ermöglichen, sich die »Notwendigkeiten des Lebens« zu leisten, die sie nie erhalten würden, wenn sie nur an seine Mitmenschlichkeit appellierten. Die Wohlhabenden seien getrieben von Eigennutz, aber genau damit würden sie vielen Menschen ungewollt das Überleben sichern. Da der Bauch eines Reichen auch nicht größer sei als der eines Armen, würden sich, ohne dass es beabsichtigt wäre, die *necessaries of life* in der gesamten Gesellschaft so verteilen, als würde von vornherein eine völlige Gleichverteilung der Güter herrschen. Die Wohlhabenden würden daher in ihrer Konsumgier von einer *invisible hand* geleitet, die nichtbeabsichtigte positive wirtschaftliche Effekte für alle hervorbringe (die aber mit der *unsichtbaren Hand* des Marktes nichts zu tun hat), dass nämlich alle Menschen und alle Schichten gleich *glücklich* werden könnten. Gesamtgesellschaftliches Glück ist nach Adam Smith eine Funktion des Konsums der Reichen: »Als die Vorsehung die Welt unter einigen weltlichen Herrschern aufteilte«, so Smith, »vergaß sie niemals oder ließ diejenigen fallen, die in der Verteilung leer ausgegangen waren. Sie bekommen auch ihren Teil. [...] Und was das wahre menschliche Glück angeht, sind sie in keiner Weise denen untergeordnet, die doch so weit über ihnen zu stehen scheinen.«[4]

Was zunächst und aus der heutigen Perspektive der Glücksforschung vielleicht wie Weisheit und Weitsicht klingt, war allerdings nur ein zeit- und standestypischer Versuch für die Rechtfertigung einer gesellschaftlichen Ordnung, die – auch für Smith – unabänderlich schien und gottgegeben war.

4 Ebd., S. 184f.

Ungleichheit war für Smith Gottes Wille und kein soziales Problem, das man lösen musste, geschweige denn überhaupt als Problem erkennen sollte. Im Gegenteil, Ungleichheit betrachtete er als Vorteil. Sie führe im Endeffekt dazu, dass *alle* Menschen froh würden.[5]

Luxuskonsum war für die soziale – und das hieß damals: feudale – Systemstabilisierung sinnvoll und notwendig. In *The Wealth of Nations* argumentierte Adam Smith Jahre später, dass sich die materielle Versorgung der Menschen und damit ihr Konsum durch eine erhöhte Arbeitsteilung und Produktion stetig verbessern könne. Auch wenn es weiterhin gesellschaftliche Unterschiede gab, ließe sich beobachten, dass es auch den Ärmsten materiell immer besser gehe. Die Behausung eines europäischen Prinzen und die des ärmsten Mitglieds seines Volkes seien sicherlich sehr unterschiedlich, so Smith, doch sei Letztere immer noch viel besser ausgestattet als »die von so manchem afrikanischen König, dem absoluten Herrscher über das Leben und die Freiheit zehntausend nackter Wilder«.[6] Smith fokussierte sich auf die Angebotsseite, auf den Handel und die Produktion beziehungsweise die Steigerung der Produktion. Konsum als aktiver Wirtschaftsfaktor war lediglich Sache der Reichen. Die durften bei Smith ihren Gelüsten frönen. Für alle anderen galt: Spart lieber!

5 Ebd., S. 235.
6 Smith, *The Wealth of Nations*, Bd. I, S. 117.

Für Werner Sombart spielte der Konsum, nicht der Verzicht darauf hingegen die entscheidende Rolle bei der Entstehung des Kapitalismus. Wie Smith ging es aber auch ihm ausschließlich um den Konsum der Begüterten: um den Konsum, den sie aus Liebe tätigten. In seiner Studie *Liebe, Luxus und Kapitalismus* von 1912 argumentierte Sombart, dass Änderungen in den Geschlechterverhältnissen eine neue und nachhaltig wirksame Form des Konsums hervorgebracht hätten. Luxuskonsum sei eine Folge amouröser Leidenschaft. Die kapitalistische Luxuskultur, so Sombart, habe sich während der Frühen Neuzeit aus einer »Mätressenwirtschaft« entwickelt. Die Institutionalisierung von »Geliebten« am Hofe der Fürsten, Könige oder Prinzen, mithin eine »Säkularisierung der Liebe« im institutionalisierten Auseinandergehen von Liebe und Ehe unter den Eliten, habe für eine Entwicklung gesorgt, in deren Zuge der Konsum von Luxusgütern (nach Sombart durch den Geschmack und die Wünsche der Frauen befördert) zu einem wichtigen sozialen Distinktionsmerkmal wurde. Was sich auf den ersten Blick und auch aufgrund der Sprache Sombarts wie ein Witz ausnimmt (»Der Sieg des Weibchens«), entpuppt sich als ernst gemeinte und mit erstaunlichem Zahlenmaterial gestützte Behauptung.[7]

Sombart begnügt sich nicht mit der Erfassung von Ausgaben für ausgewählte Luxusmätressen wie die der Madame de Pompadour, sondern belegt, auf welche unterschiedlichen

7 Werner Sombart, *Liebe, Luxus und Kapitalismus. Über die Entstehung der modernen Welt aus dem Geist der Verschwendung*, Berlin 1983 [1912/1922], S. 104.

Weisen der Luxuskonsum der Herrscher von anderen Begüterten der Gesellschaft kopiert wurde (»das waren [...], wie wir getrost sagen können, alle reichen Leute«) und somit zur Entwicklung ganzer Wirtschaftszweige beitrug. Das betraf nicht nur die Produktion von Gütern, sondern auch den Handel, die Landwirtschaft (beides auch im Zusammenhang mit den Kolonien) und Dienstleistungen. Besonders deutlich zeigte sich das Verlangen nach Luxus in der Entwicklung der Residenz- und Hauptstädte (mit der Entstehung von Opernhäusern, Theatern, Geschäften, Hotels, »feinen« Restaurants etc.). Prachtentfaltung und Verschwendung wurden zu sozial akzeptierten Normen, Überfluss und Prunk zu den wichtigsten Merkmalen höherer Schichten. Irgendwann war es auch nicht mehr entscheidend, ob eine Mätresse oder eine verheiratete Frau den Luxus forderte (»ob es verheiratet war oder nicht, bleibt sich gleich, wenn es nur Weibchen war«[8]). Dieses Verhalten war Sombart zufolge vor dem technisierten Industriezeitalter eine der Haupttriebfedern des modernen Kapitalismus. Wie er es ausdrückte: Luxus, das legitime Kind der illegitimen Liebe, zeugte den Kapitalismus.

Der Amerikaner Thorstein Veblen hatte in seiner *Theory of the Leisure Class* (dt.: *Theorie der feinen Leute*) ein Jahrzehnt vor Sombart ebenfalls den Konsum der Wohlhabenden untersucht. Veblen beschäftigte sich allerdings mit der Frage, ob dieser sich nicht gänzlich von dem der weniger Vermögenden unterscheide. Veblens Untersuchungsgegenstand war diejenige Gruppe eines sozialen Gefüges, die es sich leisten konnte, nicht arbeiten zu müssen: weil sie Menschen als Sklaven hielt oder weil sie aus sonstigen Gründen zu einer Nobilität gehörte, die Arbeitsleistungen von anderen for-

8 Ebd., S. 117.

dern konnte. Heute würde man sagen: weil sie so wohlhabend war, dass sie sich nicht mit der Frage beschäftigen musste, wie sie ihren Lebensunterhalt verdienen sollte. Eine Besonderheit dieser Gruppe war, dass sie im Gegensatz zu all denjenigen, die arbeiten mussten, über Zeit, genauer gesagt über Freizeit (*leisure*) verfügte. Eine weitere Besonderheit bestand darin, dass diese Gruppe ein ausgeprägtes Interesse daran hatte, sich von anderen sichtbar abzugrenzen. Dies geschah durch das »Nicht-arbeiten-Müssen« und damit verbunden auch mit dem demonstrativen Ausleben der vorhandenen Freizeit. Freizeit zu haben und genießen zu können war ein Distinktionsmerkmal. Mit fortschreitender Entwicklung und Monetarisierung verschob sich jedoch das Objekt der Distinktion. Neben der vorhandenen Zeit waren es zunehmend materielle Güter, die konsumiert wurden. Allerdings nicht irgendwelche, sondern solche, von denen man ausgehen konnte, dass andere sie sich nicht leisten konnten. Geltungskonsum, Konsum, der möglichst von allen bemerkt werden sollte, wurde zum neuen sozialen Erkennungsmerkmal der Oberschicht. Veblen sprach von »conspicuous consumption«.[9]

Geltungskonsum war mit Sichtbarkeit und Zurschaustellung verbunden. Außerdem musste es sich um Güter handeln, die im Grunde überflüssig waren. Die Wohlhabenden gaben die Standards vor, die dann andere zu kopieren versuchten. Konsum spielte daher für das Selbstverständnis der Reichen eine Rolle – aber eben auch für die Masse der Nicht-Reichen, die deren Konsummuster imitieren wollten. Die Logik des Geltungskonsums verlangte nicht nur, dass

9 Thorstein Veblen, *The Theory of the Leisure Class*, New York 1994 [1899], S. 52.

konsumiert, sondern dass für alle bemerkbar konsumiert wurde. Um stille Akkumulation, um Frugalität und Sparsamkeit wie in der calvinistischen Lebensführung ging es nicht mehr. Mit Sparsamkeit füllten sich vielleicht die Bankkonten. Die gesellschaftliche Distinktion, die man suchte oder verfestigen wollte, aber blieb aus, wenn keiner sah, wie reich man eigentlich war.

Originell an Veblens Analyse ist, dass für ihn Konsum stark mit Emotionen verbunden war. Der Geltungskonsum mache nicht nur das Leben vermeintlich leichter, er vermittele das gute *Gefühl*, zu den Besseren zu gehören. Für Veblen gingen Affekt und Konsum erstmalig zusammen. Ein Punkt, der später noch eine Rolle spielen wird und der sich gänzlich von der wesentlichen Funktion des *doux commerce* unterscheidet: der Affektkontrolle.

Konsum und die Vorzüge der Ungleichheit

In Hayeks *The Constitution of Liberty* spielt der Konsum nur an einer Stelle eine Rolle. Dort betrachtet Hayek dieselbe soziale und ökonomische Funktionsweise des Geltungskonsums wie Veblen. Er nutzt die Analyse jedoch, um soziale Ungleichheit zu rechtfertigen. Wie Hayek feststellt, ist die Akkumulation von Gütern üblicherweise ein Ausweis wirtschaftlichen Fortschritts. Der Lebensstandard der Menschen habe sich auch deswegen in der Vergangenheit so erhöht, weil die Menschen in die Lage versetzt wurden, Dinge nicht nur zu akkumulieren und zu reinvestieren, sondern zu konsumieren. Das galt insbesondere für den Konsum neuartiger Güter, von denen man nicht geahnt hatte, dass sie existieren könnten. Diese Güter könnten aber nur deswegen von vielen konsumiert werden, weil sie zu einem vorherigen Zeitpunkt, an dem sie neu und unverhältnismäßig teuer waren, von den Begüterten und Reichen der Gesellschaft ausprobiert worden waren. Aus dem Luxus der wenigen wurde so unweigerlich zu einem späteren Zeitpunkt – und ganz im Sinne der Idee von Say – ein gesamtgesellschaftliches Bedürfnis. Letztendlich würden diese Güter zu einer Notwendigkeit des jeweiligen modernen Lebensstils werden. Damit das materielle Niveau der meisten Menschen steigt, muss es nach dieser Logik einen Zeitpunkt gegeben haben, zu dem bestimmte Güter nur den Zahlungskräftigen vorbehalten waren. Für Hayek lag darin eine kausale Sequenz; das eine bedinge das andere.

Die Logik hinter diesem Gedanken war folgende: Mit anfänglich hohen Preisen können die Produzenten ihre Entwicklungskosten decken. Erst das versetzt sie in die Lage, die Produkte später auch »den Armen« zur Verfügung zu stellen. Auch können sich noch effizientere oder billigere Produktionsweisen entwickeln, die eine Massenverfügbarkeit der Güter vereinfachen. An dieser sozial »vorgelagerten Position« entstehen neue Wünsche für alle anderen. Die Vorstellung, sich diese neuen Güter auch selbst leisten zu können, führe zu stärkeren wirtschaftlichen Anstrengungen der Nicht-Reichen. Damit die neuen Güter dann auch »den Massen« zur Verfügung gestellt werden können, ist es notwendig, dass sie zunächst nur von wenigen konsumiert werden: »Der Weg des Fortschritts ist deswegen gut zu nutzen, weil er bereits gegangen wurde. Weil Pfadfinder schon das Ziel erreicht haben, kann eine Straße für die ›weniger Tatkräftigen‹ oder ›weniger Glücklichen‹ gebaut werden.« Die Konsumerfahrungen einiger weniger seien also ursächlich dafür, dass später auch alle anderen in den Genuss dieser Güter kommen. Das funktioniere natürlich besser, wenn in der Gesellschaft Ungleichheit herrsche. Gäbe es diesen Erstkonsum durch Wohlhabende nicht und die Menschen hofften stattdessen darauf, dass ein neues Gut sofort allen zur Verfügung stünde, so würden sie vergeblich warten. »Die Ärmsten heutzutage verdanken ihr relatives materielles Wohlergehen der Konsequenz vergangener Ungleichheit«, so Hayek.[10] In freien Gesellschaften sei Ungleichheit unproblematisch, weil diese sich auf einem Fortschrittspfad befänden, der den materiellen Wohlstand für alle stetig ansteigen ließe. Die Reichen seien allen anderen materiell lediglich »somewhat ahead«: »Sie leben schon in einer Phase der Evolution, die die anderen noch nicht erreicht haben.«[11]

Entscheidend war für Hayek, dass die weniger Begüterten in ihrem Wunsch, das beobachtete Konsumverhalten zu imitieren, fleißiger würden. »Das meiste, nach dem wir streben, sind Dinge, die wir haben wollen, weil andere sie bereits besitzen.« Der Wunsch danach sei ein wichtiger persönlicher Antrieb. Das Ganze mag grausam erscheinen, aber es sei akzeptabel, solange eine Gesellschaft in der Lage sei, in materieller Hinsicht Fortschritte zu machen. Das sei eine Grundvoraussetzung; Ungleichheit sei eine andere. »Wenn es eine progressive Gesellschaft bleiben soll«, schrieb der geborene Edle von Hayek, »müssen manche führen, und der Rest muss folgen.«[12]

10 Hayek, *The Constitution of Liberty*, S. 44.
11 Ebd.
12 Ebd., S. 45.

Für Smith, Sombart und Hayek hatte der Konsum der Wohlhabenden einen nichtintendierten positiven Effekt: Er war die Ursache dafür, dass es den Nicht-Reichen besser ging. Allerdings spielte nur bei Hayek der Gedanke eine Rolle, dass die Nicht-Reichen die *gleichen* Güter konsumieren würden – wenn auch zeitversetzt. Für Smith und Sombart war das hingegen nur von geringer Bedeutung. Für sie waren eher die Beschäftigungseffekte interessant, die sich aus der Nachfrage nach Luxusgütern ergaben und die es den Nicht-Armen ermöglichten, ihren Lebensstandard zu verbessern. Veblen zufolge resultierte das positive Gefühl jener, die sich *conspicuous consumption* leisten konnten, aus dem Wissen, dass die Armen eben nicht in der Lage sein würden, ihre Konsummuster zu kopieren. Wenn es also um Konsum ging, spielte Massenkonsum lange keine Rolle, weder als empirische Kategorie noch als anzustrebende Norm.

In den sich industrialisierenden Volkswirtschaften eröffneten sich dann um die Wende vom 19. zum 20. Jahrhundert für immer breitere Schichten Konsummöglichkeiten. Zum einen wurde billig hergestellte Massenware verfügbar, zum anderen stiegen die Löhne. Konsum war nicht länger ein Tatbestand des süßen Lebens der Oberschicht, sondern eine lebenserleichternde Realität der breiten arbeitenden Bevölkerung. Der Stellenwert des Konsums änderte sich im realen Leben fast aller Menschen so stark, dass es auch den Ökonomen auffallen musste. Ihnen dämmerte, wie wichtig Konsum für die Bevölkerung geworden war und wie wenig sich die ökonomische Theorie bislang mit ihm beschäftigt hatte.

Im Jahr 1912 monierte der spätere Präsident der American Economic Association, Wesley C. Mitchell, bei dem Hayek auf seiner ersten Amerikareise an der Columbia University Kurse besuchen sollte[13] und den Joseph Schumpeter später in seinem Buch *Ten Great Economists* als außergewöhnliche Erscheinung lobte,[14] den mangelnden Blick seiner Profession auf den Konsum. Mitchell konnte zwar auf Veblen als einen Autor verweisen, der das Thema aufgegriffen hatte. Aber dieser hatte nur einen kleinen Teil der Bevölkerung in den Blick genommen. Außerdem war man sich bei Veblen laut Mitchell nicht sicher, ob er das mit der *conspicuous consumption* nicht ironisch gemeint hatte.

Unsäglich fand Mitchell vor allem, *wie* in der Realität konsumiert wurde. In einem Artikel mit dem poetischen Titel »The Backward Art of Spending Money« (Die unterentwickelte Kunst des Geldausgebens) beschäftigte er sich daher mit dem Konsum der Masse. Die Kunst zu konsumieren, also die Kunst, sein Geld *auszugeben*, sei in den amerikanischen Haushalten völlig rückständig, befand er. Den Grund dafür sah er darin, dass das normative kulturelle Ideal so lange beim *money-making* gelegen und man sich deswegen überhaupt nicht mit dem *money-spending* auseinandergesetzt hatte. Die Praxis des Geldausgebens war offensichtlich hinter der Praxis des Geldmachens qualitativ zurückgeblieben.

Während Rationalisierung und Arbeitsteilung die industrielle Erwerbsarbeit bestimmten, während sich immer mehr Menschen den Kopf darüber zerbrachen, wie die *Produktion* effizienter gestaltet werden könne, würde sich kein Mensch um die Optimierung des *Privatkonsums* sorgen. Dieser wür-

13 Bruce Caldwell, *Hayek's Challenge. An Intellectual Biography of F. A. Hayek*, Chicago 2004, S. 150.

14 Joseph Schumpeter, *Ten Great Economists*, London 1952.

de sich meist in Familienverbänden abspielen und wäre weit davon entfernt, die modernen Entscheidungsmuster und Rationalitäten der industriellen Produktion widerzuspiegeln. Problematisch war für Mitchell, dass Konsum nicht nur bedeutete, das zum Überleben Notwendige zu besitzen, sondern auch Dinge zu kaufen, um bestimmten sozialen Normen und Erwartungen zu genügen. Der Druck, diesen Erwartungen zu entsprechen, sei für Familien ein hoher Kostenfaktor. Nicht der Geltungskonsum der Eliten war wichtig, sondern der Konsum zur Erreichung eines akzeptablen materiellen Mindeststandards, der es ermögliche, wie Adam Smith es einmal formuliert hatte, sich in der Öffentlichkeit ohne Scham zu zeigen.

Mitchell entwickelte futuristische Modernisierungsphantasien für die Gesellschaft. Er sprach von der Notwendigkeit, den Haushaltskonsum mit Unterstützung von Experten und Wissenschaftlern zu optimieren, wobei er von einem traditionellen Verständnis der Geschlechterrollen ausging. Der Hausfrau kam die wichtigste Rolle bei Konsumentscheidungen und -ausgaben zu. Aus seinen Beobachtungen leitete Mitchell ab, dass es notwendig geworden sei, normative Vorstellungen bezüglich des Konsums und des Konsumverhaltens zu entwickeln.[15] Die neoliberalen Ökonomen mit ihrer besonderen Vorstellung der Konsumentensouveränität sollten Mitchell zu Hilfe kommen.

15 Wesley C. Mitchell, »The Backward Art of Spending Money«, in: *American Economic Review* 2/2 (2012), S. 269-281.

Eine Lesart der Geschichte des Neoliberalismus geht davon aus, hinter der Markteuphorie habe der Wille gesteckt, die Demokratie zu verändern oder sogar neu zu erfinden.[16] Der Grund dafür seien die Erfahrungen gewesen, die Denker wie Hayek, aber vor allem auch Ludwig von Mises im unmittelbaren Post-Habsburger Wien gemacht hatten. In den umwälzenden sozialistischen Politiken der Stadt sahen sowohl Hayek als auch von Mises ganz im Sinne der Jeopardy Thesis eine negative Folge des neu eingeführten allgemeinen Wahlrechts. Die Demokratie, so hatte es in Wien den Anschein, konnte dem Privateigentum gefährlich werden und schlimmstenfalls so etwas wie *mob rule* hervorbringen. Beides waren Entwicklungen, denen man Einhalt gebieten musste. Der effektivste Schutz, davon waren die neoliberalen Theoretiker überzeugt, sei ein ungehindertes Funktionieren des Marktmechanismus, und zwar auch in vielen Bereichen, die traditionell staatlichen Stellen und Institutionen vorbehalten waren. Der Markt wäre ohnehin viel demokratischer, als es die Politik je sein könnte. Es galt daher, das Politische, im wahrsten Sinne des Wortes, zu vermarkten.

Für die Herausbildung dieser Logik war das Konzept der *Konsumentensouveränität* entscheidend. Sein wichtigster Stichwortgeber war Ludwig von Mises. Nicht nur sollte für ihn der Konsumentensouverän die Effektivität des Marktes überhaupt möglich machen. Konsumentensouveränität wurde für ihn zum Grundpfeiler der Demokratie – unter der

16 Daniel Zamora Vargas, »How Neoliberalism Reinvented Democracy«, in: *The Tocqueville Review/La Revue Tocqueville* XLI/2 (2020), S. 7-17.

Voraussetzung freilich, dass man Demokratie als einen Prozess begreift, in dem der Einzelne frei und ungestört aus verschiedenen Möglichkeiten wählt. Die *Kosumentensouveränität* war das Kernstück der *Konsumentendemokratie*, wie von Mises und andere Neoliberale sie verstanden. Den Begriff der *Konsumentensouveränität* selbst nutzte von Mises indes nicht.[17]

Der Neoliberalismus war also nicht nur eine Gegenideologie zum Sozialismus, sondern darüber hinaus eine Alternative zur repräsentativen Demokratie und ihren Spielregeln, nach denen sich der Einzelne einer getroffenen Mehrheitsentscheidung zu beugen hat. Die Gefahr, die von solchen Mehrheitsentscheidungen ausging, bestand für Neoliberale schlicht darin, dass Eingriffe in den Marktmechanismus zu befürchten waren, die wiederum die individuelle Entscheidungsfreiheit beschränken und damit auch die Effizienz der Märkte zunichtemachen konnten.

Um die Jahrhundertwende hatte der Ökonom Frank Fetter in seinen *Principles of Economics* argumentiert, die Konsumentscheidungen der Marktnachfrager seien einem demokratischen Prozess recht ähnlich: »Jeder Penny beinhaltet ein Wahlrecht.«[18] Von Mises griff diese von Fetter nicht weiter ausgearbeitete These in seinem Buch *Die Gemeinwirtschaft* auf. Darüber hinaus behauptete er, es seien hauptsächlich die Konsumenten, die mit ihrem Verhalten den Marktmechanismus antreiben.[19] In dem Kapitel »Das Argument

17 Niklas Olsen, »Ludwig von Mises, the Idea of Consumer Democracy and the Invention of Neoliberalism«, in: *The Tocqueville Review/La Revue Tocqueville* XLI/2 (2020), S. 43-64.

18 Frank A. Fetter, *The Principles of Economics. With Applications to Practical Problems*, New York 1904.

19 Olsen, »Ludwig von Mises«, S. 51.

der wirtschaftlichen Demokratie« nahm von Mises zunächst die sozialistische Vorstellung einer Selbstverwaltung von Betrieben durch die industrielle Arbeiterschaft aufs Korn. Nur diese Form der Mitbestimmung würde, ginge es nach den Sozialisten, eine Demokratie vollkommen machen. Denn nach diesen galt: Solange einige Menschen dank ihres Besitzes Macht über andere ausüben (so wie es bei Kapitalisten der Fall sei), könne man nicht von »persönlicher Freiheit« sprechen. Für von Mises lag dieser Argumentation nicht nur ein mangelndes Verständnis der Demokratie zugrunde, sondern auch eine Unkenntnis der Besonderheiten des Kapitalismus.

Im Kapitalismus kam dem Wettbewerbsmechanismus die herausragende Bedeutung zu, denn

> alle Produktion muß sich nach den Wünschen der Verbraucher richten. Entspricht sie nicht den Anforderungen, die der Konsument stellt, dann wird sie unrentabel. Es ist also dafür gesorgt, daß die Erzeuger sich nach dem Willen der Verbraucher richten und daß die Produktionsmittel aus der Hand jener, die nicht gewillt oder befähigt sind, das zu leisten, was die Verbraucher von ihnen fordern, in die Hände jener übergehen, die besser imstande sind, die Erzeugung zu leiten. *Der Herr der Produktion ist der Konsument.*

Und in einer Paraphrase des Amerikaners Fetter schrieb von Mises weiter: »Die Volkswirtschaft ist, unter diesem Gesichtswinkel betrachtet, eine Demokratie, in der jeder Pfennig einen Stimmzettel darstellt. Sie ist eine Demokratie mit jederzeit widerruflichem imperativen Mandat der Beauftragten. Sie ist eine *Verbraucherdemokratie*.«[20]

Die Produktion müsse sich einzig und allein den Wünschen der Konsumenten anpassen:

20 Von Mises, *Die Gemeinwirtschaft*, S. 435 f. Meine Hervorhebung.

Dem einzelnen Lohnempfänger, dessen Blick nicht über den engen Horizont seiner täglichen Arbeit hinausgeht, mag es als Willkür und Laune erscheinen, was der Unternehmer in seinem Betriebe verfügt. Aus der Froschperspektive lassen sich die großen Umrisse und der Plan des ganzen Werkes nicht erkennen. [...] Daß der Unternehmer unter der Herrschaft eines strengen Gesetzes arbeitet, vermag er nicht zu erkennen.[21]

Von Mises spricht ferner von einer »Herrschaft der Konsumenten« und davon, dass »alle Wirtschaft [...] Konsumentenwirtschaft sein« müsse.[22]

Was genau die Bedürfnisse der Konsumenten sind, sei nicht relevant:

Was sich der Verbraucher wünscht, kümmert dabei Unternehmer und Kapitalisten nicht. Sie sind nur die gehorsamen Diener des Verbrauchers und dienen ohne Widerrede seinen Befehlen. Es ist nicht ihres Amtes, dem Verbraucher vorzuschreiben, was er genießen soll. Sie liefern ihm, wenn er es wünscht, Gift und Mordwaffen. Es ist ihnen als Produzenten ganz gleichgültig, was ihr Herr, der Verbraucher, von ihnen fordert.

Und weiter führt von Mises exemplarisch aus:

Die Menschen trinken nicht Alkohol, weil es Bierbrauereien, Schnappsbrennereien und Weinbau gibt; man braut Bier, brennt Schnaps und baut Wein, weil die Menschen geistige Getränke verlangen. Das ›Alkoholkapital‹ hat weder die Trinksitten noch die Trinklieder geschaffen. Die Kapitalisten, die Aktien von Brauereien und Brennereien besitzen, hätten lieber Aktien von Verlagsbuchhandlungen erworben, die Erbauungsbücher vertreiben, wenn die Nachfrage nach geistlichen Büchern stärker wäre als die nach geistigen Getränken. [...] Wer es für schädlich hält, Alkohol und Nikotin zu genießen, der lasse es bleiben. Wenn er will, mag er auch trach-

21 Ebd., S. 436.
22 Ebd., S. 437.

ten, seine Mitmenschen zu seiner Anschauung und Enthaltsamkeit zu bringen. Seine Mitmenschen gegen ihren Willen zur Meidung von Alkohol und Nikotin zu zwingen, vermag er in der kapitalistischen Gesellschaftsordnung, deren tiefster Grundzug Selbstbestimmung und Selbstverantwortung eines jeden einzelnen ist, freilich nicht. Wer es bedauert, daß er andere nicht nach seinen Wünschen lenken kann, der bedenke, daß andererseits auch er selbst davor gesichert wird, den Befehlen anderer Folge zu leisten.[23]

Argumente gegen staatliche Verhaltenskontrollen durch Verbote und Verzicht wurden selten so blumig zur Sprache gebracht wie in dieser Textstelle. Konsum und Freiheit stehen hier Verbot und Zwang gegenüber.

Die Vorstellung des souveränen Konsumenten erlaubte es, das Idealbild eines Individuums zu zeichnen, das frei und ohne Interventionen anderer Entscheidungen treffen kann. Außerdem funktioniere die Demokratie am Markt am besten. In der Verbraucherdemokratie seien die Konsumentscheidungen der Einzelnen für sich genommen das Ergebnis eines demokratischen Wahlprozesses. Die Konsumenten, so von Mises, seien dazu in der Lage, die für sie besten Entscheidungen zu treffen und dafür zu sorgen, dass die Produzenten sich ihren Wünschen anpassen. Jede Störung dieser Mechanik würde das System nur ineffizient machen. Es war klar, worauf von Mises hinauswollte: Der Sozialismus, mit seinen Versprechen auf demokratische Teilhabe und Grundbedürfnisbefriedigung aller, sei nicht nur ein Ding der Unmöglichkeit, sondern auch eine himmelschreiende Ungerechtigkeit den legitimen Wünschen des Einzelnen gegenüber. Von Mises ging es nicht nur darum, politische Prozesse gegenüber dem Marktmechanismus ab-, sondern den Markt-

23 Ebd., S. 438 f.

mechanismus moralisch aufzuwerten. Er wollte ihn legitimieren, indem er die Moral aus den Marktentscheidungen tilgte.[24]

Die Vorstellung, dass der Marktmechanismus die einzig wahre Demokratie mit dem Konsumenten als dem wichtigsten Akteur in der Rolle des Wählers darstelle, nahmen noch vor dem Zweiten Weltkrieg einige Ökonomen dankend auf, die später wichtige Neoliberale werden sollten. So schrieb beispielsweise der Ordoliberale Wilhelm Röpke, der 1947 am ersten Treffen der Mont Pèlerin Society teilnehmen und sogar ihr Präsident werden würde, 1935 in Abgrenzung zu den interventionistischen Wirtschaftsregimen faschistischer Staaten von der »democracy of the consumers«, die auf Wettbewerbsmärkten herrsche.[25] Fast ein Vierteljahrhundert später äußerte er die Befürchtung, »der demokratische Souverän ›Markt‹ [werde] durch den autokratischen Souverän ›Staat‹ ersetzt«.[26]

Auch Hayek beklagte im selben Jahr in einer Zwischenüberschrift eines Aufsatzes die »Abschaffung der Souveränität des Konsumenten«.[27] Hayek setzte Freiheit stets mit Konsumfreiheit gleich, begrifflich bevorzugte er aber die Gegensatzpaare Freiheit/Knechtschaft oder Freiheit/Zwang, ohne dabei konkreter auf den Konsum einzugehen. Im hohen Alter und im dritten Band seines Spätwerks *Law, Legislation and Liberty* von 1979 war es Hayek aber immer noch

24 Ebd., S. 54.

25 Wilhelm Röpke, »Fascist Economics«, in: *Economica* 2/5 (1935), S. 85-100, hier S. 93.

26 Wilhelm Röpke, *Gegen die Brandung*, Zürich 1959, S. 131.

27 Friedrich August Hayek, »The Present State of the Debate«, in: ders., *Collectivist Economic Planning*, New York 1935, S. 201-243.

ein Bedürfnis, ein Kapitel mit der Überschrift »The Containment of Power«, die Eindämmung der Macht (des Staates natürlich), einzufügen. Im dortigen Abschnitt »The Dethronment of Politics«, die Entthronung der Politik (zu Gunsten der freien wirtschaftlichen Entfaltung), wiederholte er seine normativ-ethische Begründung für das Verfolgen des individuellen Eigeninteresses: »Das einzige moralische Prinzip, das jemals das Wachstum einer entwickelten Zivilisation möglich gemacht hat, ist das Prinzip der individuellen Freiheit.«[28] Damit war vor allem die Freiheit des individuellen Konsums gemeint. Dieser bedürfe keiner moralischen Einschränkung und sei das Rückgrat des Fortschritts, ganz im Gegensatz zum Konsumverzicht, den der *doux commerce* noch gefordert hatte

Milton Friedman nutzte den Begriff »Konsumentensouveränität« ebenso wenig wie von Mises, aber sein gesamtes neoliberales Argumentationsgerüst gründet sich darauf. In *Capitalism and Freedom* klingt es oft so, als würde Friedman von Mises' Ideen zum Konsum einfach übernehmen und durch seine Wortwahl verstärken. Friedmans Vorstellungen, denen zufolge ökonomische Freiheit politische Freiheit bedinge (und daher der Politik übergeordnet sei) und »free to choose« die höchste anzustrebende Norm menschlicher Entwicklung sei, sowie seine Auffassung von der Funktionsweise der Wettbewerbsmärkte als Anpassungsprozesse der Anbieter an die Bedürfnisse der Konsumenten waren klare Parameter der Konsumentensouveränität. Lediglich mit seiner unternehmerfreundlichen Friedman-Doktrin zeigte er, dass ihm die Freiheit der Unternehmer ebenso, wenn nicht noch wichtiger schien.

28 Hayek, *Law, Liberty and Legislation*, Bd. III, S. 149 und 151.

Die uneingeschränkten Konsummöglichkeiten des Einzelnen waren für Friedman immer einer demokratischen Mehrheitsentscheidung vorzuziehen. Auch für ihn agierten Nachfrager wie Wähler: »Jeder Mann gibt sozusagen seine Stimme darüber ab, welche Farbe seine Krawatte haben sollte. Und genau die bekommt er dann. Er muss nicht abwarten, welche Farbe die Mehrheit wählt, und dann, wenn er der Minderheit angehört, klein beigeben.«[29] Der Markt, nicht die Politik, war auch für Friedman die wahre Ebene der proportionalen Repräsentation. Eben deswegen war der Vergleich des Marktnachfragers mit einem Wähler für Friedman so treffend. Der Markt war auch für ihn die bessere Demokratie: »Wenn man jeden Tag im Supermarkt wählen geht, kriegt man genau das, was man möchte. Und alle anderen auch.« Wenn man sich dem Mehrheitsvotum beugen müsse, sei das nicht der Fall. Mit der Konsumentensouveränität erreiche man den fabelhaften Zustand, in dem man seine Wünsche vollständig realisieren könne.[30]

Konsumentensouveränität

Der Begriff der Konsumentensouveränität selbst stammt von dem Ökonomen William Harold Hutt. Er verwendete ihn erstmalig 1931 in einem Artikel (der allerdings erst 1934 veröffentlicht wurde) und entwickelte ihn in den Folgejahren mehrfach weiter. Der in Südafrika lehrende Hutt wurde 1983, am Beginn der neoliberalen Erfolgswelle, vom *Wall Street Journal* als »der wahrscheinlich wichtigste Ökonom

29 Ebd., S. 15.
30 Friedman, *Free to Choose*, S. 65.

des 20. Jahrhunderts« bezeichnet.[31] Trotz seiner Mitgliedschaft in der Mont Pèlerin Society wurde er allerdings nie richtig bekannt. Seine Schöpfung, der Begriff der Konsumentensouveränität, genießt hingegen reges Ansehen. Er ist so sehr Teil des ökonomischen Vokabulars geworden, dass sein Urheber nie erwähnt wird. Dabei war die Wortwahl Hutts kein Zufall, sondern eine bewusste Entscheidung, um den *normativen* Anspruch des Begriffs zu unterstreichen. Hutt selbst kokettierte, sich gar nicht sicher zu sein, ob er der eigentliche Erfinder sei. Für ihn war es ein Allgemeinplatz, dass der Konsument die Marktmacht innehabe – oder zumindest haben sollte. Schließlich hieß es doch auch in Südafrika: »De Klant is Kooning.«[32]

Als Student an der London School of Economics entwickelte Hutt eine starke Antipathie gegenüber der dort herrschenden linken Lehrmeinung. Nach seinem Studium schloss er sich einer kleinen Gruppe von Ökonomen und Publizisten an, welche die Rolle des Individuums in der kapitalistischen Ökonomie wieder stärker hervorheben wollten. Referenzautor dieser Gruppe war der Philosoph und Soziologe Herbert Spencer, der schon lange vor Hayek in seiner Aufsatzsammlung *The Man versus the State* aus dem Jahr 1884 die Ansicht vertreten hatte, Sozialismus sei gleichbedeutend mit Versklavung.[33] Auch Hutt war davon überzeugt, dass die Ausweitung des Wahlrechts in Großbritannien zu einer Schwächung urliberaler Positionen und bereits vor dem Ers-

31 Maxime Desmarais-Tremblay, »W. H. Hutt and the Conceptualization of Consumer's Sovereignty«, in: *Oxford Economic Papers* 72/4 (2020), S. 1050-1071, hier S. 1050.

32 William H. Hutt, »The Concept of Consumer's Sovereignty«, in: *The Economic Journal* 50/197 (1940), S. 66-77, hier S. 66.

33 Desmarais-Tremblay, »W. H. Hutt«, S. 1053 f.

ten Weltkrieg unnötigerweise zu ersten umfassenden sozialstaatlichen Maßnahmen geführt hatte. Während in diesem Prozess die Bürokratie wucherte und neue staatliche Institutionen wie Pilze aus dem Boden schossen, hatte im Gegenzug die vormals politisch einflussreiche liberale Partei ihr traditionelles Profil verloren. Gegen diesen politischen Bedeutungsverlust des Liberalismus wollte Hutt etwas unternehmen.[34]

Ein reiner Debattierclub blieb diese Gruppierung nicht. 1926 gründete sie den Individualist Bookshop in London, der ein ideologisches Gegengewicht zum dort bereits lange etablierten Communist's Bookshop bilden sollte. Der Bookshop gab Leseempfehlungen rund um die Themen Marktwirtschaft und Individualismus für die Presse und die Öffentlichkeit heraus. Hutt war Manager der Buchhandlung und einer der Hauptredakteure der Rezensionen. 1928 wechselte er an die Universität Kapstadt. Trotz seiner Professur am Kap der Guten Hoffnung verbrachte Hutt jedes Jahr regelmäßig einige Wochen an der London School of Economics und kam dort später mit Hayek in Kontakt. Von Mises' Schrift gegen den Sozialismus nahm er begeistert auf, nachdem der Ökonom Lionel Robbins sie in Teilen übersetzt hatte.[35]

Bei der ersten Erwähnung von »Konsumentensouveränität« in jenem Aufsatz von 1931 setzte sich Hutt kritisch mit zeitgenössischen Wirtschaftswissenschaftlern auseinander. Für diese taugten ökonomische Theorien noch nicht für die praktische Anwendung. Auch standen die Fachvertreter der Idee des Wettbewerbs kritisch gegenüber, da dieser in der Realität praktisch nirgends richtig funktionierte. Hutt

34 Ebd., S. 1054.
35 Ebd., S. 1058.

hingegen fand die Disziplin genau aus dem Grund praxisrelevant, weil sich traditionelle Ökonomen so intensiv mit der Funktionsweise des Wettbewerbs auseinandergesetzt hatten. Je stärker sich die Wirtschaftswissenschaften jedoch in mathematischer Modellierung verirrten und versuchten, sich der Physik anzunähern, desto mehr seien sie nur noch L'art pour l'art und unfähig, beobachtbare Phänomene adäquat und politisch verwertbar zu beschreiben. In diesem Punkt unterschied sich Hutts Position fundamental von der Milton Friedmans – und wahrscheinlich liegt in dieser Einstellung auch der Grund, weshalb Hutt in seinem Fach eine Randfigur blieb.

Für klassische Ökonomen wie Adam Smith, David Ricardo oder Robert Malthus war Wettbewerb nicht nur ein natürliches Phänomen sozialer Organisation, sondern auch im normativen Sinne gut. Diese Ökonomen der ersten Stunde, so Hutt, waren oft in einer Situation, in der sie die aktuelle Politik danach beurteilen sollten, ob sie sinnvoll war oder nicht. Und diese Entscheidung fällten sie abhängig davon, ob Wettbewerb ermöglicht oder verhindert wurde. Der gesellschaftliche Wohlstand, so die einhellige Meinung der klassischen Ökonomen, war eindeutig auf Wettbewerb angewiesen.[36] Zu seiner Zeit, so das Lamento Hutts, sei die Norm des Wettbewerbs leider keine Selbstverständlichkeit mehr. Um dies zu korrigieren, müsse man auf einen oft übersehenen Faktor des Wettbewerbs hinweisen, den er mit der Formel der »sovereignty of the consumer« bezeichnete: Anbieter würden sich den Wünschen der Nachfrage beugen. Wie für Fetter und von Mises war für Hutt eine individuelle Kon-

36 W. H. Hutt, »Economic Method and the Concept of Competition«, in: *South African Journal of Economics* 2/1 (1934), S. 3-23, hier S. 15.

sumentscheidung genauso valide wie eine politische Wahlentscheidung. Das Marktnachfrageverhalten schien ihm aber in höherem Maße vernunftgeleitet: »Selbstverständlich sind Konsumenten auf Märkten unvergleichlich rationaler als Wähler in Demokratien.«[37] Konsumenten würden sich weniger von Propaganda lenken lassen, so sein Argument.

Die Kritik an der eigenen Disziplin und die Idee der Konsumentensouveränität fanden sich in Hutts Band *Economists and the Public* aus dem Jahr 1936. Der Untertitel *A Study of Competition and Opinion* machte eine wichtige Verbindung deutlich: Es ging nicht nur darum, die Vorzüge des konsumentengetriebenen Marktes zu erklären, sondern auch darum, mit dieser Beschreibung direkt die Politik und die öffentliche Meinung zu beeinflussen – genauso wie Hayek es später predigen würde. Das größte Manko seiner Profession sah Hutt darin, dass Ökonomen sich theorieverliebt immer weiter von den öffentlichen Debatten entfernten. Sie könnten weder die Realität erklären noch wichtige Beiträge zur Lösung aktueller Probleme liefern. Für Hutt, der in Kapstadt Professor für Handel war und dessen Studenten sicherlich dem realen, praktischen Wirtschaftsleben näher standen als viele Studenten der Ökonomie im vorkeynesianischen Großbritannien, war dies schwer zu ertragen. Hutt ging davon aus, dass man in dem reichen Schatz der klassischen Ökonomen brauchbare Konzepte und Ideen finden konnte, die es wert waren, wieder in die Öffentlichkeit und in politische Debatten eingebracht zu werden. Dazu gehörte die Idee des Wettbewerbs auf freien Märkten.[38]

37 Ebd., S. 16f.

38 William H. Hutt, *Economists and the Public. A Study of Competition and Opinion*, London 1936.

Allerdings hätte Hutts Buch kaum zu einem schlechteren Zeitpunkt erscheinen können, denn es kam im selben Jahr heraus, in dem John Maynard Keynes mit seiner *General Theory* nicht nur die Wirtschaftswissenschaften, sondern auch die öffentliche Rolle von Ökonomen in der Politik revolutionierte. Keynes lehnte Wettbewerb zwar nicht ab, ging aber davon aus, dass Märkte in Ungleichgewichten verharren konnten und es daher gute Gründe für staatliche Interventionen gab. Die Lektion Hutts hingegen, dass im freien Markt und im Wettbewerb sowie im privaten Konsum die Lösung aller Probleme lag, wollten wenige glauben oder hören.

Hutt widmete der Konsumentensouveränität in seinem Buch ein langes Kapitel. Dort versuchte er auch, den Begriff der Souveränität zu erklären. Für Hutt war der Staat die politische Manifestation der Gesellschaft. Er könne aber nur einen Teilbereich dessen, was das Leben in der Gesellschaft ausmache, beeinflussen. Der Souverän sei diejenige fiktionale Person, die legitim Macht ausüben könne. Wenn das Ziel dieser Macht darin bestehe, Gerechtigkeit walten zu lassen und die Freiheit zu maximieren, dann könne der Staat mit seinem Instrumentarium dies nur unzureichend garantieren. Das größte Maß an Souveränität, der wahre soziale Wille, wie Hutt ihn beschrieb, könne erreicht werden, wenn die Souveränität in den Händen der Konsumenten liege. Der Konsumentensouverän würde die Macht, die er durch Aktivitäten auf Märkten entfalten könne, nicht an den Staat und seine Institutionen abtreten, sondern selbst ausüben.[39] Doch sind nicht alle Bürger einer Gesellschaft ausschließlich Konsumenten. Manche sind zugleich auch Produzenten. Die Produzenten sind nach Hutt die Diener ihrer Gemeinden. Sie

39 Ebd., S. 257.

müssten ihr Angebot an den Wünschen der Konsumenten ausrichten oder würden von diesen nicht beachtet. Wenn also der Konsument der Souverän ist, ist der Produzent von Gütern in den Worten Hutts der Untertan. Der Konsument kommandiere, der Produzent müsse gehorchen.

Konsumentensouveränität war für Hutt die wichtigste und legitimste Form von sozialem Zwang. Die politische Wissenschaft hatte diese sträflich vernachlässigt, denn sie bezog Souveränität als Macht meist nur auf die staatliche Ebene und die Regierung. Von den Konsumenten ginge ein Reiz auf die Gesellschaft aus, der durch eine produktive Reaktion der Produzenten beantwortet würde. Sofern das Privateigentum rechtlich abgesichert sei, könne man davon ausgehen, dass dieses Zusammenspiel nicht nur zum beiderseitigen Vorteil ausfalle, sondern auch den bestmöglichen Einsatz der Ressourcen ermögliche.

Auch hier wiederholte Hutt das Argument, dass die Entscheidungen auf den Märkten denselben Charakter und damit auch denselben Grad an gesellschaftlicher Legitimität hätten wie das Wählen in Demokratien. Der Zwang, der durch das Konsumverhalten von den Nachfragern auf die Anbieter ausgeübt würde, beschränke sich aber auf die Verwendung von Ressourcen. Es gebe keine andere Form von gesellschaftlichem Zwang. In jedem anderen Bereich könnten die Menschen frei entscheiden, was sie tun wollten. Als Produzenten hätten sie auch die Freiheit, ihr Eigentum und ihre Verfügungskraft über Ressourcen so einzusetzen, dass die Marktnachfrage nicht bedient würde. Das sei möglich, aber natürlich irrational, denn es würde bedeuten, dass Menschen auf Einkommen verzichten.[40]

40 Ebd., S. 263.

Konsumentensouveränität hatte aber vor allem einen wichtigen Vorteil: Das Individuum könne zwischen zahlreichen Konsummöglichkeiten wählen, die von der Gesellschaft als legitim angesehen würden, und deswegen sei die Konsumentensouveränität in höchstem Maß mit »der Idee der Freiheit« kompatibel.[41] Damit musste sich Hutt auch gegen die damals üblichen Vorurteile wehren, die Ergebnisse des Marktgeschehens seien nur der Ausdruck einer bestehenden Marktmacht – der wirtschaftlich Stärkere gebe den Ton an. Für Hutt waren das die üblichen Argumente von Soziologen und Politikwissenschaftlern. Ein gewichtiger Grund mehr, dass Ökonomen keine Mühen scheuen sollten, die Idee der Konsumentensouveränität richtig zu erklären und bekannt zu machen. Wenn die Resultate des Marktgeschehens so ungerecht seien, warum sollte man dann noch an Wahlen als legitimem Prozess der politischen Willensbildung festhalten? Marktvorgänge seien doch auf denselben Prämissen aufgebaut wie ein gerechtes politisches System, das unparteiisch und ohne Ansehen der Person funktioniere.

Der Staat habe die Aufgabe, Konsumentensouveränität und damit ein Maximum an Freiheit zu ermöglichen. Obwohl das einfach und offensichtlich klinge, sei die politische Sphäre offensichtlich kein Raum, in dem rationale Entscheidungen getroffen würden. Vielmehr könnten sich Mehrheiten für eine Politik finden, die den freien Wettbewerb behindern und teilweise auch in der Bereitstellung von Gütern durch Monopole eine sinnvolle Lösung sehen würden. In der Politik sei es viel häufiger als auf den Märkten der Fall, dass Partikularinteressen und gesellschaftliche Machtverhält-

41 Ebd., S. 267.

nisse sich durchsetzen würden, so Hutt. Politik sei irrational. Rational sei der Markt.

Hutt schloss mit einer Bemerkung, die an Hayek erinnert:

> Wir haben vorgeschlagen, dass ökonomische Freiheit mit der Chancengleichheit, die dabei immer mitschwingt, ein erreichbares Ideal ist. Mit anderen Worten: Wir haben einen Blick auf diese Art von Utopie geworfen, die die Träume eines Realisten prägen könnte – nämlich das liberale Ideal. Wir anempfehlen diese Gedanken den anderen Träumern einer besseren Welt, die immer noch an die Macht der Vernunft glauben.[42]

Hutt bezog sich auf John Stuart Mill und dessen Essay *On Liberty* (dt.: *Über die Freiheit*). Dort hatte Mill bereits das Wort »Souveränität« verwendet, als er fragte: »Was also ist die rechtmäßige Begrenzung der Souveränität des Individuums über sich selbst?«[43] Aus der Souveränität des Individuums machte Hutt die Konsumentensouveränität und versuchte sich an einer eigenen politischen Theorie. Das Agieren am Markt und der Versuch des Individuums, als Nachfrager seine Präferenzen zu realisieren, schafften eine gesellschaftliche Ordnung, die aufgrund der transparenten Marktmechanismen Hutt zufolge von allen Teilnehmern als ein gerechtes System angesehen würde. Es könne die Freiheitsgrade des Einzelnen am besten maximieren. Wichtig war für Hutt, dass es sich bei den Akteuren dieser sozialen Dynamik um *Individuen* handelte. Seine Ideen waren das Gegenmodell zu einer Vorstellung, nach der Interessengruppen wie Gewerkschaften, Kartelle oder andere Lobbyorganisationen ebenso den Anspruch erheben könnten, souverän

42 Ebd., S. 367.

43 John Stuart Mill, *On Liberty*, zitiert in Desmarais-Tremblay, »W. H. Hutt«, S. 1061.

zu sein und souverän zu handeln. Für ihn konnten diese Gruppen nicht glaubhaft machen, die Interessen der Gesellschaft als Ganzes zu vertreten.[44]

Wettbewerbsmärkte seien Institutionen, die die Freiheit der Individuen gewährleisten. Das Streben nach Freiheit sei dem Menschen ureigen. Nach Hutt hat das auch zur Folge, dass in dem Wissen, der Marktmechanismus ermögliche die Freiheit, die Toleranz der Menschen füreinander zunehme. Wenn jede Konsumentscheidung als ein persönlicher und privater Akt verstanden würde, könnten sich diese Entscheidungen auch außerhalb starrer sozialer Normen realisieren und damit das Potenzial für soziale Konflikte mindern.[45] Diesem Gedanken lag eine bemerkenswerte Umkehrung zugrunde, die für die heutigen Debatten um Verbot und Verzicht enorm wichtig ist: Was ursprünglich durch *doux commerce* und Konsumverzicht ermöglicht werden sollte, sollte sich nun durch individuellen Konsum realisieren lassen: soziale Befriedung und zivilisatorischer Fortschritt.

Allein: Die meisten Ökonomen kauften Hutt die Idee der Konsumentensouveränität nicht ab. Der renommierte Ökonom Jacob Viner veröffentlichte 1938 eine vernichtende Kritik von *Economists and the Public*.[46] Die pauschalen Urteile Hutts über klassische Ökonomen waren für Viner nicht nachvollziehbar. Vor allem aber erschien ihm die Idee der Konsumentensouveränität absurd. Anscheinend, so Viners Eindruck, ging es Hutt weniger um theoretisch fundierte Sachargumente und mehr um seine persönliche Ideologie.

44 Ebd., S. 1062.
45 Ebd., S. 1062.
46 Jacob Viner, »Book Review. Economists and the Public. A Study of Competition and the Public by W. H. Hutt«, in: *Journal of Political Economy* 46/4 (1938), S. 571-576.

Ein Traktat sei der Text, weniger ein ernst zu nehmender Beitrag zu ökonomischen Debatten, geprägt von einem fast religiösen Eifer. So stark sei dieser Eifer, dass Viner nicht umhinkam, das Kirchenthema mehrfach in seiner Kritik aufzunehmen. Die Behauptung, Wettbewerbsmärkte maximierten die Konsumentensouveränität und diese solle einen eigenen normativen Wert darstellen, war in Viners Augen übertrieben, genauso übertrieben wie die Vorstellung, Konsumentensouveränität sei der höchste wirtschaftliche Ausdruck individueller Freiheit.

Auch der Vergleich der Konsumentensouveränität mit demokratischen Wahlen schien Viner seltsam. Das Agieren der Konsumenten auf Märkten wirke doch eher wie die traditionelle Wahl in der anglikanischen Kirche (bei der die Stimmen gesellschaftlicher und kirchlicher Funktionsträger mehr Gewicht haben als die Stimmen normaler Gemeindemitglieder). Mit der demokratischen Maxime des »One Man, one vote« habe der Markt oft nichts gemein. Am meisten verschreckte Viner jedoch Hutts Annahme, das Freiheitsbestreben der Individuen könne sich am Markt ausschließlich durch die Wahl zwischen Konsumgütern manifestieren. Die Möglichkeit, dass sich Freiheit auch in sicheren Beschäftigungsverhältnissen und in der Qualität der Lohn- und Arbeitsmarktunterstützung oder auch der unternehmerischen Mitbestimmung zeigen könne, die einem Menschen nicht nur Würde und Einkommen, sondern eben auch ungeahnte Freiheiten verliehen, hatte Hutt laut Viner überhaupt nicht vor Augen. Das erkläre auch, warum Hutt in den Gewerkschaften lediglich ein Hindernis für den Wettbewerb sehe. Die Vorstellung, dass sich Produzenten aufgrund der Marktmacht der Nachfrager an die Wünsche der Konsumenten anpassen würden und dadurch erst die Konsumentensouveränität gewährleistet werden könne, schien Viner angesichts monopolistischer oder oligopolistischer Marktstrukturen als nichts denn irreales Wunschdenken.

Warum der Staat nicht effektiv in die Arbeits- und Lohnpolitik eingreifen dürfe, war für Viner nicht klar. Stattdessen mokierte er sich über Sätze von Hutt wie diesen: »Ein ehrliches Eingeständnis der Nutzlosigkeit privater oder staatlicher Lohnuntergrenzen sollte der Ausgangspunkt für jede Sozialwissenschaft sein.« Derartige Aussagen klängen doch sehr nach päpstlichen Enzyklika.[47] Hutts Ablehnung einer aktiven Rolle des Staates fehle jede empirische Grundlage.

Da Hutt ein »Apostel der individuellen Freiheit« war, hätte sein Argument vermutlich überzeugender gewirkt, wenn er statt von »Konsumentensouveränität« einfach von der »Souveränität des Individuums« gesprochen hätte. Die Rechte und Freiheiten der Einzelnen waren das eigentliche Thema, das ihm am Herzen lag. Dass sich hinter seinen Argumenten eine bestimmte Doktrin verbarg, war Hutt selbst nicht bewusst. Er könne, so erwiderte er zerknirscht, sein Konzept der Konsumentensouveränität in den zahlreichen kritischen Besprechungen seines Buches nicht einfach wiedererkennen. Doch gab er zu, dass die praktische Umsetzung seiner Vorstellungen ausgesprochen doktrinäre Folgen haben könne.[48] Eigentlich habe er nur auf die Macht hinweisen wollen, die freie Individuen bei ihren Konsumentscheidungen auf die Produzenten ausübten, sofern diese ihre Produktionsentscheidungen unter der Prämisse der Knappheit vorhandener Ressourcen fällen. Und dies sei doch offensichtlich komplementär zu der in der politischen Dimension

47 Ebd., S. 572.
48 Hutt, »The Concept of Consumer's Sovereignty«, S. 67.

modellierten Souveränität des Wählers. Genau genommen sei die Wählersouveränität in der Politik sogar subsidiär, also ein Teilbereich der Konsumentensouveränität. Immer wenn Menschen eine Entscheidung unter den Bedingungen von Knappheit fällen müssen, egal ob es dabei um Güter oder andere Dinge gehe, handele es sich um Konsumentensouveränität.

Der Historiker Stefan Schwarzkopf hat Hutts Idee der Konsumentensouveränität als politische Theologie bezeichnet: »Hutt wiederholte für Staat und Gesellschaft, was Luther und Calvin für die zivile und kirchliche Autorität getan hatten. Die beiden Sphären wurden getrennt, und der Staat schien jetzt etwas komplett ›anderes‹ zu sein als die Gesellschaft, wie im Protestantismus Gott und die spirituelle Ebene als etwas anderes gedacht wurden als das Säkulare.«[49] Hutt wollte Souveränität so auslegen, dass der Souverän am Markt – der Konsument – in seiner Autonomie nicht wie in der politischen Theorie durch *checks and balances* begrenzt werden musste. Der Konsument sei in der Lage, selbständig die richtigen und guten Entscheidungen zu treffen. Auch deswegen war jeder Versuch staatlicherseits, das Nachfrageverhalten zu steuern, unnötig und falsch.

Die Maxime, dass der Kunde und damit der Konsument König sei, bekommt durch diese Ansicht eine ganz neue Bedeutung. Der aggregierte Konsument als Nachfrager ist in seiner Souveränität ebenso mächtig wie ein absolutistischer Herrscher: Er wird in seinen Entscheidungen weder durch Gesetze noch durch Vorschriften eingeengt, so dass er stets

49 Stefan Schwarzkopf, »The Political Theology of Consumer Sovereignty. Toward an Ontology of Consumer Society«, in: *Theory, Culture and Society* 28/3 (2011), S. 106-129, hier S. 117.

Recht behält. Der so verstandene Konsument ähnelt eher einem undemokratischen Autokraten als einem Souverän, der sich nicht selbst über Recht und Gesetz stellen kann.[50]

Douce Consommation: Der milde, süße Konsum

Die Vorstellungen der Konsumentensouveränität von Hutt, der *Verbraucherdemokratie* von Mises sowie der Funktionsweise der Wettbewerbsmärkte bei Hayek und Friedman verdichten sich zu einem klar umrissenen neuen Normbild: dem der *douce consommation*, des milden oder süßen Konsums.[51] Mittels des Verhaltens der Konsumenten sollte nicht länger einfach erklärt werden, wie Wettbewerb und Märkte funktionieren. Vielmehr waren diese Vorstellungen mit einer eindeutigen Handlungserwartung verknüpft: Die Einzelnen *müssen* und *sollen* konsumieren, damit die Märkte, die Demokratie und die Gesellschaft optimal funktionieren. Konsum bringt nicht nur individuelle, momentane Befriedigung. Konsum bringt Freiheit, Fortschritt und Friede. Er ist systemstabilisierend und systemverbessernd in einem. Die *douce consommation* löst den *doux commerce* ab. Güterkonsum ist wichtiger geworden als *money-making*. Das süße Leben kommt nicht von allein. Aber nun galt es nicht mehr als das Ergebnis von fleißigem Arbeiten und eifrigem Sparen, sondern von Konsumentscheidungen. Und dieses Leben ist für alle erreichbar. Die Menschen werden durch Konsum zufriedener und friedvoller. Genau wie man es sich unter dem

50 Ebd., S. 119.
51 Ich bin mir bei dieser an den *doux commerce* angelehnten Namensgebung bewusst, dass »consommation« im Französischen auch »Vollzug der Ehe« bedeuten kann.

Banner des *doux commerce* schon einmal, aber unter anderen Prämissen erhofft hatte. Die *douce consommation* war indes viel einfacher zu haben. Außer der Konsumentscheidung wurde von den Einzelnen nichts erwartet.

Dem Individuum kam in der Funktion des Konsumenten nun die entscheidende gesellschaftliche Rolle zu. Die Freiheit des Individuums, die bei Hayek eine so ausgeprägte Rolle gespielt hatte, wurde endlich konkret: Es war die Freiheit zu konsumieren, die Freiheit, Konsumentscheidungen zu treffen. »Be free to choose« lautete das Ideal. Der Einzelne könne erst durch freien Konsum der Mensch werden, der er sein möchte. Keine Wahlentscheidung in der Politik könne je so befriedigend sein wie die am Markt und keine so gerecht. In der Norm der *douce consommation* findet die Vermarktung des Politischen ihren stärksten Ausdruck.

Mild und süß ist der individuelle Konsum, weil er ohne Zwang geschieht beziehungsweise geschehen sollte. Zwang entsteht immer dann, wenn eine Gruppe die Macht besitzt, das Konsumverhalten anderer zu regeln oder ihm Grenzen aufzuerlegen. Daher ist die *douce consommation* auch eine normative Handlungseinschränkung des Staates. Der Konsum ist nur dann mild und süß, wenn er nicht behindert wird. In die Entscheidung der Individuen staatlich hineinzureden ist falsch und tendenziell systemzerstörend. Die *douce consommation* beinhaltet die Aufforderung an den Staat, die Rahmenbedingungen zu schaffen, damit der Konsum frei und ungehindert funktioniert. Deswegen ist dort, wo *douce consommation* gefordert wird, auch schnell von illegitimen Eingriffen die Rede.

Mild ist der Konsum auch deswegen, weil niemand das Recht haben sollte, anderen moralische Regeln aufzuerlegen. Diese Vorstellung ist bei Hayek und Friedman besonders stark ausgeprägt. Die Freiheit des Konsums ist nicht nur die Freiheit der eigenen Entscheidung, sondern auch die Freiheit, unabhängig von den moralischen Vorstellungen anderer leben zu können. Die Konsumenten sind nach Hutt im Gegensatz zu irrationalen Wählern rational. Für von Mises oder Friedman können sie selbst über sich entscheiden. Probleme entstehen erst dann, wenn die freie Konsumwahl behindert wird.

Süß ist der Konsum ebenso, weil er es erlaubt, die spezifischen Präferenzen der Individuen zu befriedigen. Die Einzelnen und ihre Bedürfnisse stehen im Vordergrund und werden zum Maßstab. Der Einzelne bekommt das, was er sich wünscht (und was er sich unter der typisch ökonomischen Maßgabe einer Budgetrestriktion, vulgo Einkommen, leisten kann). In Fragen der individuellen Präferenzbefriedigung leistet der Wettbewerbsmarkt deswegen mehr als die Demokratie. Eine Anpassung an eine von den eigenen Präferenzen abweichende Mehrheitsmeinung ist nicht nötig. In der Demokratie lernt der Einzelne, dass er nicht immer bekommen kann, was er will. Im totalitären Sozialismus muss der Einzelne nehmen, was da ist. Nur auf dem Markt bekommt man, was man möchte.

Süß ist auch, in der Konsumentscheidung auf niemanden Rücksicht nehmen zu müssen. Man denkt zunächst nur an sich. Der Wettbewerbsmarkt und die gesamte Gesellschaft funktionieren am besten, wenn man genau das tut. Freiheit wird zu einer besonderen positiven Freiheit: der Freiheit, nur seine eigenen Wünsche als Maßstab zu nehmen und dabei den Blick nicht auf die Allgemeinheit richten zu müssen, wie das in der Norm des *doux commerce* so kompliziert der Fall war. Freiheit war jetzt nicht nur eine »freedom from tyranny«, sondern war durch die individuelle Konsumfixierung zu einer »freedom from obligation« geworden.[52] Man ist niemandem etwas schuldig, außer vielleicht demjenigen, dem man seine Güter abkauft.

Süß und mild ist der Konsum aber vor allem, da er laut Hutt die Menschen zur Toleranz gegenüber anderen autonomen individuellen Entscheidungen erzieht. Konsum trägt zur sozialen Befriedung bei. Die Effekte des Konsums sind daher im Zivilisationsprozess genauso wirksam wie der *doux commerce*. Der Mensch wird durch Konsum nicht nur erst zum Menschen, er wird durch ihn auch zu einem besseren Menschen.

Friedman drückte das wie folgt aus und klang dabei fast wie Montesquieu:

> Der große Vorteil eines freien Marktes ist, dass er sich nicht darum schert, welche Hautfarbe die Menschen haben; es kümmert ihn nicht, welcher Religion man ist; es ist nur wichtig, etwas zu produzieren, das man wirklich auch kaufen will. Es ist das beste System, das wir je entdeckt haben, wenn es darum geht, Menschen, die einander hassen, effektiv dazu zu bewegen, sich miteinander zu beschäftigen und sich gegenseitig zu helfen.[53]

Außerdem war für Friedman ganz im Sinne der Modernisierungstheorie eine klare Sequenz deutlich. Wenn *capitalism* herrsche – und im Verständnis Friedmans war das der freie Marktmechanismus, in dem autonome individuelle Konsumentscheidungen fallen –, dann folge die liberal verstandene *freedom* automatisch. Sei sie bereits vorhanden, würde sie verstärkt.

Die Idee der *douce consommation* agiert mit der Nomenklatur der Monarchie. Der individuelle Konsument ist »Kö-

52 Offer/Söderberg, *The Nobel Factor*, S. 273.
53 Friedman, *Why Government*, S. 18.

nig«, der »Souverän«. Er hat »Macht« und muss sich nichts sagen lassen, sondern entscheidet selbst – zumindest über und für sich. Er ist keiner Moral verpflichtet außer der, die er für sich selbst formuliert. Er gibt »Befehle« und ist der »Herr«. Der Anbieter am Markt ist sein »Diener«, sein »Untertan«.

Im Jahr 1960 erschien die zweite Auflage von Fred Clarks und Richard Rimanoczys simplistischem Pamphlet *How we Live*. Es war die Nachfolgeversion des Buches, das dem Unternehmer Harold Luhnow vorgeschwebt hatte, als er Hayek vorschlug, eine amerikanische Version von *The Road to Serfdom* herauszubringen. In der ersten Auflage hatte das Buch kein Titelbild. Auf dem Cover der zweiten Auflage einer Schrift, die sich im Geburtsland der modernen Demokratie millionenfach verkaufte und den Anspruch hatte, »unumstrittene Hintergründe« darzulegen, war ein Samtkissen abgebildet. Darauf lagen eine Krone und ein Zepter. Auf der Krone stand das Wort »customer«, auf dem Zepter die Worte »power to choose«. In der Vorstellung der *douce consommation* ist das Individuum sein eigener König. Es hat die Macht beziehungsweise die Freiheit, konsumtiv zu tun, was es möchte: Mehr noch, das Individuum hat in diesem Sinne die Pflicht, zu tun, wonach ihm ist.[54] Die *douce consommation*, so viel ist sicher, kann jedoch nur funktionieren, wenn zwei Dinge sie nicht behindern: Verbot und Verzicht.

54 Fred G. Clark und Richard Stanton Rimanoczy, *How we Live*, 2. Aufl., Princeton 1960.

Cover der 2. Auflage von Fred G. Clarks und Richard S. Rimanoczys im US-amerikanischen Verlag D. Van Nostrand Company im Jahr 1960 erschienenem Buch *How We Live*.

V
Konsum II – Konsumtristesse und ungebremste Affekte

Die *douce consommation* war ein Heilsversprechen, für den Einzelnen, aber auch für die ganze Gesellschaft – wenn nicht sogar für die ganze Welt. Plötzlich wurde ein Verhalten propagiert, das lange Zeit unterdrückt werden sollte. Die Lust am Konsum galt mit einem Mal nicht nur als unproblematisch, sondern sollte auch ausgelebt werden. Folgt man der Idee der Konsumentensouveränität, kann ein solches Verhalten nur positive Effekte haben, ob nun gewollte oder ungewollte. *Douce consommation* verspricht vor allem, woran Hayek unbeirrbar glaubte: Freiheit; die Möglichkeit, frei von Zwang, Moral, Verbot und Aufforderungen zum Verzicht Entscheidungen treffen zu können.

Aber was erkennt man, wenn man auf eine Welt blickt, die seit Langem nicht nur Konsum propagiert, sondern sich auch als Konsumgesellschaft definiert? Was verrät der Realitätstest der *Verbraucherdemokratie*? In diesem Kapitel kommt es auf das Bild an, das sich ausgewählte Forscher vom realen Konsum gemacht haben, das heißt einer sozialen Wirklichkeit, die maßgeblich durch Konsum bestimmt wird. Dabei zeigt sich deutlich, wie sehr die neoliberale Ideologie die Norm des individuellen Konsums vor allem seit 1979 hat Wirklichkeit werden lassen. Zur Analyse unserer Zeit gehört aber auch der Einfluss der Digitalisierung auf den Konsum und auf das Verhalten der Menschen im Allgemeinen. Was als Heilsversprechen begann, sorgt mittlerweile weniger für soziale Befriedung und individuelle Befriedigung. Das ursprüngliche zivilisatorische Ziel der Affektkontrolle verschwindet aus einer Welt, die Affekte extra hervorruft und verstärkt. Konsumentensouveränität wird zur Konsumtristesse. Die Souveränität der Einzelnen wird zur Tyrannei, die Einschränkungen des eigenen Konsumverhaltens werden immer vehementer abgelehnt.

Massenkonsum als Realität und Ideal

Zu Beginn des 20. Jahrhunderts machte sich der Konsument erstmalig als politischer Akteur ganz außerhalb des neoliberalen Diskurses bemerkbar. Das hatte mit der Entstehung von Bürgerbewegungen in wachsenden Städten zu tun, die sich für die verbesserte Bereitstellung von Gütern der öffentlichen Infrastruktur (Wasser, Abwasser, Gas, Strom) einsetzten. Während der Weltwirtschaftskrise und des New Deal forderten außerdem organisierte Gruppen, wobei Frauen hier eine wichtige Rolle spielten, der Staat möge sie besser über Risiken und Gefahren von Produkten aufklären.

So war es zunächst der Staat, der Konsumenten als wichtige Gruppe identifizierte und erkannte, dass er sie schützen musste und für die Aufrechterhaltung makroökonomischer Stabilität auch dringend brauchte. Damit verband sich die Vorstellung, Bürger zu guten Konsumenten erziehen zu müssen beziehungsweise ihnen die Informationen zukommen zu lassen, die sie für eine rationale Konsumentscheidung benötigten.[1] Eine innovative Facette der Wirtschaftspolitik

1 Hier ist auf die Arbeit von Hazel Kyrk, *A Theory of Consumption*, von 1923 zu verweisen, in der die These der notwendigen »Erziehung« des Konsumenten aufgestellt wird. Kyrk, Professorin für Haushaltswirtschaft (*home economics*), war während des New Deal

Franklin D. Roosevelts war dementsprechend die Gründung von Institutionen für den Verbraucherschutz. Für die neue Rolle, die den Konsumenten zukam, ersann man einen eigenen Begriff: den des *citizen-consumers*.[2]

Die Konsumenten wurden nicht als Gegenspieler des Staates gesehen. Dass dieser die Konsumenten gängeln oder sie an ihrer Entfaltung hindern könnte, lag außerhalb der damaligen Vorstellungskraft. Eher herrschte das Bild vor, dass der Staat seine Bürger vor Machtmissbrauch durch Großkonzerne schützen wollte – und sollte. Das Bild des unterentwickelten Konsums der (weiblichen) Haushaltsvorstände, das Wesley Mitchell gezeichnet hatte, sollte der Vergangenheit angehören. Massenkonsum wurde zur Anhebung der Lebensstandards nach der Wirtschaftskrise propagiert. Er sollte die Wirtschaft stabilisieren und die Wohlstandsunterschiede innerhalb der Bevölkerung verringern. Konsum war das erhoffte Vehikel für weniger Ungleichheit, materiellen Fortschritt und die Vergrößerung des neuen gesellschaftlichen Ideals der Mittelschicht.

Der *Citizen-Consumer*, der sein Heil in materiellen Gütern suchte, wurde, so schien es, Teil des nationalen Charakters, Teil eines *People of Plenty*.[3] Einem *plenty*, das nicht länger durch *money-making* und Konsumverzicht möglich wurde, sondern durch das genaue Gegenteil: den gezielten und möglichst permanenten Konsum. Der American Way

für mehrere staatliche Institutionen des Konsumentenschutzes beratend tätig. Siehe Niklar Olsen, *The Sovereign Consumer. A New Intellectual History of Neoliberalism*, London 2019, S. 32.

2 Lizabeth Cohen, *A Consumers' Republic: The Politics of Mass Consumption in Postwar America*, New York 2003.

3 David M. Potter, *People of Plenty. Economic Abundance and the American Character*, Chicago 1954.

of Life war das Leben in einer *consumer-citizen-republic*. Die Rolle des Konsums wurde somit ganz anders interpretiert, als noch Max Weber es getan hatte. Keynes und seine Theorie halfen dabei. Doch wurden der Konsum und die Konsumenten keinesfalls ideologisch derart überhöht, wie es bei den Neoliberalen der Fall war.

Zu dem Zeitpunkt, als Hayek *The Constitution of Liberty* und Friedman *Capitalism and Freedom* konzipierten, war Konsum und damit Massenkonsum in den Vereinigten Staaten allgegenwärtig. In ihm erblickte man eine eigene und wünschenswerte Entwicklungsphase des Kapitalismus. Mitte der fünfziger Jahre hatte der Historiker, Politikwissenschaftler und Regierungsberater Walt Whitman Rostow eine Phasentheorie der wirtschaftlichen Entwicklung vorgestellt. Sein 1960 erschienenes Buch *The Stages of Economic Growth* wurde zum zentralen Werk der Modernisierungstheorie. Rostow zeigte darin anhand einiger weniger, aber klar umrissener Phasen einen verallgemeinerten Industrialisierungsverlauf, dem angeblich alle Länder folgten. Es war eine Entwicklungsblaupause für die ganze, zumindest für die kapitalistische Welt. Der Entwicklungsprozess beginne typischerweise in einer noch nicht industrialisierten, *traditionellen Gesellschaft*. Im Sinne der damals gerade neu aufgekommenen Theorie des Wirtschaftswachstums stand für Rostow genau der Moment im Zentrum seiner Phasenabfolge, in dem Staaten auf einen sich selbst verstärkenden Wachstumspfad einbogen und damit die Grundlage für eine dauerhafte industrielle Entwicklung legten. Da im damaligen Verständnis Entwicklung gleichbedeutend mit Industrieentwicklung war, suchte Rostow zur Beschreibung der entscheidenden Phase einen Ausdruck, der den Fokus auf industrielle Technologie legte und gleichzeitig eine zeitgenössische und historisch einmalige Dynamik aufwies. Er wählte dafür – im Zeitalter der frühen Raumfahrt, der ersten Düsenjets und des aufkommenden Flugtourismus – den Begriff des *take-off*. Während des *take-off* entwickelten sich in einem Land die wichtigen Industrien. Die traditionellen Gesellschafts- und Wirtschaftsformen würden abgelöst. Wachstum würde zu einem »Normalzustand«.[4]

Nach diesem entscheidenden Strukturwandel steuerten die Länder zunächst auf die industriellen Reife (*maturity*) zu, in der sich der Industrialisierungsprozess stabilisierte. Die Entwicklung münde dann in die letzte Phase, das *age of high mass consumption* – das Zeitalter des hohen Massenkonsums. Die steigende Nachfrage, vor allem der Privathaushalte, präge diese Phase. Höhere Löhne, veränderte Lebensbedingungen, mehr Wohnraum und Mobilität durch die Anschaffung privater Automobile seien für diesen Nachfragesprung ursächlich. Schon in der Phase der *maturity* »erlangen die Menschen die Kontrolle über den Konsum«, aber erst in der nächsten und letzten Phase stelle sich die Produktion auch auf die Bedürfnisse der Massennachfrage ein.[5] Nicht zufällig glich Rostows Beschreibung dieses Zustands Friedmans Charakterisierung eines funktionierenden, nachfragegetriebenen Wettbewerbsmarkts. Die Vorstellung der Konsumentensouveränität war als wichtiger Bestandteil der kapitalistischen Erzählung allgegenwärtig.

In der Endphase des letzten Stadiums setzt Rostow zufolge ein Prozess der Saturierung ein. Konsumgüter des täglichen Bedarfs seien entweder in Überfülle bereits vorhanden

4 Walt W. Rostow, *The Stages of Economic Growth. A Non-Communist Manifesto*, Cambridge 2004 [1960], S. 7.

5 Ebd., S. 10.

oder hätten ihren Reiz verloren. Rostow spricht von der »Buddenbrook dynamics«. Für ihn war die Familiensaga Thomas Manns die Geschichte von sich über Generationen verändernden privaten Konsumbedürfnissen. In seiner Lesart konnte sich die dritte Generation aufgrund der wirtschaftlichen Erfolgsgeschichte der Vorfahren die Freiheit nehmen, eher hedonistischen Gelüsten zu frönen und sich auf die Freizeit zu konzentrieren (oder wie im Fall der Babyboomer in den Vereinigten Staaten: Kinder zu zeugen). Die Ära des Massenkonsums gestatte es erstmalig, massenhaft Güter zu konsumieren, die das Leben erleichtern. Diese erlaubten dann, Zeit für andere Dinge und Beschäftigungen zu haben und neuartige Konsumgewohnheiten zu entwickeln.[6] Dank des Konsums schien das Paradies nicht fern. Dies konnte freilich auch bedeuten, dass man sich aus schierer Langweile gezwungen sah, dem Leben mit neuen Freizeitaktivitäten (und Produkten) Sinn zu geben.

Der Wirtschaftshistoriker Alexander Gerschenkron mokierte sich in der zweiten Auflage seines berühmten Buches *Economic Backwardness in Historical Perspective* über den mit den literaturaffinen Vornamen Walt Whitman gesegneten Rostow und seine Interpretation von Thomas Manns Frühwerk. Anscheinend war Rostow entgangen, dass der Untertitel der *Buddenbrooks* lautete: *Verfall einer Familie*. Die dritte Generation der Familie war ursächlich für den Untergang des Familienunternehmens – und zwar deswegen, weil deren Mitglieder sich nicht mehr um das Geschäftliche, sondern um die schönen Dinge des Lebens kümmern wollten. Das literarische Beispiel der *Buddenbrooks* war für Gerschenkron denkbar ungeeignet, um den finalen Zustand

6 Ebd., S. 11.

einer linearen Entwicklung und eines linearen Fortschrittsverständnisses aufzuzeigen, bei dem der Konsum das erstrebenswerte Endstadium der Glückseligkeit darstellt. Der Weg der *Buddenbrooks* war der des Rückschritts und des Untergangs.[7]

Wie immer man die »Buddenbrook dynamics« interpretiert, Rostow zufolge zeigen sie, dass der Konsum der Einzelnen ab einem gewissen Zeitpunkt der Entwicklung zu einem wichtigen Parameter wird. Auch wandeln und verbreitern sich die Konsumbedürfnisse im Zeitverlauf. Am Endpunkt der Entwicklung steht nicht die Frage nach der elementaren Bedürfnisbefriedigung, sondern die nach einem angenehmen Leben, eine »neue kuriose Obsession mit Familienleben, Privatleben, Do it yourself, Urlaub mit dem Wohnwagen und Motorbooten«, wie Rostow es formulierte.[8] In jedem Fall wandele »sich die Aufmerksamkeit der Gesellschaft vom Angebot zur Nachfrage, von der Frage der Produktion zur Frage des Konsums«.[9] Der Souverän der höheren Entwicklungsphasen sei der Konsument. Seine »Konsumentensouveränität« müsse respektiert werden.[10] Der Begriff taucht bei Rostow mehrfach auf.

Der Untertitel von *The Stages of Economic Growth* lautet *A Non-Communist Manifesto*. Mit ihrem *Kommunistischen Manifest* hatten auch Marx und Engels geglaubt, den Entwicklungsverlauf der Staaten universell gültig darstellen zu können – und zwar dergestalt, dass auf den Kapitalismus zwangsläufig die Diktatur des sich selbst befreiten Proleta-

7 Alexander Gerschenkron, *Economic Backwardness in Historical Perspective: A Book of Essays*, Cambridge/Mass. 1962, S. 355.

8 Rostow, *The Stages of Economic Growth*, S. 87.

9 Ebd., S. 73.

10 Ebd., S. 90.

riats folge. Auf dem Höhepunkt des Kalten Kriegs präsentierte Rostow bewusst ein Gegenmodell. Die Ableitung der unterschiedlichen Phasen ähnelte zwar absichtlich dem Marx'schen Modell. Allerdings war Rostows Ziel, nicht nur eine alternative, wissenschaftliche, allgemeine Entwicklungsgeschichte des Kapitalismus zu schreiben, sondern dabei auch die Rolle der Auswahlmöglichkeit für den Konsumenten zu unterstreichen. Bei Marx und Engels würden die den Phasen innewohnenden Antagonismen des Klassenkampfes und die *Produktionsweisen* unweigerlich für gesellschaftliche Veränderungen und Brüche sorgen. Bei Rostow waren es die *Konsumentscheidungen* der Einzelnen, die vor allem die letzten Entwicklungsphasen dominierten und nationale Besonderheit bedingten. In jedem Fall sei der selbst entscheidende und selbst auswählende Konsument der wichtigste Akteur. Dieser sei nicht nur *free to choose*: Seine Auswahl sei strukturbildend und bestimme das Lebensniveau und den Entwicklungsstand des eigenen Landes. Der Determinismus des Marx'schen Geschichtsverständnisses wurde vom aufgeklärten Konsumenten aufgebrochen. Die Diktatur des Konsums stand der Diktatur des Proletariats gegenüber.

Konsumkultur

Um die Zeit des Aufstiegs der neoliberal konditionierten Neuen Rechten in den USA und in Großbritannien publizierte der selbsternannte Zukunftsforscher Alvin Toffler im Jahr 1980 *The Third Wave* (dt.: *Die dritte Welle*). Gedacht als visionärer Ausblick in eine zukünftige Welt der umfassenden Computerisierung und Digitalisierung – zu einer Zeit, in der sich beide erst abzuzeichnen begannen –, enthielt das

Buch vor allem eine neuartige Sicht auf den Konsumenten. Während die kapitalistische und industrielle Revolution die Gruppen der Produzenten scharf von denen der Konsumenten getrennt hatte, schaffte die moderne Zeit eine ganz neue Figur: den sogenannten Prosumer. Dieser Akteur, der ganz wie in alten Zeiten einen Teil der konsumierten Dienstleistungen und Güter selbst und für sich produzierte (unter anderem inspiriert von der Do-it-yourself-Bewegung), war eine Mischung aus Konsument und Produzent.

In Zukunft, so Toffler, würde den Wünschen der Konsumenten noch viel genauer entsprochen werden müssen. Die Konsumentensouveränität würde in eine neue Phase eintreten, denn der Konsument würde viel stärker als je zuvor mit dem Produktionsprozess verbunden sein.[11] Die traditionelle Massenproduktion hätte in der Zukunft ausgedient. Toffler sah den Beginn einer »trans-market civilization«, eines Zeitalters, in dem zwar noch Austausch stattfinden, aber »Massenvermarktung« nicht mehr notwendig sein würde.[12]

Toffler hatte die bedeutende Rolle des Konsumenten zwar erkannt, insgeheim hegte er aber große Sympathien für Unternehmer und Produzenten. Seine Vorstellung des Prosumers erlaubte, beide »Helden« zusammenzudenken. Mit diesem erneut sichtbaren und positiven Blick auf den Unternehmer schaffte Toffler den Brückenschlag zum Denkmodell einer in der Diskussion um die Konsumentensouveränität völlig untergegangenen Autorin, die Unternehmer als die wahre Heldin vergötterten: Ayn Rand. Es war Toffler gewesen, der Rand als junger Journalist für den *Playboy* inter-

11 Alvin Toffler, *The Third Wave*, New York 1980, S. 201 und S. 282ff.
12 Ebd., S. 304.

viewt hatte, wobei sie seine Fragen damals »überrannte wie ein Angriff der zaristischen Kavallerie«.[13]

In dem Moment, in dem mit der einsetzenden Globalisierung in den neunziger Jahren nicht nur ein weltweiter Siegeszug neoliberaler Markteuphorie begann, sondern sich auch der Konsum globalisierte, wurde das Phänomen des Konsums verstärkt zum Gegenstand sozialwissenschaftlicher Untersuchungen. Dies komplementierte den traditionellen Analysefokus der Sozialwissenschaften, der üblicherweise auf der Produktion gelegen hatte.[14] Produktion, die Toffler noch mitgedacht hatte, geriet in den Hintergrund. Der Grund dafür lag nicht zuletzt darin, dass die klassisch herstellenden Industrien der entwickelten Volkswirtschaften massenhaft in »Billiglohnländer« abwanderten oder aufgrund des internationalen Konkurrenzdrucks untergingen.

Der Soziologe Don Slater hat den Begriff der »consumer culture«, der Konsumkultur, verwendet, um diese soziale Realität zu beschreiben. Dabei war die Entdeckung, dass Konsum im Leben des modernen Menschen eine große Rolle spielt, gar nicht das Entscheidende oder Originelle. Dieser Tatbestand werde, so Slater, alle paar Jahrzehnte »entdeckt«. Das habe auch damit zu tun, dass der Konsum darauf angewiesen sei, dass immer wieder neuartige Produkte auf den Markt kämen und die Marktdynamik eben davon sowie von

13 Thomas Weyr, *Reaching for Paradise. The Playboy Version of America*, New York 1978, zitiert in Don Hauptman, »The ›Lost‹ Parts of Ayn Rand's Playboy Interview« (1. März 2004); online verfügbar unter: {https://www.atlassociety.org/post/the-lost-parts-of-ayn-rands-playboy-interview}.

14 Daniel T. Cook, »Consumer Culture«, in: Marc C. Jacobs und Nancy Weiss Hanrahan (Hg.), *The Blackwell Companion to the Sociology of Culture*, London 2005, S. 160-175.

der raschen Veralterung des Bestehenden lebe. »In jeder Generation entdecken die Kolumbusse des Konsums das Gelobte Land der Freiheit des Überflusses neu«, schrieb er. Gleiches gelte auch für die Kritiker und ihre regelmäßig wiederkehrenden Klagen über die Schattenseiten der Fixierung auf alles Materielle.[15] Dennoch fand Slater in der modernen Konsumkultur etwas gänzlich Neues.

Konsumkultur bedeute nicht, dass die Menschen tagtäglich und ununterbrochen konsumieren müssten, um zu überleben. Entscheidend sei vielmehr, dass die Rolle des Konsums und die Art und Weise, wie und was konsumiert wird, Gesellschaften präge. Die Gesellschaft der Moderne sei vollständig zu einer Konsumkultur geworden. Diese war für Slater Wesensmerkmal der Moderne – nicht der Postmoderne. Das lag auch daran, dass für Slater mit der Figur des Konsumenten die ureigenen Werte der Moderne und der Aufklärung wie Vernunft, Freiheit und sozialer Fortschritt verbunden waren.[16]

Die moderne Konsumkultur sei das Resultat der Übertragung neoliberaler Ideen auf die Politik. In den achtziger Jahren erlebte die Konsumkultur ihr eigenes »Jahr null«. Es war die Zeit, in der der Konsument wiederentdeckt wurde:

> Der Konsument war der Held der Stunde. Nicht nur als Bereitsteller der Kaufkraft, die den Motor des Wirtschaftswachstums antrieb (obwohl dies auch eine zentrale Rolle spielte, und durch phänomenale Ausweitung der Kreditmöglichkeiten, Defizitfinanzierung und Verringerung von Einkommensteuern gelenkt wurde), sondern als das Modell des modernen Akteurs und Bürgers. [...] Besonders in

15 Don Slater, *Consumer Culture and Modernity*, Cambridge 1997, S. 10.

16 Ebd., S. 5.

den Reagonomics und dem Thatcherismus wurde die Auswahlentscheidung des Individuums das obligatorische Muster für alle sozialen Prozesse, bürgerlichen Dynamiken und der Freiheit. Statt staatlicher Bereitstellung von Leistungen ging es um radikalen Individualismus. [...] Die achtziger Jahre verkündeten auch die Unterordnung der Produktion unter den Konsum mit Hilfe eines immer ausgefeilteren Marketings.[17]

In der Konsumkultur wurde persönliche Identität nicht länger durch politisch-ideologische Zuschreibungen oder die Verhältnisse auf dem Arbeitsmarkt definiert, sondern einzig und allein durch die sich zunehmend ausweitenden Konsummöglichkeiten. In *The Lonely Crowd* (dt.: *Die einsame Masse*) hatte der Soziologe David Riesman das Konsumverhalten der amerikanischen Mittelschicht in der Nachkriegszeit analysiert. Charakteristisch für sie sei gewesen, dass jedermann versucht habe, sich der materiellen Norm seines Milieus anzugleichen – und dabei möglichst wenig auffallen wollte. Diese materielle Uniformität habe sich beispielsweise im Habitus gezeigt, im Wohnungsbau und in der materiellen Ausstattung der typischen amerikanischen Mittelschichts-Suburbia. Während »Keeping up with the Joneses« das Motto dieser Zeit gewesen war, gelte in der neuen Konsumkultur des Neoliberalismus etwas völlig anderes: »Keeping different from the Joneses.«[18]

Die Entwicklung hin zur Konsumkultur hatte also endgültig die »puritanische Orientierung auf das Sparen, auf die Zukunft«, ein Verhalten der Dauerhaftigkeit und Ernsthaftigkeit, abgelöst. Sie wurde ersetzt durch vollkommen entgegengesetzte Werte: »ein hedonistisches Ethos der Aus-

17 Ebd., S. 10.
18 Ebd. und David Riesmann, *The Lonely Crowd. A Study of Changing American Character*, New Haven 1950.

gaben und des Kredits, eine Fokussierung auf die Gegenwart, schnelle technische und ästhetische Obsoleszenz, schnellen Wechsel von Stilen und Gütern und eine eher spielerische Kultur.«[19]

Der Einfluss des Neoliberalismus lässt sich auch daran ablesen, dass mit Konsumentscheidungen viel mehr verbunden wird als der Kauf und Gebrauch von Gütern. In der Konsumkultur wird *Freiheit* mit privaten Auswahlentscheidungen gleichgesetzt. Der Konsument entscheidet selbst, was er mit seinem Geld anfangen möchte. Es gehört zur Konsumentensouveränität, dass niemand das Recht haben soll, ihm diese Entscheidung zu verwehren. Für Slater ist der konsumtive Wahlprozess eine der wenigen wirklich klar empfundenen Freiheiten des modernen Menschen. Die Wahl, die ein Konsument am Markt trifft, findet in einem privaten Rahmen statt – dort, wo nach urliberalen Vorstellungen der Staat nichts zu suchen hat. Auch hier sind für Slater die Nachwirkungen der Aufklärung offensichtlich. Vernunft und der Vernunftgebrauch sind schließlich private Ressourcen eines Individuums. Erst sie erlauben es, dass sich der Einzelne von den Fesseln der politischen oder religiösen Ordnung lösen und seinen eigenen Lebensweg aussuchen kann. Die Wahl eines Konsumenten ist nur die materielle Folgeentwicklung dieser Befreiung aus vorgegebenen Ordnungen – und auch deswegen ist die Konsumkultur modern und nicht postmodern.[20]

Freiheit hat prozeduralen Charakter. Konsumentensouveränität entsteht durch den Prozess des Auswählens und Entscheidens. Was ausgesucht wird und wofür man sich ent-

19 Slater, *Consumer Culture*, S. 29.
20 Ebd., S. 28.

scheidet, ist zweitrangig. Es zählt nur das *Wie* und das *Ob* – nicht das *Was*. Man wählt aus und tut dies aus freien Stücken. Auch die Entscheidung, sich eine Portion Chicken McNuggets zu kaufen, ist laut Slater so zu einem überhöhten Akt individueller Souveränität und Freiheit geworden.[21]

Im Gegensatz zu Hutts Vorstellung von rationalen Konsumentscheidungen argumentiert Slater, dass demokratische *Wahlentscheidungen* viel weniger mit Emotionen behaftet und viel rationaler sind als Konsumentscheidungen am Markt. Viele der tagtäglichen konsumtiven Wahlhandlungen seien in höchstem Maße emotional bestimmt.[22] Dabei wirken die Konsumentscheidungen gleichzeitig wie eine Selbstermächtigung. Konsum gibt, so suggeriert Slater, die Möglichkeit, nicht nur die eigene Identität zu wählen, sondern diese vor allem durch Konsum zu unterstreichen. Die Konsumkultur ist eine Kultur der Emotionen. Und genau darin sehen andere Forscher das Problem.

Konsumkritik der Postmoderne

Während Autoren wie Slater die Konsumkultur und damit auch die Logik der *douce consommation* relativ nüchtern beschreiben, unterstreichen andere die negativen Effekte der Konsumfixierung. Das Individuum werde schlicht überfordert. Für Soziologen wie Zygmunt Bauman ist die Gegenwart durch die Ungewissheit darüber gekennzeichnet, wohin sich die Menschheit entwickeln wird. Anders als in den Zeiten der großen Gesellschaftstheorien, die unmissverständ-

21 Ebd., S. 35.
22 Ebd., S. 27.

lich einen klaren Weg in die (meist helle und leuchtende) Zukunft vorzeichneten, seien diese Gewissheiten heute nicht länger vorhanden. Aber nicht nur die Gesellschaftserzählungen hätten ihre Eindeutigkeit und Klarheit verloren, sondern fast alle Lebensbereiche: das Arbeits- und Erwerbsleben, die Familie, Sexualität und Partnerschaft, selbst die Politik. Diesen Zustand, der nur die Gewissheit kennt, dass die ehemaligen Fundamente unseres Seins verschwunden sind, der im Unklaren lässt, ob etwas an ihre Stelle treten wird, und in dem alles sicher Geglaubte nicht länger Halt gibt und die Konturen verliert, hat Bauman als *Liquid Modernity*, als flüchtige Moderne, bezeichnet.[23] Margaret Thatchers Behauptung, dass es so etwas wie die Gesellschaft nicht (länger) gibt, war für Bauman ein untrügliches Beispiel dafür.[24]

In der flüchtigen Moderne kommt es den Individuen selbst zu, sich in ihr zurechtzufinden. In der optimistischen Sichtweise ist der Zustand des Flüchtigen ein Zustand der Möglichkeiten. Die Welt ist

> wie ein Buffet voll mit Gerichten, die einem das Wasser im Munde zusammenlaufen lassen, aber mit zu vielen von ihnen, als dass auch der hungrigste Esser hoffen könnte, alle zu probieren. Die Gäste sind *Konsumenten*, und die anstrengendste und lästige Herausforderung für die Konsumenten ist die Notwendigkeit, Prioritäten zu setzen und einige unbekannte Optionen unentdeckt lassen zu müssen. Das Elend des Konsumenten ergibt sich aus dem Übermaß, nicht dem Mangel an Entscheidungen.

23 Zygmunt Bauman, *Liquid Modernity*, Cambridge 2000. Siehe für ähnliche Diagnosen der Erosion traditioneller Strukturen der Moderne Ulrich Beck, *Risikogesellschaft. Auf dem Weg in eine andere Moderne*, Frankfurt am Main 1986 und Anthony Giddens, *The Consequences of Modernity*, Cambridge 1990.

24 Bauman, *Liquid Modernity*, S. 64.

Der nagende Zweifel, ob man auch die richtige Entscheidung getroffen habe, raube den Konsumenten ihren Schlaf, wenn nicht gar ihren Verstand.[25]

Für Bauman besteht das Wesensmerkmal der Moderne nicht darin, dass eine Gesellschaft in ihren Mitgliedern in erster Linie Konsumenten sieht. Er erkennt darin vielmehr den Ausdruck einer neuen, einer postmodernen Zeit.[26] In der Moderne seien die Menschen eher Produzenten (Arbeiter) gewesen, die Strukturen waren mehr oder weniger festgelegt. Der Hauptwunsch der Menschen sei es gewesen, den Erwartungen ihres eigenen Gesellschaftssegments zu entsprechen. Jeder habe sich an einem klar umrissenen Platz befunden, und dadurch seien seine Aspirationen und Möglichkeiten definiert worden. In einer postmodernen Konsumentengesellschaft verschwänden hingegen die verbindlichen Normen. Triebfeder des Handelns sei in erster Linie die Verführung zur Befriedigung sich immer neu formierender Konsumwünsche. Dabei seien nicht länger die eigenen Peers die Bezugspersonen, wie auch schon Slater festgestellt hatte. In der Konsumentengesellschaft vergleiche sich jeder mit jedem, die Wünsche können daher unbegrenzt sein. Als Konsumenten verstandene Individuen seien Organismen, die nach immer neuen »Erfahrungen« und nach immer neuem »Erleben« suchten. Einen Sättigungseffekt, der diese Lust nach Neuem abmildern könnte, gebe es nicht. Darin liege eine gewisse Tragik.[27]

In der Konsumentengesellschaft, der *consumer society*, den Begriff zieht Baumann dem der *consumer culture* vor, sei al-

25 Ebd., S. 63, Hervorhebung im Original.
26 Zygmunt Bauman, *Life in Fragments*, Cambridge 1996.
27 Ebd., S. 154.

les eine Frage der individuellen Auswahl, »außer dem Zwang, auswählen zu müssen«. Die Menschen müssten kaufen, ein längst zur Sucht gewordener Druck – wobei nicht nur der Kaufprozess im engeren Sinne entscheidend sei, sondern ebenso der vorhergehende Prozess des Vergleichens, Prüfens und Suchens.[28]

Das Individuum verfolge keine konkreten eigenen Bedürfnisse mehr, sondern befriedige Wünsche, die von der Produzentenseite bei ihm geweckt worden seien und die im Extremfall nur noch dem Lustprinzip gehorchen. Sobald sich die Sehnsüchte nach bestimmten Produkten fortwährend erneuern und anpassen ließen, werde Konsum zu einem endlosen Teufelskreis. Die Individuen erlägen der Illusion, ihre Persönlichkeit und Identität, auch ihren sozialen Status durch Konsum definieren zu können. Konsum werde zu einer Insel der Stabilität, die eigene Identität zu einer Funktion des Konsums. Wird ein bestimmter Wunsch verwehrt, empfänden die Menschen dies als einen Angriff auf die Person, die sie sein möchten. In den achtziger Jahren hatte die amerikanische Künstlerin Barbara Kruger dies ironisch zum Ausdruck gebracht. Auf einem ihrer Bilder ist eine Hand mit einem Zettel zu sehen, auf dem in roten Lettern steht: »I shop therefore I am.«[29]

Bauman widerspricht in seiner Analyse entschieden den neoliberalen Vorstellungen. Konsumenten seien in keinem Fall die Souveräne des Marktes, sie seien Getriebene.[30] Der

28 Bauman, *Liquid Modernity*, S. 73.

29 Slater, *Consumer Culture*, S. 30.

30 Hier passend auch die Analyse Colin Crouchs, dass das neoliberale Narrativ der Konsumentensouveränität auch durch das Erstarken der politischen Macht (globaler) Großunternehmer, ihrer Lobbyarbeit und Nähe zur Macht konterkariert wird. Siehe Colin Crouch,

Konsument, der nach immer neuen Konsummöglichkeiten strebe, sei selbst das Produkt des Marktes und dessen Logik. Hinter seiner vermeintlichen Macht und Souveränität verberge sich Abhängigkeit verbunden mit dem Wunsch, die Unsicherheiten des eigenen Seins durch Konsum zu verringern. Konsum ist in den Worten Baumans ein Exorzismus – der, um zu wirken, tagtäglich und immerwährend erneuert werden müsse.[31] Die *douce consommation* sei alles andere als süß und mild. Sie sei trist.[32]

Auch die Rolle des Individuums verändere sich. Es werde selbst zum Konsumgut:

> Wir wollen selbst nachgefragt werden und damit begehrenswert für andere sein. Darum müssen wir uns ständig in möglichst attraktiver Form präsentieren. Der Mensch verwandelt sich in eine Ware: Wir kaufen viele Produkte, um nachgefragt zu werden. Der Konsum ist der Mitgliedsbeitrag für die Gesellschaft und der Kampf um die Mitgliedschaft ist eine nicht enden wollende Aufgabe. Ja, er ist schon zur Bürgerpflicht erklärt worden. Wir erinnern uns: In den Nachwirkungen des Schocks der Terroranschläge auf das World Trade Center forderte George W. Bush seine Landsleute zuallererst auf: ›Amerikaner, geht einkaufen!‹«[33]

In der *consumer society* bedeute Freiheit die Möglichkeit, »to shop around«. Konsumtive Wahlmöglichkeiten zu haben sei,

Postdemokratie, Frankfurt am Main 2008 [2004]; siehe dazu auch Robert Reich, *Supercapitalism*, New York 2008.

31 Bauman, *Liquid Modernity*, S. 81.

32 Schon 1976 sprach Tibor Scitovsky von einer freudlosen Wirtschaft, einer »joyless economy« als Resultat der simplistischen »Doktrin der Konsumentensouveränität«; Scitovsky, *The Joyless Economy*, S. 7.

33 »›Entscheidung ohne Berufungsverfahren‹«, Interview mit Zygmunt Bauman: in *Süddeutsche Zeitung* (10. März 2011); online verfügbar unter: {https://www.sueddeutsche.de/wirtschaft/interview-mit-zygmunt-bauman-konsum-macht-einsam-1.1049496-2}.

wie Slater schon festgestellt hatte, der höchste Wert, viel wichtiger, als zu bewerten, was ausgewählt werde.[34] In der Überhöhung der Auswahl steckte für Bauman der Schlüssel zur Misere: Der Einzelne sei eben doch nicht in der Lage, auszuwählen, was er sich wirklich wünsche – Menschen seien nie endgültig zufrieden, sondern strebten immer nach mehr.

Das Individuelle entstehe nur noch durch die Dinge, die sich kaufen und konsumieren ließen. Statt sich als Souverän des Marktes zu positionieren, sei der Preis für Individualität die Kapitulation vor den bestehenden Marktgegebenheiten.[35] Das Leben selbst werde konsumiert, indem es sich auf Konsum reduziere. Die Entscheidungen des Lebens fielen in dieselbe Logik wie jene, die den Konsum betreffen. Der Einzelne habe die Freiheit, »das ganze Leben als eine einzige Einkaufstour zu behandeln. Die Welt ist ein Warenhaus, das mit Konsumgütern überfließt.«[36] Wie wichtig die Digitalisierung für das moderne Konsumverhalten und -verständnis werden würde, haben jedoch weder Slater noch Bauman vorhergesehen.[37]

34 Bauman, *Liquid Modernity*, S. 87.
35 Ebd., S. 84.
36 Bauman, *Consuming Life*, Cambridge 2007.
37 Für eine Kritik der Konsumtheorien siehe insbesondere Frank Trentmann, »The Long History of Contemporary Consumer Society. Chronologies, Practices and Politics in Modern Europe«, in: *Archiv für Sozialgeschichte* 49 (2009), S. 107-128.

Don Slater hatte betont, wie emotionsgeladen private Konsumentscheidungen sind. Auch in Zygmunt Baumans Analyse spielen Emotionen und Affekte eine wichtige Rolle. Aber als das zentrale Merkmal unseres zeitgenössischen Konsumverhaltens hat sie erst kürzlich Andreas Reckwitz herausgearbeitet. Der Strukturwandel der Moderne zeigt sich laut Reckwitz in Form einer *Gesellschaft der Singularitäten*, Konsequenz einer Gesellschaftsordnung, die ganz nach neoliberalen Vorstellungen auf Individualisierung, die Freiheit der Einzelnen, Wettbewerb und Konsum setze. Der »Paradigmenwechsel vom Steuerungsstaat zum [...] Wettbewerbsstaat« ist ihm zufolge für diesen Strukturwandel offenkundig ursächlich.[38] In der Spätmoderne, wie Reckwitz die heutige Zeit nennt, geht der Einzelne viel stärker als zuvor auf die Suche nach dem Besonderen. Materielle Güter und Dienstleistungen sollen nicht massenkompatibel sein, sondern einzigartig, singulär. Die Konsumgüter selbst würden nicht länger nur nach ihrer Funktionalität ausgesucht, sondern vor allem danach, welche »affektive Anziehungskraft« von ihnen ausgeht.[39] Dabei beschränke sich die Suche nach dem Außergewöhnlichen nicht nur auf die konsumierten Güter, sondern spiegele sich auch in der Logik der modernen Arbeitswelt, in der jeder Arbeitnehmer immer mehr ein besonderes und einzigartiges Profil benötigt, um den Anforderungen des Arbeitsmarktes zu entsprechen. Die Suche nach Singularität sei daher nicht nur etwas, das den Einzelnen in seiner Kon-

38 Andreas Reckwitz, *Die Gesellschaft der Singularitäten. Zum Strukturwandel der Moderne*, Berlin 2017, S. 435.

39 Ebd., S. 7f.

sumentscheidung beeinflusst, sondern das entscheidende Merkmal unserer hyperindividualisierten Zeit.

Das Streben nach »Einzigartigkeit«, nach einem einzigartigen Lebensstil werde »zur sozialen Erwartung«. Singularitäten sind dann, worum sich »in der Spätmoderne das Soziale dreht«.[40] Technologie und Wirtschaft mutierten zu »Singularitätsgeneratoren« und produzierten neben standardisierten Gütern auch immer mehr passgenaue, vermeintlich singuläre Produkte. Ganz so, wie es der Zukunftsforscher Toffler 1980 vorhergesehen hatte. Der Einzelne suche nach seinem »unverwechselbaren Profil« und arbeite an einem »inszenierten Lebensstil«.[41] Das Individuum sorge bewusst für eine besondere und seinen Vorstellungen gemäße Zusammenstellung unterschiedlicher Güter, die in ihrer Gesamtheit einen vermeintlich singulären und besonderen Stil konstituieren. Der Einzelne »kuratiert«, wie Reckwitz sagt, seine Konsumentscheidungen und -güter. Wie bei Bauman bemühe sich der Einzelne, seine Identität, seine Unverkennbarkeit durch Konsumentscheidungen zu formen.

Die Singularität eines bestimmten Konsumguts ergibt sich nach Reckwitz aus seiner »anziehenden« Wirkung. Dinge gelten nur dann als singulär, wenn sie »affizieren«, das heißt einen Affekt auslösen können. Der Affekt folge nicht allein aus dem Gebrauch des Gutes selbst, sondern entstehe ebenso im Moment seiner Aneignung. Der gesamte Prozess – die Bildung von Präferenzen, die Suche und Auswahl der Güter, deren Inbesitznahme sowie deren Konsum – sei in jedem Schritt affektiv aufgeladen. Die Spätmoderne ist in dieser Lesart eine »Affektgesellschaft«, in der Affekte eine »ex-

40 Ebd., S. 9 und 13.
41 Ebd., S. 107 und 113.

treme [...] Relevanz« gewinnen und es bei der Suche nach dem Singulären zu einer »Affektintensivierung« kommt.[42] Damit zeigt sich, was die *douce consommation* vom *doux commerce* unterscheidet. Galt Letzteres als gewünschter Mechanismus der Affektkontrolle und -unterdrückung, ist im Gegensatz dazu Affektgenerierung das Hauptmerkmal der modernen, auf Konsum ausgerichteten, individualisierten, neoliberalen Gesellschaftsordnung geworden.

In der digitalen Gesellschaft wird laut Reckwitz der Wert des Singulären auf »Sichtbarkeits-, Valorisierungs- und Affizierungsmärkten« ausgehandelt. Es ist nicht nur wichtig, singuläre Dinge als solche zu identifizieren und zu besitzen. Es kommt auch darauf an, diesen Besitz und Konsum (vor allem digital) zu dokumentieren und zu inszenieren und sich so der eigenen Singularität durch die Bewertung anderer rückzuversichern. Die Singularität beschränkt sich nicht nur auf die persönliche Sphäre des Individuums, sondern ist das Ergebnis eines Wettbewerbs auf »Attraktivitätsmärkten«. Das neoliberale System des Wettbewerbs ist zu einem Wettbewerb der Affekte und um Affekte geworden.

Bestimmte geschätzte singuläre Konsumgüter zirkulieren in einer »globalen Hyperkultur«.[43] Sie ist mit der Globalisierung vormals eher in kleinen Mengen produzierter Luxusgüter entstanden, deren Produzenten sie in den neunziger Jahren als globale Marken positionierten, die man möglichst überall auf der Welt kaufen konnte. Das Konsumprivileg einer kleinen Gruppe wurde zu einem Konsumprivileg der Massen (sofern man bereit war, die Preise dafür zu zahlen), wobei durch das Branding und Marketing bewusst versucht

42 Ebd., S. 17.
43 Ebd., S. 143.

wurde, das Image der luxuriösen Einzigartigkeit und Besonderheit aufrechtzuerhalten.[44] Mit der Globalisierung demokratisierte sich der Luxus, sollte aber zumindest affektiv weiterhin Luxus bleiben. Allerdings ist der affektive Konsum nicht nur auf globalisierte Luxusmarken beschränkt. Er zeigt sich immer dort, wo ein Gut bei Käufern und Nutzern einen affektiven Reiz auslöst.

Der Affektkonsum der Singularitätsgüter ist mit der *conspicuous consumption* Thorstein Veblens in weiten Teilen identisch, obwohl Reckwitz weder Veblen noch den Begriff erwähnt. Nun ist aber die moderne Form des affektgeladenen Geltungskonsums, anders als Veblen glaubte, nicht mehr ein Wesensmerkmal der arbeitsfernen Oberschicht. Sie ist zum Charakteristikum der Mittelschicht, wenn nicht aller Gesellschaftsgruppen geworden. Konsum und Affekt sind in jedem Fall untrennbar miteinander verbunden und verstärken einander. Beide geben anscheinend Halt in einer neoliberalen Gesellschaft, in der das Individuum auf sich allein gestellt ist.

Digitalisierung und Affekte: Der Konsument wird zum Tyrannen

Für die Herausbildung der *Gesellschaft der Singularitäten* spielt die Digitalisierung eine »revolutionäre Rolle«.[45] Schließlich forciert die Digitalisierung die Allgegenwärtigkeit von Affekten.[46] Im Netz finden sich ohne Ende Dinge und Informationen, die für Nutzer einen affizierenden Wert haben.

44 Eric Sadin, *L'ère de l'individu tyran. La fin d'un monde commun*, Paris 2020, S. 122.

45 Ebd., S. 226.

46 Ebd., S. 234.

Das Internet ist nichts anderes als eine gewaltige »Affektmaschine«.[47] Die Digitalisierung ruft Affekte hervor und nährt sie. Dies gilt nicht nur für den Konsum von Gütern, sondern mittlerweile für fast alle Lebensbereiche. Damit einher geht eine mangelnde Affektkontrolle. Im Ergebnis wird aus dem vermeintlich souveränen Konsumenten ein digital affektgesteuerter »individueller Tyrann«, dessen Ära für den Philosophen Éric Sadin mit der Digitalisierung angebrochen ist.

Die offensichtliche Extremindividualisierung westlicher Gesellschaften ist für Sadin eindeutig eine Folge der neoliberalen Umstrukturierungsmaßnahmen, die vor allem in Europa in den neunziger Jahren von unterschiedlichen politischen Lagern durchgeführt wurden und die vor allem die individuelle Verantwortung betonten. Nicht nur musste das Individuum zum Unternehmer seiner selbst werden. Der Staat machte unmissverständlich deutlich, dass man sich nicht länger auf ein breites und komfortables öffentliches Unterstützungsnetz verlassen konnte. Entscheidend für die heutige Ausprägung des Individualismus ist, dass diese ideologiegetriebene und politisch gewollte Fokussierung auf das Individuum von einer *technologischen* Entwicklung unterstützt wurde, die offensichtlich die menschliche Psyche und das Verhalten nachhaltig verändert. Dabei spielte sich diese technologische Entwicklung in zwei Bereichen ab, die anfänglich voneinander getrennt waren: im Internet sowie in der Mobiltelefonie.[48] Beide, ersonnen, um Kommunikation zu erleichtern, verstärken heutzutage den Konsum und die Affekte.

47 Ebd., S. 234

48 Sadin, *L'individu tyran*, S. 25.

Eine neuartige Ich-Zentrierung zeigte sich zunächst vor allem in der Hardware. Dass Apple seine Produkte um die Jahrtausendwende mit dem Präfix »i« versah, um damit zu signalisieren, dass die jeweiligen Gadgets genau den Bedürfnissen und Wünschen, ja der Persönlichkeit des jeweiligen Nutzers entsprechen, war weit mehr als ein Marketingtrick. Es war Ausdruck eines Zeitgeistes, bei dem das Individuum im Zentrum stand. Diese Stellung des Einzelnen zeigte sich auch in der zeitgleichen Entwicklung des Web 2.0. Das Netz war nicht länger ein Ort, von dem lediglich Informationen abgerufen, Face-to-Face-Nachrichten verschickt und ausgewählte Güter gekauft werden konnten. Es wurde partizipativ, und die Nutzer wurden aufgefordert, selbst Inhalte – Content – zu produzieren und sich mitzuteilen. Der Erfolg der Nutzerplattform Wikipedia war ein früher Ausdruck davon; YouTube ein anderer, ebenso wie die unzähligen Nutzerforen, Chatgruppen oder Blogs, die alle eine ganz neue Form der aktiven und vernetzten Kommunikation ermöglichen. Soziale Medien wie Twitter, Facebook etc. sind die Musterbeispiele für das Web 2.0. Die Verknüpfung individualzentrierter Hardware mit den Möglichkeiten, selbst souveräner Akteur des Netzes zu sein, beindruckte das *Time Magazine* nachhaltig. Als »Person of the Year« zeigte das Titelblatt des Magazins im Dezember 2006 einen Computerbildschirm. In großen Lettern stand dort: »You!« – Du! Der Schriftzug darunter lautete: »Ja, du. Du kontrollierst das Informationszeitalter. Willkommen in deiner Welt!«[49]

Die Illusion der Kontrolle wurde wiederum durch zwei Dinge besonders verstärkt. Zum einen durch die Möglich-

49 *Time Magazine* (25. Dezember 2006).

keit der Freitext-Kommentierung und des Feedbacks, der Bewertung durch Sterne oder durch den 2009 eingeführten Like-Button bei Facebook. Zum anderen durch das taktile Interface der 2007 eingeführten Smartphones. Beides befeuerte Affekte. Die Vorstellung, dass nicht nur das Gerät auf die kleinste Bewegung des Daumens reagiert, sondern damit Waren-, Informations- und Kommunikationsströme nach eigenen Bedürfnissen kontrolliert werden, wirkt auf die Psyche aufgrund der vermeintlichen Steuerungsmacht ermächtigend.[50] Überhaupt führte das Web 2.0 zur Renaissance des Toffler'schen von Ayn Rand inspirierten Begriffs des Prosumers. Die Macht über das Netz hatte, so schien es, der Konsument, der Endnutzer – nicht zuletzt weil er jetzt selbst auch zum Produzenten von Inhalten wurde.

Der schnelle Zugang zu Informationen und die ebenso leichte Art und Weise, seine Meinung zu äußern, konnte das Individuum ebenso im Glauben lassen, sich über fast alle Themen informieren zu können und selbst zum Experten zu werden, der etwas mitzuteilen hat. Die ungehinderte Kommentierung, am besten noch anonym, gibt die befriedigende Möglichkeit, Dampf abzulassen – als unzufriedener Kunde oder enttäuschter Bürger. Die Vorstellung, mit Hilfe der Vernetzung über weite Entfernungen in Echtzeit mit unterschiedlichsten Menschen kommunizieren zu können, be-

50 Siehe beispielhaft S. Adam Brasel und James Gips, »Tablets, Touchscreens, and Touchpads: How Varying Touch Interfaces Trigger Psychological Ownership and Endowment«, in: *Journal of Consumer Psychology* 24/2 (2013), S. 226-233, sowie grundsätzlich die Forschungen zu *interface psychology* oder *tactile attention*, vor allem Margot Racat und Sonia Capelli, *Haptic Sensation and Consumer Behavior. The Influence of Tactile Stimulation in Physical and Online Environments*, Cham 2020.

dient auch die Illusion, dass die eigene Stimme von vielen wahrgenommen wird und wichtig ist.

Die Digitalisierung und die sozialen Medien nutzen das neoliberale Ideal des Wettbewerbs für einen digitalen Aufmerksamkeitswettbewerb. Für Sadin ist dies eine neue Form des Sozialdarwinismus. Aus dem Kampf ums Dasein ist der Kampf um das eigene digitale Ansehen geworden. Das Individuum wird darauf konditioniert, den eigenen digitalen Bewertungsstatus permanent zu kontrollieren – bei einem Facebook- oder Instagram-Post, einem Tweet oder bei der Zahl der Tinder-Matches. Der Aufmerksamkeitswettbewerb ist ein Wettbewerb der Affekte, das Netz ein Ort der »Omnipräsenz« des Verlangens: nach Aufmerksamkeit und nach Gütern. Beides hängt miteinander zusammen. Wenn im Sinne des Postmaterialismus Konsumgüter nicht länger zur reinen Bedürfnisbefriedigung dienen, sondern die Identität des eigentlichen Ich konstituieren, ist es logisch, dass man die eigene Singularität durch den Besitz singulärer Güter digital dokumentiert und inszeniert – mit dem Wunsch, sich durch die Kommentare anderer positiv der eigenen Besonderheit rückzuversichern. Die konsumgetriebene Inszenierung ist ein Teil dessen, was Reckwitz die »Authentizitätsrevolution« nennt. Das perfekt inszenierte Ich soll vor allem authentisch wirken, die Authentizität wird durch zur Schau gestelltes Konsumverhalten unterstrichen. Der Aufstieg der Figur des Influencers, der zum Werbeträger wird und dabei seine Follower doch vermeintlich nur an seinem privaten Leben teilhaben lässt, ist davon die kommerzielle Konsequenz.[51] Auch

51 Reckwitz, S. 104, siehe zur Rolle der Influencer auch Ole Nymoen und Wolfgang M. Schmitt, *Influencer. Die Ideologie der Werbekörper*, Berlin 2021.

der Influencer will durch beides bestechen: durch authentischen Konsum und durch vermeintlich relevante Kommentare und Wortbeiträge.

Die Digitalisierung ist für Sadin von einem Zeitalter des freien Zugangs, einem *âge de l'access*, zu einem Zeitalter des Exzesses, einem *âge de l'excess* mutiert. Die Digitalisierung führt zur dauerhaften *expressivité*, der Möglichkeit, sich pausenlos auszudrücken. Die *expressivité* ist die neue *Leidenschaft* unserer Zeit. Und neu ist an ihr die Verbindung von ungehindertem verbalem Ausdruck mit der dauerhaften Thematisierung des eigenen Konsums.[52]

Die Leidenschaft der *expressivité* ist auch Ausdruck der allgemeinen Ich-Zentrierung. Die *centralité de soi*, wie sie Sadin nennt, wird mit der Personalisierung des Netzes und der Errichtung von Filterblasen maßgeblich verstärkt. Mit der algorithmengestützten Personalisierung werden die digital angebotenen Güter und Informationen durch das eigene Verhalten im Netz kalibriert – mit der Folge, dass sich Netznutzer in der Vorstellung von Kritikern wie Eli Pariser in einer *Filter Bubble* wiederfinden. Das World Wide Web ist damit nicht länger ein Abbild der Welt, sondern reflektiert nur den eigenen Kosmos, die eigenen Konsumpräferenzen und die eigenen Meinungen.[53] Es optimiert zwar das Onlinekaufverhalten, führt jedoch weniger zu einer aufgeklärten demokratischen Meinungsbildung. Die Personalisierung erleichtert den *confirmation bias* – die Bestätigung dessen, was man sowieso schon denkt und fühlt und meint.[54] Auch wenn die genauen Effekte der Filterblase auf die Psyche der

52 Sadin, *L'individu tyran*, S. 32

53 Eli Pariser, *The Filter Bubble. How the New Personalized Web Is Changing What We Read and How We Think*, New York 2012.

54 Ebd., S. 88.

Menschen umstritten sind, ist doch unumstritten, dass die Personalisierung des Informationsflusses im Netz die Tendenz zur Ich-Zentrierung verstärkt. Sie verstärkt aber auch vorgefertigte Meinungen.

In jedem Fall ist das Bild aus der Frühzeit der Digitalisierung – der Einzelne als aktiver Gestalter des Netzes und damit der Welt – obsolet. Der Einzelne ist gar nicht *free to choose* – er bekommt lediglich ein angeblich passgenaues Angebot von Informationen und Gütern vorgesetzt. Raum für *serendipity*, dem Finden von etwas, was man überhaupt nicht gesucht hat, wird ebenso erschwert wie der Kontakt zu völlig anderen Meinungen und Lebensentwürfen. Was bleibt, ist, das Netz als Mittel und Anlass zu nehmen, die Affekte zu stimulieren, zu konsumieren und seine Emotionen grenzenlos und pausenlos auszudrücken. Der erhoffte *free speech* der Kindertage der Digitalisierung führt jedoch oft genug zu einem leidenschaftsgetriebenen *hate speech*, zum digitalen Shitstorm oder zu Empörungskaskaden.[55]

Oft sind Kommentare und Diskussionen im Netz von Hass, Beleidigungen und Diskriminierung geprägt. Diesen Effekt bezeichnet man als *online incivility.* Wie es scheint, wirkt das Netzt regressiv – unzivilisiertes Verhalten bricht sich im Zeitalter des Exzesses und der *expressivité* dort Bahn, wo anfänglich die Hoffnung vorherrschte, dass das Netz zu einer neuen Form des demokratischen und zivilen Umgangs führen würde.[56] Das Internet fordert »wenig Affekt-

55 Sadin, *L'individu tyran*, S. 248.

56 Yotam Shmaragd, Kevin Coe, Kate Kenski und Stephan A. Rains, »Social Norms and the Dynamics of Online Incivility«, in: *Social Science Computer Review* (2021), S. 1-19. Für ein Beispiel des anfänglichen Optimismus bezüglich der kommunikativen Interaktion im Netz siehe Zizi Papacharissi, »Democracy Online: Civility, Po-

kontrolle« und wird »nicht von rationalen Narrativen und Kommunikationsströmen zivilisiert«.[57] Es bietet die ideale Unterstützung einer *Génération offensée*, die sich mit großer Leidenschaft digital über alles empört.[58] Hinter der fehlenden Affektkontrolle der echauffierten Äußerungen steckt aber etwas ganz anderes – die über Jahrzehnte antrainierte neoliberale Vorstellung, dass »alles möglich ist« – zumindest alles, was dem Individuum nützt. Und im Umkehrschluss die Vorstellung, dass auf keinen Fall sein darf, was der individuellen Vorstellung widerspricht.[59] Dazu gehören auch Vorstellungen der Verhaltens- und Konsumregulierung durch Verbot und Verzicht.

Genau wie sich das Ideal der Konsumentensouveränität auf Wettbewerbsmärkten als Chimäre entpuppte, war es auch mit der Macht des Prosumers im Web 2.0 nicht weit her. Das Hervorrufen und Verstärken von Affekten bei der Nutzung des Netzes war kein unbeabsichtigter Effekt einer neuartigen Kommunikation oder neuartigen Marktkonstellation. Die Affizierung war eingeplant und aus Sicht der sich immer weiter vergrößernden Tech-Firmen für deren Geschäftsmodell absolut notwendig. Die verstärkte Nutzung sogenannter sozialer Medien war dabei genauso hilfreich wie die Art und

liteness, and the Democratic Potential of Online Political Discussion Groups«, in: *New Media and Society* 6/2 (2004), S. 259-283.

57 Oliver Nachtwey, *Die Abstiegsgesellschaft. Über das Aufbegehren in der regressiven Moderne*, Berlin 2018, S. 229. Weniger delikat drückt es der Internetpionier und Kritiker Jaron Lanier aus in einem Kapitel mit der Überschrift: »Social Media is Making you into an Asshole«; siehe Jaron Lanier, *Ten Arguments For Deleting your Social Media Accounts Right Now*, London 2019.

58 Carolin Fourest, *Génération offensée. De la police de la culture à la police de la pensée*, Paris 2020.

59 Sadin, *L'individu tyran*, S. 289.

Weise, mit der sich die Digitalisierung in praktisch alle Bereiche des Alltagslebens einnistete.

Digitale Medien »erfassen und übertragen« Affekte schließlich nicht nur, »sie bringen neue Affektdynamiken und emotionale Bezugsformen hervor«. Die Vernetzung schafft »in spezifischer Weise affektive Bezugsformen von Individuen, Kollektiven und Gesellschaften zu sich selbst und anderen, zu Politik und Weltgeschehen im Rahmen einer beständigen Involvierung in digitale Kommunikationsprozesse«. Die Affektreaktion ist bewusst gewollt. Aus ökonomischem Interesse besteht für die Big-Tech-Unternehmen schließlich Informationsbedarf an

> den affektiven Dynamiken und körperlichen Regungen, an den Reaktionen und unbewussten Sensitivitäten, an den psychologischen Dispositionen und dem Begehren der User. Voraussetzung dafür ist die feste Eingebundenheit der sozialen Medien und digitalen Geräte in das Alltagsleben ihrer User, denn nur so können umfassend Daten erhoben werden, die nicht nur zu einer Weiterentwicklung der digitalen Dienste beitragen, sondern die Dynamiken und Reaktionen der Nutzer_innen minutiös kartografieren, um Trends vorhersagen und Prognosen erstellen zu können.[60]

Die Nutzer digitaler Medien werden zugleich affektiv angesprochen, in ihren Affekten verstärkt und ebenso verführt, selbst affektiv in den Medien zu reagieren.[61] Affekte sind das Mittel, um Informationen zu generieren und sammeln

60 Anja Breljak und Rainer Mühlhoff, »Was ist Sozialtheorie der Digitalen Gesellschaft«, in: Rainer Mühlhoff, Anja Breljak und Jan Slaby (Hg.), *Affekt Macht Netz: Auf dem Weg zu einer Sozialtheorie der Digitalen Gesellschaft*, Bielefeld 2019, S. 7-34, hier S. 12.

61 Siehe auch Margreth Lünenborg, »Soziale Medien, Emotionen und Affekte«, SFB 1171 Affective Societies – Working Paper 01/20, Berlin 2016.

zu können – mit dem Ziel einer datengestützten »kapitalistischen Verwertung«.[62] Die neue Form des Marktes, der *surveillance capitalism*, wie ihn die Ökonomin Shoshana Zuboff nennt, lässt keinen Zweifel daran aufkommen, dass der Endnutzer in keiner Weise das Marktgeschehen wie ein Souverän beherrscht. Er ist selbst der Beherrschte, gefangen in permanenten und gezielt befeuerten Affekten.[63]

Die Gesellschaft der Singularitäten führt laut Reckwitz zu unterschiedlichen neuen Krisenformen. Während einige dieser Krisen an die kritische Konsumanalyse Baumans erinnern (Reckwitz spricht von einer Krise der Selbstverwirklichung und einer Krise der Anerkennung), stellt die Extremindividualisierung und Singularisierung auch eine Krise des Politischen dar. Dies liegt nicht nur an den sich im Prozess der Singularisierung immer stärker ausdifferenzierenden Partikulargruppierungen mit ihren eigenen politischen Ansprüchen, sondern auch am veränderten Staatsverständnis. »Der spätmoderne Staat« versteht sich »eher als Einrichtung der Ermöglichung privaten Konsums und weniger der Verfolgung gesamtgesellschaftlicher Ziele«.[64] Für eine Regierungstätigkeit traditionellen Typs, bei der es um die Lenkung von Verhalten geht, hat die Singularisierung der Gesellschaft fatale Folgen. Die »politischen Fantasien einer durchgreifenden Steuerung sozialer Prozesse«, so Reckwitz, »prallen an der Gesellschaft der Singularitäten ab«.[65]

Auch für Sadin zerfällt die Gesellschaft im Extremfall in das Gewimmel von Einzelpersonen, die jeweils nur sich

62 Anja Breljakt et al., *Affekt Macht Netz*, S. 17.

63 Shoshana Zuboff, *The Age of Surveillance Capitalism. The Fight for a Human Future at the Frontier of Power*, New York 2019.

64 Reckwitz, *Singularitäten*, S. 435.

65 Ebd., S. 442.

selbst als normgebend betrachten und für sich das Recht in Anspruch nehmen, sich gegen jeden ungewollten öffentlichen Eingriff und jede geplante Verhaltenssteuerung zur Wehr zu setzen und als nicht berechtigt abzulehnen. Für Sadin ist diese Entwicklung das Beispiel für eine »apolitische« Gesellschaft. Eine Gesellschaft, in welcher der Grundkonsens des Politischen, nämlich die Allgemeinwohlorientierung und die Suche nach Mehrheiten bzw. Konsensfindung, aufgegeben werden und in der die Einzelnen nicht länger regierbar sind. Stattdessen glaubt »der individuelle Tyrann«, regieren zu können. Mit sich selbst als gefühltem Zentrum des Universums kann man der Illusion anhängen, dass nur man selbst, nur die eigenen Bedürfnisse und Meinungen zählen, dass weder der Staat noch andere das Recht haben, mit Verbot und Verzichtsaufforderung auf das Individuum einzuwirken. Die Ära des individuellen Tyrannen ist für Sadin das Ende einer gemeinsamen Welt, einer Welt des Gemeinsinns.

Der Neoliberalismus hat den Kampf um die Seelen gewonnen. Das zeigt sich unter anderem darin, dass die Einzelnen ihre Affekte nicht nur im Konsum auszuleben versuchen, sondern sich zudem im antrainierten Bewusstsein der normativen *douce consommation* affektiv zur Wehr setzen, wenn es heißt: Verbot und Verzicht.

Schluss: Politik aus dem Geiste des Unterlassens

Der Begriff des *doux commerce* verweist auf eine besondere Zeit in der Geschichte; eine Zeit, in der man sich vorrangig die Frage stellte, wie Menschen ihr eigenes Verhalten und damit das gesellschaftliche Zusammenleben, vielleicht sogar das Zusammenleben der Völker verbessern könnten. Hinter der Vorstellung, sein Leben auf Konsumverzicht und *moneymaking* auszurichten, steckte der Plan für eine gesellschaftliche Transformation. Mit ihr wollte man versuchen, negative Affekte zu kontrollieren und die Menschen zu zivilisieren. Damals hatte diese Anstrengung noch nicht die negativkoloniale Konnotation des Imperialismus. Gemeint war das Sich-selbst-Zivilisieren, der geschliffene, vernünftige Umgang miteinander, der auch aus Verzicht bestand – aus dem Verzicht auf Affekte und Konsum. Die Bereitschaft, Handel zu treiben, unterstrich die Notwendigkeit eines verlässlichen gesellschaftlichen Miteinanders, im klaren Bewusstsein, nicht allein auf der Welt zu sein, sondern im Verbund mit anderen zu leben und miteinander auskommen zu müssen. Das wurde noch dadurch gefestigt, dass im Glück der Allgemeinheit ein zu verfolgendes Ziel lag. Der transformative Plan der damaligen Epoche fußte auf klaren moralischen Prinzipien.

Der Hinweis auf diese Epoche, vor allem in einer Form, die zu kurz gefasst ist, als dass sie auch ihre negativen Seiten zeigen könnte, bedeutet nicht, sich romantisierend in diese Zeit zurückzusehnen oder in allen damaligen Handlungsempfehlungen ein Modell für unsere Gegenwart zu sehen. Das wäre töricht. Geeignet ist der Hinweis auf den *doux com-*

merce, um im Abgleich mit der *douce consommation* deutlich zu machen, worin sich das heutige neoliberale Weltbild von früheren Vorstellungen unterscheidet. Der Erfolg des Neoliberalismus beruht auch darauf, dass genügend Menschen davon überzeugt worden sind, dass die neoliberalen Grundprämissen einen unumstößlichen, naturgesetzlichen Charakter haben. In der heftigen Reaktion auf Verbotspläne und Verzichtszumutungen zeigt sich das überdeutlich. Die Grundprämissen des Neoliberalismus lassen den Schluss zu, dass Verbot und Verzicht, vom Staat verordnet, illegitim sind und unterlassen werden müssen. Aber auch der Neoliberalismus ist ein Konstrukt, und seine Grundprinzipien haben ihren Ursprung darin, dass bestimmte Personen damit bestimmte Ziele verfolgten und bestimmte Interpretationen der Welt durchsetzen wollten. Die Nachhaltigkeit des Neoliberalismus ist kein Zufall, sondern ironischerweise das Ergebnis eines Plans. Der Triumph des Neoliberalismus zeigt sich in einer Politik, die im Geiste des Unterlassens steht. Dies spiegelt sich in der Erwartung der Individuen, vom Staat möglichst mit Verbots- und Verzichtsideen in Ruhe gelassen zu werden. Und es zeigt sich in einer realen Politik, die sich am Vorbild eines möglichst untätigen neoliberalen Minimalstaats orientiert und ihr Handeln danach ausrichtet.

Der Neoliberalismus hat schließlich eine ganz bestimmte Vorstellung davon, was der Staat ist: Er ist etwas anderes als die am Markt agierenden privaten Einzelpersonen. Staat und Individuen sind physisch getrennte Einheiten. Wenn sich der Einzelne vorrangig als wirtschaftlicher Akteur definiert und nicht in einer anderen sozialen Funktion sieht, gewinnt diese Vorstellung an Plausibilität. Der Neoliberalismus steht in einer mehr als hundertjährigen Tradition, die unter »Staat«

lediglich Regierungshandeln im weitesten Sinne versteht.[1] Gleichzeitig wird Regierungshandeln mit »bürokratischer Ineffizienz und Verschwendung« verbunden sowie mit der Gängelung, Bevormundung und unnötigen Eingriffen in die Handlungsautonomie der Individuen. Da ist es dann nur logisch, wenn man fordert, die Menschen sollten sich nicht »auf die Macht von Regierungen [...] verlassen, um [ihre] Gesellschaften zu gestalten«.[2] Der Staat ist das Problem, der Gegner, weil er anscheinend kein anderes Ziel kennt, als die freie wirtschaftliche Entfaltung zu erschweren, die glücklich macht und alle Probleme löst.

Um die besondere Macht des Staates zu verdeutlichen, haben sich Historiker und Philosophen lange mit der Frage beschäftigt, ob und in welcher Form er verkörpert wird, ob er überhaupt einen Körper besitzt und wenn ja, wie dieser beschaffen ist. Gemäß der traditionellen Vorstellung war der Staat deckungsgleich mit dem physischen Körper des Königs. Unterschied man zunächst zwischen dem biologischen, königlichen »body naturall« und dem vom natürlichen Körper unterschiedenen, zeitlich überdauernden »body politic«, setzte sich später zusätzlich die Ansicht durch, der Staat sei eine »fiktive Person«.[3]

Thomas Hobbes hatte mit seinem *Leviathan* eine für die damalige Zeit radikal moderne Idee formuliert: Der Staat sei das Resultat eines Gesellschaftsvertrages. In Anspielung auf das gleichnamige Ungeheuer, das Gott im Alten Testament dem anklagenden Hiob als Zeichen seiner Herrschaftsmacht zeigt, sollte der Leviathan bei Hobbes eine weltliche Kon-

1 Quentin Skinner, *Die drei Körper des Staates*, Göttingen 2012, S. 79.

2 Ebd., S. 82.

3 Einschlägig: Ernst H. Kantorowicz, *The King's Two Bodies. A Study in Medieval Political Thought*, Princeton 1997 [1957].

struktion beschreiben, die dem Chaos des englischen Bürgerkriegs und der Revolution Stabilität und Ordnung entgegensetzte. So wie Gott leibhaftige Monster nutzte, um Hiob seine Macht vor Augen zu führen, nutzte Hobbes in der Tradition des Späthumanismus ein Bild, um sein Argument zu verdeutlichen. Das sogenannte Frontispiz, dem Text vorangestellt, stellte klar, worum es in seinem Buch ging und wie genau man sich den Leviathan vorzustellen hatte. Vom modernen Staat machte sich Hobbes und machten sich seine Leser zuallererst ein Bild, eines, das mit der Zeit zu den »Inkunabeln der politischen Ikonographie« gehören sollte.[4]

Ausschnitt aus dem Frontispiz von Thomas Hobbes' im Jahr 1651 erschienenem *Leviathan*.

4 Horst Bredekamp, *Thomas Hobbes Visuelle Strategien. Der Leviathan: Urbild des modernen Staates*, Berlin 1999, S. 13.

Der Leviathan ist ein »artificiall man«: ein imaginierter Körper, kein realer.[5] Es handelt sich um ein Kompositgebilde, das die Vorstellung verbildlicht, dass der Staat sich aus allen Bürgern allen Alters und jeden Geschlechts zusammensetzt. Der englische Kontext des Bildes sowie Hobbes' eigentliche Rechtfertigung absolutistischer Herrschaftsformen spielen hier keine Rolle. Es geht allein um das symbolische Bild und das damit versinnbildlichte Grundverständnis eines Staates, in dem sich alle Bürger wiedererkennen – so wie dies auch in der modernen Demokratie der Fall ist. Einzelnen Bevölkerungsschichten wurde bei Hobbes nicht ein bestimmtes Körperteil zugeordnet. Den Staat als Körper zu verstehen, der sich aus Organen und miteinander verbundenen Teilen zusammensetzt, ist eine jahrtausendealte Idee. Allerdings war es in der traditionellen Vorstellung bestimmten Machteliten vorbehalten, die Rolle des Kopfes zu repräsentieren, anderen blieb dann nur die Rolle der Extremitäten oder der Organe. Jede Gruppe hatte ihren vorbestimmten Platz. Der Kompositkörper des Staates besteht bei Hobbes aus allen Individuen – wie es scheint ohne Unterschied und ohne feste Platzzuweisung.

Wenn man sich diese Kompositvorstellung vor Augen führt, erkennt man die Besonderheit des neoliberalen Staatsverständnisses: In der neoliberalen Dichotomie stehen die individuellen Bürger dem Staat einzeln gegenüber. Die neoliberale Vorstellung von der Freiheit des Einzelnen macht es den Bürgern schwer, sich auch *als Teil* des Staates zu begreifen. Eigentlich sind sie natürlich in einer Demokratie nicht »vom Staat« getrennt. Sie *sind* der Staat. *Sie* sind der Souverän. *Sie* machen ihn aus. Und wenn sie nicht selbst regie-

5 Hobbes, *Leviathan*, S. 9.

ren, wählen sie diejenigen, die es tun sollen – und kontrollieren diese auch, idealerweise.[6] Der Ausschnitt aus dem Frontispiz des *Leviathan*, aus einer heutigen Perspektive betrachtet, zeigt das Bild einer Gemeinschaft, die sich aus einzelnen Teilen zusammensetzt und zugleich dennoch ein Gesamtbild ergibt. Es zeigt *ownership* (Eigentümerschaft). Der Staat gehört den Bürgern, und die Bürger sind der Staat.

Was das neoliberale Weltbild hervorbringt, ist hingegen keine Idee von Gemeinschaft und Zusammengehörigkeit. Es ist das Weltbild sich selbst genügender Individuen, die eigentlich nur durch die Funktionsweise des Marktes miteinander verbunden sind.[7] Die neoliberale soziale Welt ist kein Kompositkörper. Margaret Thatchers provokative Behauptung, dass es keine Gesellschaft, sondern nur Individuen gebe, ist mit der Vorstellung eines solchen Kompositkörpers nicht vereinbar. Thatcher folgend müsste man sich ein Bild machen, auf dem die Individuen strukturlos im Raum verteilt wären. Es spiegelte eine sich verstärkende Extremindividualisierung mit wenig Blick für den Nächsten – wie in der Idealwelt Ayn Rands.

Daraus folgt auch die Überzeugung, dass der Einzelne unter dem Etikett der individuellen Freiheit ungestört und leidenschaftlich die eigenen Präferenzen befriedigen und dass der Staat ihn dabei in seiner Autonomie nicht einschrän-

6 Siehe zur Frage, wie die Körpertheorie des Staates auf Demokratien angewendet werden kann, neben Quentin Skinner auch Philip Manow, *Im Schatten des Königs*, Frankfurt am Main 2008.

7 Siehe bspw. die Arbeiten des Chicagoer Nobelpreisträgers Gary S. Becker zur These, dass die Entscheidungen für eine Heirat auch in westlich liberalen Gesellschaften der Marktlogik folgen. »A Theory of Marriage«, in: Theodore W. Schultz (Hg.), *Economics of the Family: Marriage, Children, and Human Capital*, Chicago 1974, S. 299-351.

ken dürfe. Die Ablehnung von Verbot und Verzicht, die Vorstellung der Illegitimität staatlicher Verhaltensregulierung und »Bevormundung«, entspringen einem solchen Weltbild. Gute Politik, legitime Politik ist dann eine Politik des Unterlassens. Der Leviathan ist nicht mehr eine allen Halt und Sicherheit gebende Struktur, sondern nur noch das Monster Staat, das von außen versucht, die individuelle Freiheit zu untergraben. Oder wie es ausgerechnet Arnold Schwarzenegger so wunderbar körperlich ausdrückte: das einem im Nacken sitzt und auf die Füße tritt.

Unterlassen werden muss auch jede Form einer staatlichen Regulierung der Zukunft, da im Verständnis des Extremliberalismus notwendige strukturelle Anpassungen an neue äußere Rahmenbedingungen sich als die ungeplante Konsequenz wirtschaftlichen Agierens ergeben werden. Es ist in dieser Lesart der Perversity-, Futility- und Jeopardy-Thesen nicht möglich und sinnvoll, sich vorab institutionelle Vorkehrungen auszudenken, die zukünftige Entwicklungen und zukünftiges Verhalten steuern könnten. Falls überhaupt notwendig, würden sich notwendige Regulierungen später von selbst und nicht als Vorausreaktion auf potenzielle Krisen oder Risiken ergeben. Hayek war diese Annahme besonders wichtig. Sie legitimiert heute staatliche Untätigkeit angesichts der Klimakrise.

Das System des Wettbewerbsmarktes als soziales Ordnungsprinzip lebt von der Illusion der Konsumentensouveränität. Damit kommt nicht nur dem Konsum, sondern dem einzelnen Konsumenten eine herausgehobene Bedeutung zu. Konsum ist nicht nur systemstabilisierend, er ist eine Norm. Wird ihr nicht Folge geleistet, können Märkte nicht funktionieren, fehlt das Korrektiv, das Produzenten effektiv arbeiten lässt und den Wettbewerbsmechanismus antreibt. Ohne

Konsum kann der Einzelne seine Präferenzen nicht realisieren. Effiziente Märkte und Freiheit entstehen durch die magische und für die Individuen extrem befriedigende *douce consommation*. Entgegen den Vorstellungen vom *doux commerce* ist damit jedoch keine Affektkontrolle mehr verbunden. Im Gegenteil: Die von Neoliberalen verlangte Extremtoleranz gegenüber jedweder Konsumentscheidung als höchstem Ausweis von Souveränität und Autonomie macht den Konsum bewusst zu einer Affektentscheidung. Dahinter verbirgt sich die Überzeugung, dass der Markt allein das Verhalten der Menschen in vernünftige Bahnen lenken kann und lenken wird. Für Neoliberale ist eine Affektkontrolle unnötig, da diese genau wie jede andere zivilisatorische Leistung vom Markt beziehungsweise der Anpassung der Individuen an die jeweiligen Marktgegebenheiten gewährleistet wird. Gleichzeitig spielt auch Moral keine Rolle. Zumindest betont der Neoliberalismus, dass niemandem bestimmte Konsumentscheidungen aus moralischen Gründen verwehrt werden sollten. Stattdessen setzt man auf einen aufgeklärten, rationalen individuellen Entscheider, der vernünftige Entscheidungen trifft. Bei Friedman ist diese Maxime, den Menschen unter allen Umständen selbst wählen zu lassen, was er tut und lässt, besonders ausgeprägt.

Die Digitalisierung und die damit verbundene konsumfixierte Ich-Zentrierung haben zu einer Verstärkung der Affekte geführt, in Verbindung mit dem Konsum und in der (nicht nur, aber meist digitalen) Kommunikation der Menschen untereinander. Ein Verständnis dafür, nicht immer das zu dürfen, was man konsumtiv gerade möchte, ist in einer konsumfixierten und affektaufgeladenen Welt, die von der Souveränitätsillusion des Einzelnen lebt, schwer aufzubringen. Auch dass die eigenen konsumtiven Entscheidungen einen signifikant negativen Effekt auf andere, die Umwelt oder zukünftige Generationen haben können, scheint kaum Bedeutung für das Souveränitätsverständnis des *individuellen Tyrannen* zu haben.

Die Politik soll unterlassen, was der Einzelne nicht möchte. Von allen Seiten wird das Individuum schon lange darin bestärkt, genauso zu denken: Ich darf alles, und keiner darf mir etwas verbieten. Die Überhöhung der individuellen Konsumentscheidung im Sinne der Konsumentensouveränität wirkt noch auf einer anderen Ebene fatal verstärkend. Die Betonung, dass die individuelle Konsumentscheidung demokratischer sei als die politische Stimmabgabe, dass ein Wert darin zu sehen sei, Mehrheitsentscheidungen nicht akzeptieren zu müssen, die den eigenen Präferenzen widersprechen, zeugt nicht nur von einem eigentümlichen Verkennen demokratischer Werte, sondern unterminiert und delegitimiert die Demokratie. Diese baut auf einem Verständnis der Gemeinschaft und des Gemeinwohls auf. Sie funktioniert nur, wenn man lernt, Kompromisse einzugehen und Mehrheitsmeinungen zu akzeptieren. Diese Grundhaltung wird von den Neoliberalen und durch die konsumtive Ich-Zentrierung zerstört. Die gefühlte und zelebrierte *freedom from obligation* der *douce consommation* ist wahrscheinlich die größte Gefahr, die vom Neoliberalismus ausgeht. Sie befreit den Einzelnen davon, andere und anderes in den Blick zu nehmen und nicht nur das eigene Konsum-, sondern auch das eigene Affektverhalten zu überdenken. *Die freedom from obligation* bedeutet, niemandem gegenüber verantwortlich zu sein. Sie verhindert, all das ins Blickfeld zu rücken, was für eine gesellschaftliche Transformation hin zu mehr Nachhaltigkeit notwendig wäre. Wolfgang Streeck schrieb, es komme in der Demokratie auf »strong ties of duty« an, nicht auf die

»weak ties of choice«, wie den Bürger-Konsumenten durch den Neoliberalismus – aber auch die Blasen der Digitalisierung – vermittelt würde.[8]

Eine Politik aus dem Geiste des Unterlassens, die auf der Überzeugung aufbaut, das Verhalten der Bürger nicht steuern zu dürfen, zeigt sich im deutschen Fall nicht nur darin, dass jahrelang kaum wirklich transformative Maßnahmen Teil des Regierungshandelns waren. Die mit einer Transformation verbundenen Ziele und Maßnahmen in Form des Klimagesetzes aus dem Jahr 2019 hat das Bundesverfassungsgericht in seiner Entscheidung im Mai 2021 als nicht ausreichend bezeichnet. Der Bundestagswahlkampf des Jahres 2021 zeichnete sich durch seine Inhaltslosigkeit aus – vor allem was konkrete Ansätze und Vorschläge für eine Transformation hin zu mehr Nachhaltigkeit anging. Parteien wie die Grünen bemühten sich, den Eindruck abzuschwächen, dass von ihnen eine transformative Verhaltenssteuerung ausgehen werde. Andere Parteien versuchten sich damit zu profilieren, in gewohnter Weise die Grünen als Verbots- und Verzichtspartei zu geißeln, und gleichzeitig zu suggerieren, dass es offensichtlich keinerlei Verhaltenssteuerung angesichts der Klimakatastrophe bedürfe. Weite Teile der politischen Öffentlichkeit haben, so scheint es, keine Vorstellung mehr von einem im positiven Sinne gestaltenden Staat. Sie haben nur noch das Ideal einer Politik des Unterlassens vor Augen und verteidigen es vehement mit Stolz und Selbstbewusstsein. Die in der Einleitung zitierte Bemerkung eines Bundesministers, es gebe schon genug Verbote, verdeutlicht eine Haltung, die in der Untätigkeit eine große politische Tu-

8 Wolfgang Streeck, *How will Capitalism End? Essays on a Failing System*, London 2016, S. 108.

gend sieht. Die negativen Konsequenzen einer solchen Haltung zeigten sich auch mit fataler Deutlichkeit und ganz konkret in der Corona-Krise. Dass die Bürger im Sinne des Schutzes für Leib und Leben aller auch mit den Mitteln des Zwangs zum rettenden Impfen bewegt werden oder zumindest die trotzig Ungeimpften mit Sanktionen, also Verboten, belegt werden könnten, schien keine Option einer Politik des Unterlassens zu sein. Auffällig war stattdessen, wie stark und wie früh die damalige Bundesregierung deutlich machte, auch in dieser Extremlage die autonome Entscheidungsfreiheit der Einzelnen als höchstes Gut zu bewerten und beispielsweise eine Impfpflicht von vornherein auszuschließen. Die »Tyrannei der Ungeimpften« kann man vor dem Hintergrund der hier beschriebenen politideologischen Entwicklung ebenso verstehen wie unglücklicherweise auch die staatliche Passivität gegenüber Bewegungen wie den Querdenkern und ihren Rufen nach Individualität, Freiheit und Autonomie.[9]

Für Colin Crouch steuert die neoliberale Norm der Marktlogik in der Postdemokratie nicht nur den einzelnen Bürger, der zum Konsumenten reduziert worden ist (Crouch nennt es die »Kommerzialisierung der Staatsbürgerschaft«), sondern formt auch das Selbstverständnis staatlicher Institutionen. Wenn der Wettbewerbsmechanismus als überlegen, effektiver und effizienter angesehen wird, sollten staatliche Institutionen so viele Elemente des Wettbewerbs und privatwirtschaftlicher Unternehmen übernehmen wie möglich. In Deutschland ist die massive und weiter zunehmende Unter-

9 Diesen Begriff nutzte der Vorsitzende des Weltärztebundes Frank Ulrich Montgomery am 8. November 2021 in einer Talkshow im Fernsehen.

stützung von Ministerien durch externe Unternehmensberater Zeichen für ein Selbstverständnis des Staates, das die eigenen Fähigkeiten zur Problemlösung massiv unterschätzt und den öffentlichen Sektor zu einem »institutionellen Idioten« verkommen lässt, der schon per definitionem im Sinne der Public-Choice-Theorie immer hinter dem Markt zurücksteht.[10] Eine Politik aus dem Geiste des Unterlassens ist auch das Resultat einer neoliberalen Markthörigkeit der Politik. Politiker glauben selbst an die Unterlegenheit des Staates und der öffentlichen Institutionen und scheuen sich auch deswegen, zu handeln. Dies bedeutet nicht, dass man Ineffizienzen der öffentlichen Verwaltung, Mittelverschwendung, Trägheit und Amtshybris nicht kritisiert oder als reales und großes Problem identifiziert. Es ist aber etwas anderes, dem öffentlichen Sektor eine grundsätzliche Unterlegenheit in seiner Problemlösungskapazität zu unterstellen – einzig und allein, weil es sich nicht um den Markt handelt.

Die Fundamentalkritik, die sich in dem Aufschrei »Keine Verbote! Kein Verzicht!« ausdrückt, konzentriert sich im Sinne der Illegitimacy Thesis auf das politische *Instrument* der Verhaltenssteuerung. Sachargumente, die ganz nüchtern für oder gegen eine speziell geplante Verhaltenssteuerung durch Verbot und Verzicht sprechen könnten, werden gar nicht bemüht. Anders als es die Kritiker behaupten, handelt es sich bei bestimmten in die politische Debatte eingeführten Vorschlägen für eine individuelle konsumtive Verhaltensänderung mitnichten um den Versuch einer kleinen radikalen Bewegung, allen anderen ihr eigenes Menschenbild aufzuzwingen (wie es übrigens der Neoliberalismus getan hat),

10 Crouch, *Postdemokratie*, S. 58, siehe auch ders., *Das befremdliche Überleben des Neoliberalismus*, Berlin 2011.

um eine »Ökodiktatur« zu errichten. Dieses gern und oft bemühte Schreckensszenario stützt die Illegitimacy Thesis, zeigt aber einen Tiefpunkt der Qualität demokratischen Debattierens. Die Diskussion über das sachliche Für und Wider bestimmter Maßnahmen als elementarer Teil demokratischer Prozesse, eine Debatte in der Sache, findet nicht statt. Auch das ist ein Element einer Politik des Unterlassens. Dabei wird übersehen, dass demokratische Entscheidungen von Mehrheiten getragen werden müssen und nicht einfach diktatorisch angeordnet werden können, wie es in der Kritik an Verbot und Verzicht den Anschein hat. Die Vorschläge für Verbote und Verzicht sind nicht arbiträr. Sie müssen nicht jedem gefallen. Jeder hat das Recht und die Möglichkeit, Alternativen vorzuschlagen und zu versuchen, dafür Mehrheiten zu gewinnen. Verbot und Verzicht sind alles andere als illegitime Instrumente staatlichen Handelns. Und sie sind auch keine Maßnahmen, die sich in einer Demokratie nicht korrigieren lassen sollten, falls sie nicht wirkten.

Die Illegitimacy Thesis zeugt von einem fatalen Regierungs- und Demokratieverständnis. Aufgabe von Regierungshandeln ist es, die Bevölkerung zu lenken. Das beinhaltet das Wort »regieren«. Dass in Demokratien auch dabei gilt, so wenig wie möglich lenken zu müssen und den Bürgern ein Höchstmaß an Freiheit und Eigenentscheidungen zuzugestehen, ist kein Widerspruch. Bei den geplanten Maßnahmen, die die Reizwörter »Verbot« und »Verzicht« heute hervorrufen, geht es aber – das gilt es, deutlich zu unterstreichen – um Reaktionen auf die entscheidende Fundamentalkrise unserer Zeit und einen immer dringlicher werdenden Handlungsbedarf. Nicht die komplette Verhaltensänderung gemäß einer bestimmten Ideologie ist das Ziel; nicht die Gleichmachung und Unterdrückung anderer Lebensverläufe. Hinter Verbots- und Verzichtsvorschlägen steckt der Versuch, negative Effekte unseres Konsumverhaltens, die auch zur Klimakatastrophe geführt haben und diese weiterhin verschlimmern, abzumildern oder umzukehren. Die Ideen für Verbot und Verzicht entstammen nicht dem perversen und sadistischen Wunsch, grundlos zu verbieten und zum Verzicht aufzurufen. Sie sind konkrete Vorschläge für die Rettung unseres Klimas. Wie aber bereits bei Milton Friedman und seiner Haltung zum Umweltschutz erkennbar war, gibt es im neoliberalen Lager eine Tradition, ethisch geprägte Vorstellungen von Allgemeinwohl, Umweltschutz und sozialer Gerechtigkeit ins Lächerliche zu ziehen, als irrelevant abzustempeln oder in bester Manier der Perversity, Futility und Jeopardy Thesis zu postulieren, dass keine Maßnahme außer der freien individuellen Marktentfaltung (und möglichst auch der freien Unternehmensentfaltung) geeignet ist, Abhilfe bei Problemen zu schaffen.

Eine gesellschaftliche Transformation hin zu mehr Nachhaltigkeit ist kein ideologisches Hirngespinst. Sie ist eine klare Notwendigkeit. Die Gefahren für Klima und Umwelt, die von unserer Art zu leben, unserem Produktions- und Konsumverhalten ausgehen, sind seit Jahrzehnten bekannt. Zu glauben, Marktkräfte seien dazu in der Lage, sich auch in dieser Situation von allein so anzupassen, dass die Gefahr eines zu hohen Temperaturanstiegs auf der Erde abgewendet wird und die planetaren Lebensgrundlagen gesichert werden, ist vor dem Hintergrund der Entwicklungen der letzten dreißig Jahre illusorisch. Auch der Glaube, der Markt würde alles von selbst richten, steht exemplarisch für eine Politik aus dem Geiste des Unterlassens.

Eine Konsumfixierung mit fehlender Affektkontrolle, die Hyperindividualisierung, die fehlende Gemeinwohlorientierung sowie die digital verstärkte absichtliche Affektstimulierung – all dies sind Effekte des Neoliberalismus. Zusammen wirken sie wie ein zivilisatorischer Rückschritt, der die Demokratie schwächt. Fatalerweise macht er sich am Beispiel der heftigen Fundamentalkritik an Verbot und Verzicht in dem Moment besonders bemerkbar, da Verhaltensänderungen im Rahmen einer Transformation zu mehr Nachhaltigkeit immer drängender werden.

Die lauten deutschen Kritiker von Verbots- und Verzichtsmaßnahmen stehen fest auf den Schultern von Friedrich Hayek, Milton Friedman, Ayn Rand und Co. Über Jahrzehnte sind diese Kritiker immer wieder aufs Neue, auf unterschiedliche Weise, mit verschiedenen Instrumenten und mit mehr oder weniger komplexen Erklärungen in ihrer Auffassung von der Funktionsweise der Welt, in ihrem Glauben an die *douce consommation* und den passiven Staat bestärkt worden. Sie hängen mit religionsähnlichem Eifer einer Ideologie an, die ihre Seele vereinnahmt hat und die sie glauben lässt, von ihrem Standpunkt weiter zu sehen als andere.

Die Klimakatastrophe braucht eine Politik der Aktion und eine Politik der Verhaltenssteuerung. Die möglichen Alternativen dazu müssen Gegenstand demokratischer Sachdebatten sein. Politik darf neben Verhaltensregulierung durch Verbot und Verzicht auch nicht davor zurückschrecken, Sachdiskussionen mit Moral zu verbinden. Die fundamentale Herausforderung für eine nachhaltige Entwicklung, nämlich die Lebensgrundlagen für die uns nachfolgenden Generationen nicht zu zerstören, ist zutiefst moralischer Natur. Nur die Demokratie ist in der Lage, Politik mit Moral zu verbinden, ohne dass daraus das entsteht, wovor sich Hayek immer ängstigte: Zwang und Verlust von Freiheit. Es bedarf eines neuen Grundkonsenses hinsichtlich unseres Bildes vom

Staat. Eines, das im Staat nicht einen Gegner sieht, sondern in dem wir uns, wie im Kompositbild des *Leviathan*, selbst erkennen – uns, die durch ein Verantwortungsgefühl für andere und die Umwelt motiviert werden. Dazu gehört auch die Maßgabe, unsere Affekte und unseren Extremindividualismus zu kontrollieren. Zur Not durch Verbot und Verzicht. Sicher nicht länger durch Unterlassen.

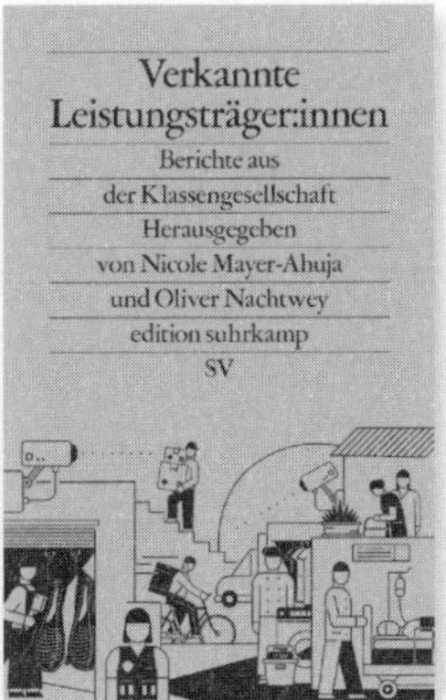

Nicole Mayer-Ahuja und Oliver Nachtwey
Verkannte Leistungsträger:innen
Berichte aus der Klassengesellschaft
567 Seiten
€ 22,00 [D] / € 22,70 [A]
Fr. 31,50 [CH]
ISBN 978-3-518-03601-3
Auch als eBook erhältlich

»Sie halten den Laden am Laufen«: Pflegekräfte, Paketbotinnen oder auch Arbeiter in den großen Fleischfabriken des Landes. Für ihren Einsatz während der Corona-Pandemie wurden sie von den Balkonen der Republik beklatscht. Doch ihr Alltag ist oft geprägt von prekären Beschäftigungsverhältnissen, schlechten Arbeitsbedingungen, Druck, Stress und Diskriminierung.
Die Autor:innen dieses Bandes haben mit Beschäftigten in für unser Leben so wichtigen Branchen wie Gesundheit, Ernährung oder Logistik gesprochen. Entstanden sind eindringliche Porträts, die sichtbar machen, was in der modernen Klassengesellschaft häufig im Schatten bleibt: Wie erfahren diese »Helden und Heldinnen des Alltags« ihre Situation? Welche Probleme machen ihnen am meisten zu schaffen? Und wo liegen Chancen für Veränderung? Das Ergebnis ist eine ebenso notwendige Würdigung der verkannten Leistungsträger:innen wie ein unverzichtbarer Beitrag zum Verständnis der Arbeitswelt von heute.